留学生本科必修课系列教材

第二版

汉语纵横 Jump High
A Systematic Chinese Course

听力课本
Listening TEXTBOOK

陈 颖 编著
耿佳蕊 翻译

北京语言大学出版社
BEIJING LANGUAGE AND CULTURE UNIVERSITY PRESS

图书在版编目(CIP)数据

汉语·纵横听力课本.0/陈颖编著.—2版.—北京：北京语言大学出版社，2011.8（2017.2重印.）
留学生本科必修课系列教材
ISBN 978-7-5619-3120-2

Ⅰ.①汉…　Ⅱ.①陈…　Ⅲ.①汉语－听说教学－对外汉语教学－教材　Ⅳ.①H195.4

中国版本图书馆CIP数据核字（2011）第181759号

书　　名：	汉语·纵横　听力课本 0
责任印制：	陈　辉

出版发行：	北京语言大学出版社
社　　址：	北京市海淀区学院路 15 号　　邮政编码：100083
网　　址：	www.blcup.com
电　　话：	发行部　010-82303650 / 3591 / 3651
	编辑部　010-82303647 / 3592
	读者服务部　010-82303653 / 3908
	网上订购电话　010-82303668
	客户服务信箱　service@blcup.net
印　　刷：	北京画中画印刷有限公司
经　　销：	全国新华书店

版　　次：	2011年9月第2版　　2017年2月第2次印刷
开　　本：	889 毫米×1194 毫米　1/16　　印张：14.5+11
字　　数：	508 千字
书　　号：	ISBN 978-7-5619-3120-2 / H·11164
定　　价：	85.00 元（含课本、录音文本及参考答案、MP3）

凡有印装质量问题，本社负责调换。电话：010-82303590

第二版前言

《汉语·纵横》是《外国学生汉语言专业本科系列教材》（中国社会科学出版社，2004年）的修订版，包括汉语精读、汉语会话、汉语听力/视听说、汉语写作、外汉翻译五大纵向技能，从预科到三年级下册七大横向层次，纵横匹配的留学生本科必修课系列教材，共计38册。

此次修订，主要体现在以下几方面。

 一　补齐初版空缺的部分教材

目前国内设置的留学生本科学制一般为四年。四年级大多开设专业课、撰写毕业论文，汉语技能训练课一般安排在从预科到三年级下学期共计7个学期内学习。此次修订我们补齐了三年级下册的精读课本、三年级上下册的会话课本、汉语写作（上、下）以及英汉、日汉、韩汉翻译教程。这样本套教材在横向的七个层次、纵向的听说读写译五大技能的匹配上更为完善。

 二　课本与练习各自独立成册

本系列教材练习题型多样，题量丰富，此次修订仍保留了这一特点。为便于学习和使用，将课本与相应练习各自独立成册。

 三　词语表增加了词语在《汉语国际教育用音节汉字词汇等级划分》中所属等级

初版教材每册课本"词语总表"标注了每个词语在《高等学校外国留学生汉语言专业教学大纲》、《汉语水平词汇与汉字等级大纲》中所属等级，此次修订增加了词语在2010年10月颁布的《汉语国际教育用音节汉字词汇等级划分》中所属等级，方便使用者参考。

 四　预科和一年级上册课本增加了英语注释

国内对外汉语教学模式一般都将汉语基础语法项目和语言点安排在初级阶段学习，而此时正是学习者汉语水平最低阶段，讲解语法点和语言点会遇到一些专业术语，将增加学习负担。此次修订，我们采纳了使用者的意见，增加了预科、一年级上册两个等级各类教材的英语注释。

 五　每册课本前增加了"使用说明"

每册课本前增加的"使用说明"详细说明了本册课本的适用对象、课时安排、讲解重点以及注意事项。

 六　版式设计更精美

北京语言大学出版社以出版对外汉语教材而享誉全球，此次修订在版式设计上更美观，图片精美，排版疏朗大方，更适合学习使用。

初版教材自出版以来受到广大使用者的普遍好评，2008年获得北京师范大学本科教育优秀奖。现在《汉语·纵横》出版在即，我们全体编写者衷心感谢几年来教材使用者向我们提供的宝贵修改意见；衷心感谢北京师范大学汉语文化学院对本教材修订给予的支持和资助；衷心感谢北京语言大学出版社为编辑、出版第二版付出的大量认真辛苦的工作。

原编写委员会主任之一陈绂教授已退休多年，此次修订出版工作由马燕华全面负责。在此，本人衷心感谢全体编写人员对我的充分信任和大力支持。

《汉语·纵横》编写委员会主任　马燕华
2011年8月

使用说明

 适用对象

本书为预科听力教材，适用对象为零起点汉语水平或只学习了 20 小时以内汉语的学生。

 课时安排

本教材包括 5 课语音听力训练和 30 课听力练习，另外还有四个单元测试和一个总测试。语音部分建议每课教学时间为 2 课时，教师可以选择适合学生水平的语音练习来强化语音的听辨能力。这个部分练习的时间可长可短，可根据学生的语音面貌来调整教学的进度和速度。30 课听力练习建议每课 4 课时，其中精听部分 3 课时，泛听部分 1 课时。精听部分的学习时间建议为：生词和听前准备 1 课时，课文的听解 1 课时，课后练习与复习 1 课时。

三 **教学重点**

预科听力教材的教学重点是帮助学生建立常用词语与句型的音义联系，熟悉基本生活场景的常用语句。在教学中，语言点和句型的学习重点在理解，目标在于使学生在不同场合下听到包含该语法或句型的句子后能够理解其意义。

 其他

1. 语音部分单音和音节的听辨练习是语流中相似音的听辨基础，课文部分虽然没有专门的语音听辨练习环节，但在教学过程中要注意帮助学生区别相似音。

2. 精听部分中的语法点和句型学习的目标是，学生能够在不同场合下听到包含这个语法点或句型的句子时能够理解其意义，并能作出正确的反应。

3. 泛听部分不建议先学习生词。教师可以根据课文内容设计各种练习，培养学生跨越障碍、猜测词义等能力。

4. 教材是根据汉语本科教学大纲的要求和留学生实际生活中可能遇到的生活场景编写而成，力求贴近学生的生活，因此掌握课文中的句子能够帮助他们提高真实语境下的听力理解水平。复述课文句子是一个很有效的练习方法。

5. 教材根据听力教学的步骤安排了相应的练习，教师可以以此来安排教学的顺序，也可以根据学生的实际情况增删、调整练习。

本教材难度适中，循序渐进，练习形式多样，生词、语法尽量与同系列的《精读课本》和《会话课本》配合，但又有独立性，可以作为汉语初级听力教材单独使用。

《录音文本及参考答案》册提供了课文和练习的录音文本、答案。配套录音中的中国民乐由"女子十二乐坊"演奏，在此深表谢意。

编者　陈颖
2011 年 8 月

词类简称表
Abbreviations of parts of speech

缩写 Abbreviations	英文全称 Parts of speech in English	词类名称及简称 Parts of speech and abbreviations in Chinese	拼音 Parts of speech in *pinyin*
Adj	Adjective	形容词（形）	xíngróngcí
Adv	Adverb	副词（副）	fùcí
AsPt	Aspect Particle	动态助词	dòngtài zhùcí
Conj	Conjunction	连词（连）	liáncí
Int	Interjection	叹词（叹）	tàncí
M	Measure Word	量词（量）	liàngcí
MdPt	Modal Particle	语气助词	yǔqì zhùcí
N	Noun	名词（名）	míngcí
Nu	Numeral	数词（数）	shùcí
Ono	Onomatopoeia	拟声词（拟声）	nǐshēngcí
OpV	Optative Verb	能愿动词（能愿）	néngyuàn dòngcí
PN	Proper Noun	专有名词（专名）	zhuānyǒu míngcí
Pr	Pronoun	代词（代）	dàicí
Pref	Prefix	词头（头）	cítóu
Prep	Preposition	介词（介）	jiècí
Pt	Particle	助词（助）	zhùcí
Q	Quantifier	数量词（数量）	shùliàngcí
StPt	Structural Particle	结构助词	jiégòu zhùcí
Suf	Suffix	词尾（尾）	cíwěi
V	Verb	动词（动）	dòngcí
V//O	Verb-object Compound	离合词（离）	líhécí

汉语声韵母表
List of Initials and Finals in Chinese Phonetics

汉语声母　Initials

b	p	m	f
d	t	n	l
g	k	h	
j	q	x	
zh	ch	sh	r
z	c	s	

汉语韵母　Finals

	i	u	ü	
a	ia	ua		
o		uo		
e	ie		üe	er
ai		uai		
ei		uei		
ao	iao			
ou	iou			
an	ian	uan	üan	
en	in	uen	ün	
ang	iang	uang		
eng	ing	ueng		
ong	iong			

目 录
Contents

语音（一） Pronunciation I 1
- 声母 b、p、m、f、d、t、n、l — Initials: b, p, m, f, d, t, n and l
- 韵母 a、o、e、i、u、ü — Finals: a, o, e, i, u and ü
- 声调 — Tones

语音（二） Pronunciation II 4
- 声母 g、k、h — Initials: g, k and h
- 韵母 ai、ei、ao、ou、ua、uo、uai、uei（ui）、er — Finals: ai, ei, ao, ou, ua, uo, uai, uei (ui) and er
- 声调 — Tones
- 轻声 — The light tone

语音（三） Pronunciation III 7
- 声母 j、q、x — Initials: j, q and x
- 韵母 ia、ie、iao、iou（iu）、üe — Finals: ia, ie, iao, iou (iu) and üe
- 声调 — Tones
- 儿化音 — The retroflex final

语音（四） Pronunciation IV 10
- 韵母 an、ang、en、eng、in、ing、ian、iang、uan、uang、uen（un）、ueng、üan、ün、ong、iong — Finals: an, ang, en, eng, in, ing, ian, iang, uan, uang, uen (un), ueng, üan, ün, ong and iong
- 儿化音、轻声 — The retroflex final and the light tone
- "一"的变调 — The tone sandhi of "一"

语音（五） Pronunciation V 13
- 声母 z、c、s、zh、ch、sh、r — Initials: z, c, s, zh, ch, sh and r
- "不"的变调 — The tone sandhi of "不"
- 停顿 — Pauses

语音综合测试 Pronunciation Comprehensive Test 17

1	Lesson 1 早上好 （打招呼 Saying Hello）	21
2	Lesson 2 我的姐姐和弟弟 （家庭成员 Family Members）	28
3	Lesson 3 她在哪儿工作 （工作与职业 Work and Occupation）	33
4	Lesson 4 我家在 801 （住址 Address）	38
5	Lesson 5 我先打个电话 （打电话 Making a Telephone Call）	43
6	Lesson 6 我的朋友 （爱好 Hobbies）	49
7	Lesson 7 你今天下午有空儿吗 （日期与日程 Date and Schedule）	54
8	Lesson 8 我的一天 （时间与时段 Time and Period of Time）	58
9	Lesson 9 一日三餐 （食物 Food）	63
10	Lesson 10 我们去哪儿吃 （在餐馆吃饭 Eating in a Restaurant）	69

单元测试一（1～10课） Unit Test Ⅰ (Lessons 1~10)　　74

11	Lesson 11 我去超市了 （钱数的表达 Expressing Amounts of Money）	76
12	Lesson 12 太贵了，便宜一点儿吧 （价钱 Price）	80
13	Lesson 13 你喜欢什么颜色 （颜色 Colour）	85
14	Lesson 14 你说我穿什么好 （衣服的名称 Names of Clothes）	90
15	Lesson 15 你穿多大号的 （买衣服 Shopping for Clothes）	95
16	Lesson 16 你哪儿不舒服 （身体状况 Health Condition）	100
17	Lesson 17 我在找房子 （房子 Apartment）	105
18	Lesson 18 那是研究生公寓 （方位 Direction and Position）	111
19	Lesson 19 你家怎么走 （指路 Giving Directions）	117
20	Lesson 20 城市交通 （城市交通工具 Means of Transport in a City）	122

单元测试二（11～20课） Unit Test Ⅱ（Lessons 11~20）　　126

21	Lesson 21 坐火车还是飞机 （坐火车旅行 Travelling by Train）	129
22	Lesson 22 飞机什么时候到 （机场、车站的通知 Announcements at an Airport or a Railway Station）	134
23	Lesson 23 我想订两张票 （预订 Booking in Advance）	139
24	Lesson 24 这个周末做什么 （建议与商量 Suggestion and Discussion）	144
25	Lesson 25 明天又要下雨 （天气 Weather）	148
26	Lesson 26 祝你新年快乐 （节日与祝福 Holiday and Blessing）	154
27	Lesson 27 我最喜欢看中国的电视剧 （看电视 Watching TV）	159
28	Lesson 28 我们赢了吗 （运动 Sports）	164
29	Lesson 29 暑假就要到了 （假期计划 Vacation Plan）	169
30	Lesson 30 中国人的姓 （姓名 Name）	174
单元测试三（21～30课） Unit Test III (Lessons 21~30)		179
总测试　Final Test		182
词语总表　Vocabulary		185

语音（一）
Pronunciation I  Pron 01

训练重点 Key Points in Practice

- 声母 b、p、m、f、d、t、n、l 的听辨
- 韵母 a、o、e、i、u、ü 的听辨
- 声调的听辨

- Listen and discriminate the initials: b, p, m, f, d, t, n and l.
- Listen and discriminate the finals: a, o, e, i, u and ü.
- Listen and discriminate the tones.

 一 听录音，跟读，然后写出你听到的声母或韵母  01-01

Listen to the recording, read after it and write down the initials or finals you hear.

1. _____ 2. _____ 3. _____ 4. _____ 5. _____

6. _____ 7. _____ 8. _____ 9. _____ 10. _____

11. _____ 12. _____ 13. _____ 14. _____

 二 听录音，辨声母 01-02

Listen to the recording and choose the right syllable.

1. ☐ mǐ 2. ☐ bà 3. ☐ dī 4. ☐ nǔ 5. ☐ mà
   ☐ nǐ   ☐ pà   ☐ tī   ☐ lǔ   ☐ nà

6. ☐ tú 7. ☐ mó 8. ☐ nǔ 9. ☐ bù 10. ☐ lǐ
   ☐ dú   ☐ fó   ☐ lǔ   ☐ dù   ☐ nǐ

 三 听录音，辨韵母  01-03

Listen to the recording and choose the right syllable.

1. ☐ bó 2. ☐ lù 3. ☐ lǐ 4. ☐ yí 5. ☐ nǔ
   ☐ dé   ☐ lǜ   ☐ lǚ   ☐ yú   ☐ nǚ

1

四 听录音，连线 01-04

Listen to the recording and match the initials with the finals.

1. b   à   2. n   ǔ
   p   á   t   é
   m   ù   d   í
   n   ā   p   ì
   f   ǔ   l   ò

五 听录音，写声母 01-05

Listen to the recording and write down the initials.

1. ___é___ǐ   2. ___ā___í   3. ___í___ù   4. ___ě___è

5. ___í___ū   6. ___à___ǐ   7. ___á___ù   8. ___ǐ___ó

六 听录音，写韵母 01-06

Listen to the recording and write down the finals with the tone marks.

1. m___h___   2. b___l___   3. h___m___   4. l___t___   5. k___b___

6. m___m___   7. f___f___   8. n___x___   9. d___l___   10. p___f___

七 听录音，选拼音 01-07

Listen to the recording and choose the *pinyin* you hear.

1. ☐ mǔlì   2. ☐ nǎlǐ   3. ☐ fāfú   4. ☐ dǎlǐ   5. ☐ bōlí
   ☐ nǔlì   ☐ nàlǐ   ☐ fābù   ☐ Dàlǐ   ☐ pòpí

6. ☐ bóbo   7. ☐ mābù   8. ☐ mǎdá   9. ☐ fúdì   10. ☐ bīpò
   ☐ pópo   ☐ mábù   ☐ fādá   ☐ túdì   ☐ bìbō

八 听录音，标声调 01-08

Listen to the recording and add tone marks.

1. bo   2. na   3. ti   4. fa   5. da

6. ma   7. pu   8. mi   9. nu   10. lü

九 听录音，写音节 🎧 01-09

Listen to the recording and write down syllables.

1. dì____   2. ____bù   3. ____nǐ   4. ____tú   5. ____dì

6. fā____   7. dà____   8. hé____   9. ____fù   10. nǔ____

十 听录音，跟读 🎧 01-10

Listen to the recording and read aloud after it.

A：你好！
（nǐ hǎo）

B：你好！
（nǐ hǎo）

A：你叫什么名字？
（nǐ jiào shén me míng zi）

B：我叫李明。
（wǒ jiào lǐ míng）

语音（二）
Pronunciation II  *Pron 02*

训练重点 Key Points in Practice

- 声母 g、k、h 的听辨
- 韵母 ai、ei、ao、ou、ua、uo、uai、uei（ui）、er 的听辨
- 声调的听辨
- 轻声的听辨

- Listen and discriminate the initials: g, k and h.
- Listen and discriminate the finals: ai, ei, ao, ou, ua, uo, uai, uei (ui) and er.
- Listen and discriminate the tones.
- Listen and recognize the light tone.

 一 听录音，跟读，然后写出你听到的声母或韵母  02-01

Listen to the recording, read after it and write down the initials or finals you hear.

1. _____ 2. _____ 3. _____ 4. _____ 5. _____ 6. _____

7. _____ 8. _____ 9. _____ 10. _____ 11. _____ 12. _____

 二 按所给声调，拼合你听到的声母和韵母 02-02

Combine the initials and finals you hear into syllables and add the given tone marks to them.

1. ˉ   2. ˊ   3. ˉ   4. ˇ   5. ˇ

6. ˉ   7. ˋ   8. ˉ   9. ˉ   10. ·

11. ˇ   12. ˊ   13. ˋ   14. ˉ   15. ˊ

 三 听录音，写声母  02-03

Listen to the recording and write down the initials.

1. ___āo   2. ___uā   3. ___uī   4. ___ǎo   5. ___uài

6. ___èi   7. ___òu   8. ___āi   9. ___uí   10. ___ǎo

4

四 听录音，写韵母  02-04

Listen to the recording and write down the finals with the tone marks.

1. h____   2. h____   3. m____   4. p____   5. l____

6. k____   7. k____   8. n____   9. g____   10. h____

五 听录音，选拼音 02-05

Listen to the recording and choose the *pinyin* you hear.

1. ☐ gǎigé   2. ☐ fābào   3. ☐ lái le   4. ☐ lākāi   5. ☐ pǎo le
   ☐ kǎigē   ☐ huāpào   ☐ lèi le   ☐ nákāi   ☐ bǎo le

6. ☐ dàhuà   7. ☐ dàhǎi   8. ☐ kāi huā   9. ☐ guòlái   10. ☐ huìhuà
   ☐ dàfā   ☐ tài hēi   ☐ kāifā   ☐ kuònǎi   ☐ huīfā

六 听录音，填表（把听到的声调标到相应的空格内）  02-06

Fill in the table with the tone marks according to what you hear.

	b	p	m	f	d	t	n	l	g	k	h
ai											
ei											
ao											
ou											
uai											
ui											
uo											

七 听录音，写拼音，然后读一读  02-07

Listen to the recording, write down the *pinyin* of each word you hear, and then read them aloud.

1. _____   2. _____   3. _____   4. _____   5. _____

6. _____   7. _____   8. _____   9. _____   10. _____

11. _____

八　听录音，选拼音，注意轻声　 02-08

Listen to the recording and choose the right *pinyin.* Pay attention to the light tone.

1. ☐ dōngxī　　2. ☐ shìfēi　　3. ☐ dàyì　　4. ☐ dìdào　　5. ☐ shēng qì
   ☐ dōngxi　　　 ☐ shìfei　　　 ☐ dàyi　　　 ☐ dìdao　　　 ☐ shénqi

6. ☐ míngbai　　7. ☐ yīfu　　8. ☐ sūnzi　　9. ☐ yìsi　　10. ☐ bàochou
   ☐ míng bǎi　　 ☐ yífù　　　 ☐ Sūnzǐ　　　 ☐ yísì　　　 ☐ bào chóu

 九　根据声调，给你听到的词语分组（在横线上写出序号）　 02-09

Listen to the recording and divide the words you hear into groups according to their tones. (Write down the sequence numbers on the lines.)

ˉ + ˉ _____

ˉ + ˊ _____

ˉ + ˇ _____

ˉ + ˋ _____

ˉ + ˚ _____

 十　听录音，标声调　 02-10

Listen to the recording and add tone marks to the syllables.

1. erduo　　　2. xiansheng　　3. renzhen　　4. yinhang

5. xingli　　　6. youju　　　　7. qiwen　　　8. mishu

9. toufa　　　10. baitian　　　11. qiantu　　12. likai

 十一　听录音，跟读　 02-11

Listen to the recording and read aloud after it.

A：nǐ shì nǎ guó rén
　　你是哪国人？

B：wǒ shì zhōng guó rén
　　我是中国人。

语音（三）
Pronunciation III  *Pron 03*

训练重点 Key Points in Practice

- 声母 j、q、x 的听辨
- 韵母 ia、ie、iao、iou（iu）、üe 的听辨
- 声调的听辨
- 儿化音的听辨

- Listen and discriminate the initials: j, q and x.
- Listen and discriminate the finals: ia, ie, iao, iou (iu) and üe.
- Listen and discriminate the tones.
- Listen and recognize the retroflex final.

 听录音，跟读，然后写出你听到的声母或韵母  03-01

Listen to the recording, read after it and write down the initials or finals you hear.

1. _____ 2. _____ 3. _____ 4. _____

5. _____ 6. _____ 7. _____ 8. _____

 听录音，连线 03-02

Listen to the recording and match the initials with the finals.

j   iā

          ì

          ué

q   iè

          iē

x   iǎo

          ǔ（ iǔ ）

 听录音，写声母 03-03

Listen to the recording and write down the initials.

1. ____ī____ì   2. ____ì____ù   3. ____iē____ū   4. ____ì____ié

5. ___iú___é   6. ___iāo___ì   7. ___ǔ___ué   8. ___ī___ì

9. ___iá___iǎo   10. ___iè___ué

四 听录音，写韵母 🎧 03-04

Listen to the recording and write down the finals with the tone marks.

1. j___ h___   2. l___ x___   3. j___ x___   4. k___ j___   5. f___ j___

6. t___ x___   7. x___ x___   8. g___ j___   9. x___ j___   10. n___'___

五 听录音，选拼音 🎧 03-05

Listen to the recording and choose the *pinyin* you hear.

1. ☐ kěqì   2. ☐ kěxiào   3. ☐ yíhuìr   4. ☐ yùxí   5. ☐ jiějué
   ☐ kèqi   ☐ kǔxiào   ☐ yíkuàir   ☐ yùqī   ☐ jiějie

6. ☐ tuìxiū   7. ☐ bùjiǔ   8. ☐ jùchǎng   9. ☐ qíjì   10. ☐ juéde
   ☐ tuīxiāo   ☐ bùxiǔ   ☐ jīchǎng   ☐ xíjī   ☐ quēdé

六 根据声调，给你听到的词语分组（在横线上写出序号） 🎧 03-06

Listen to the recording and divide the words you hear into groups according to their tones. (Write down the sequence numbers on the lines.)

ˊ + ˉ _____

ˊ + ˊ _____

ˊ + ˇ _____

ˊ + ˋ _____

ˊ + ˚ _____

七 听录音，选出最后一个音节是第三声的词 🎧 03-07

Listen to the recording and pick out the words ending with the third tone.

1. ☐ 2. ☐ 3. ☐ 4. ☐ 5. ☐ 6. ☐
7. ☐ 8. ☐ 9. ☐ 10. ☐ 11. ☐ 12. ☐

八 听录音，标声调 🎧 03-08

Listen to the recording and add tone marks to the syllables.

1. chufa   2. shulin   3. caochang   4. fangxiang   5. baozhi   6. renmin

7. maobi   8. chuanglian   9. keyi   10. xiju   11. buju   12. diandeng

九 听录音，选出带儿化音的词 🎧 03-09

Listen to the recording and pick out the words ending with the retroflex "r".

1. ☐ 2. ☐ 3. ☐ 4. ☐ 5. ☐
6. ☐ 7. ☐ 8. ☐ 9. ☐ 10. ☐

十 听录音，选择正确答案 🎧 03-10

Listen to the recording and choose the right answer.

1. Wǒ zhèngzài liànxí ____①____，nǐ zěnme shuō wǒ jìng shuō ____②____？

   ① A. fèihuà   B. huìhuà   ② A. fèihuà   B. huìhuà

2. Wǒ xiǎng mǎi yì shuāng _____.

   A. xiézi   B. xuēzi

3. Zhè shì wǒ de _____.

   A. xiǎomèi   B. xiǎomài

4. Zhè shì yí ge _____.

   A. qiézi   B. quézi

十一 听录音，跟读 🎧 03-11

Listen to the recording and read aloud after it.

A：你今年多大了？
    nǐ jīn nián duō dà le

B：我今年二十一岁。
    wǒ jīn nián èr shí yī suì

语音（四）
Pronunciation IV  *Pron 04*

训练重点 Key Points in Practice

- 韵母 an、ang、en、eng、in、ing、ian、iang、uan、uang、uen（un）、ueng、üan、ün、ong、iong 的听辨
- 熟悉儿化音和轻声
- 熟悉 "一" 的变调

- Listen and discriminate the finals: an, ang, en, eng, in, ing, ian, iang, uan, uang, uen (un), ueng, üan, ün, ong and iong.
- Get familiar with the retroflex final and the light tone.
- Get familiar with the tone sandhi of "一".

 听录音，跟读，然后写出你听到的韵母  04-01

Listen to the recording, read after it and write down the finals you hear.

1. ____ 2. ____ 3. ____ 4. ____ 5. ____ 6. ____

7. ____ 8. ____ 9. ____ 10. ____ 11. ____ 12. ____

13. ____ 14. ____ 15. ____ 16. ____

 听录音，标序号  04-02

Listen to the recording and number the syllables you hear in the order they appear.

____ wàn   ____ wàng   ____ yān   ____ yuǎn   ____ yǒng
____ fēng   ____ biàn   ____ dōng   ____ tīng   ____ miàn
____ jūn   ____ huǎng ____ qióng ____ liàng ____ xuān

 听录音，填韵母  04-03

Listen to the recording and write down the finals with the tone marks.

1. d____ h____   2. f____ d____   3. h____ m____   4. d____ x____

5. f____ j____   6. p____ l____   7. d____ t____   8. j____ t____

10

9. m ____ b ____   10. q ____ t ____   11. t ____ x ____   12. d ____ p ____

13. t ____ d ____   14. j ____ d ____

四 听录音，选拼音 🎧 04-04

Listen to the recording and choose the pinyin you hear.

1. ☐ guǎnlǐ   2. ☐ bú xìn   3. ☐ kāifàn   4. ☐ qǐngwèn   5. ☐ guāfēn
   ☐ guànlì   ☐ bù xíng   ☐ kāifàng   ☐ qīnwěn   ☐ guā fēng

6. ☐ hěn jìn   7. ☐ gōngjī   8. ☐ yóuyǒng   9. ☐ yǐngxiǎng   10. ☐ yùyán
   ☐ hěn jìng   ☐ gōngjīn   ☐ yǒuyòng   ☐ yìnxiàng   ☐ yǔyán

11. ☐ lǐjiě   12. ☐ xiānjìng
    ☐ lǐjié   ☐ xiǎnjìng

五 根据声调，给你听到的词语分组（在横线上写出序号） 🎧 04-05

Listen to the recording and divide the words you hear into groups according to their tones. (Write down the sequence numbers on the lines.)

ˇ + ˉ _____

ˇ + ˊ _____

ˇ + ˇ _____

ˇ + ˋ _____

ˇ + ˚ _____

六 听录音，选拼音（注意儿化音） 🎧 04-06

Listen to the recording and choose the pinyin you hear. (Pay attention to the retroflex final.)

1. ☐ yǒu mén   2. ☐ yī diǎn   3. ☐ bian tiān   4. ☐ hàomǎ   5. ☐ xìnfēng
   ☐ yǒu ménr   ☐ yìdiǎnr   ☐ biàn tiānr   ☐ hàomǎr   ☐ xìnfēngr

七 听录音，标出"一"的声调，然后总结规律  04-07

Listen to the recording and add tone marks to the syllable "yi". Then find out the rules.

yi jiā（一家）   yi cì（一次）   chū yi（初一）   yi jiàn（一件）

yi xiē（一些）   yi bǐ（一笔）   yi tiáo（一条）   yi lǜ（一律）

yi yàng（一样）   yi qǐ（一起）   tǒng yi（统一）   yi gòng（一共）

八 听句子，判断哪些句子中有轻声词  04-08

Listen to the recording and find out the sentences which have light-tone words in them.

1. ☐   2. ☐   3. ☐   4. ☐   5. ☐

九 听录音，选择正确答案  04-09

Listen to the recording and choose the right answer.

1. Diànhuàjú _____ fúwù.
    A. quántiān   B. qiántiān

2. Tā de _____ yǐjīng bāshí duō suì le.
    A. lǎoniáng   B. lǎonián

3. Tā shì Zhōngguó _____ Yínháng hángzhǎng.
    A. Rénmíng   B. Rénmín

4. Tā shì _____ yánjiū rényuán.
    A. jīguān   B. jīguāng

5. Qǐng nǐ bǎ tā _____.
    A. fēnkāi   B. fānkāi

十 听录音，跟读 04-10

Listen to the recording and read aloud after it.

         nǐ qù nǎr
A：你去哪儿？

         wǒ qù shàng kè
B：我去上课。

         nǐ qù shàng shén me kè
A：你去上什么课？

         wǒ qù shàng tīng lì kè
B：我去上听力课。

语音（五）
Pronunciation V Pron 05

训练重点 Key Points in Practice

- 声母 z、c、s、zh、ch、sh、r 的听辨
- 熟悉儿化音和轻声
- 熟悉"不"的变调
- 停顿的听辨

- Listen and discriminate the initials: z, c, s, zh, ch, sh and r.
- Get familiar with the retroflex final and the light tone.
- Get familiar with the tone sandhi of "不".
- Listen and recognize pauses.

一 听录音，跟读，然后写出你听到的声母 05-01
Listen to the recording, read after it and write down the initials or finals you hear.

1. _____   2. _____   3. _____   4. _____

5. _____   6. _____   7. _____

二 听录音，写声母 05-02
Listen to the recording and write down the initials.

1. ___àn___ǎng   2. ___ǔ___ī   3. ___uǒ___ì   4. ___ēng___ì

5. ___àn___í   6. ___ī___i   7. ___èn___ēn   8. ___ā___ē

9. ___ù___ǐ   10. ___ī___ì

三 听录音，选拼音 05-03
Listen to the recording and choose the pinyin you hear.

1. ☐ zhèngfǔ 2. ☐ shēnghuó 3. ☐ chūqī 4. ☐ xīshēng 5. ☐ xīfàn
   ☐ zhàngfu   ☐ shēnghuǒ   ☐ chūqì   ☐ shīshēng   ☐ shīfàn

6. ☐ zájì   7. ☐ dàxǐ   8. ☐ zhìxù   9. ☐ zhìliàng   10. ☐ jiànzài
   ☐ zázhì   ☐ dàshì   ☐ jìxù   ☐ jìliáng   ☐ xiànzài

11. ☐ chízi   12. ☐ sīrén
    ☐ qízi   ☐ shīrén

四 听录音，写拼音 🎧 05-04

Listen to the recording and write down the *pinyin* you hear.

1. _____   2. _____   3. _____   4. _____   5. _____

6. _____   7. _____   8. _____   9. _____   10. _____

五 听录音，标声调 🎧 05-05

Listen to the recording and add tone marks to the syllables.

1. ranhou   2. kaoshi   3. zhongyao   4. qiche   5. Riyu

6. chidao   7. renzhen   8. kaishi   9. zuotian   10. rongyi

六 根据声调，给你听到的词语分组（在横线上写出序号） 🎧 05-06

Listen to the recording and divide the words you hear into groups according to their tones. (Write down the sequence numbers on the lines.)

` + ¯ _____

` + ´ _____

` + ˇ _____

` + ` _____

` + ° _____

七 听录音，标出"不"的声调，然后总结规律 🎧 05-07

Listen to the recording and add tone marks to the syllable "bu". Then find out the rules.

<u>bu</u> qù（不去）   <u>bu</u> zhī（不知）   <u>bu</u> hǎo（不好）   <u>bu</u> lái（不来）

bu xiě（不写）　　bu huì（不会）　　bu néng（不能）　　bu dǒng（不懂）

bu shuō（不说）　　bu xìn（不信）

八 听录音，在有儿化音的地方加 –r　🎧 05-08

Listen to the recording and write "-r" wherever there is a retroflex final.

1. Cídiǎn bú zài wǒ zhè, zài Xiǎo Lǐ nà.

2. Jiù zhème diǎn qián, hái bú gòu mǎi yì gēn bīnggùn de ne.

3. Zhège xiǎohái zhēn kě'ài, nǐ kàn nà zhāng xiǎo zuǐ, duō piàoliang a!

九 听录音，选择正确答案　🎧 05-09

Listen to the recording and choose the right answer.

1. Zhè shì shàngděng ___①___, zěnme néng dàng ___②___ shāo ne?
　　A. mùcái　　　　　　B. mùchái

2. ___①___ de érzi qǔle ___②___ de nǚ'ér zuò xífu.
　　A. Zhāng jiā　　　　　B. Zāng jiā

3. ___①___ de zhùhù dōu chuānshangle ___②___.
　　A. cūnzhuāng　　　　B. chūnzhuāng

4. ___①___ de ___②___ fēijī ___③___ le.
　　A. sīrén　　　　　　B. shīshì　　　　　C. shīrén

5. Tā shì yí ge ___①___ rén, yě shì zhè cì huódòng de ___②___ zhě.
　　A. zhǔchí　　　　　　B. zǔzhī

十 听录音，选择你听到的句子　🎧 05-10

Listen to the recording and choose the sentence you hear.

1. ☐ A. Xiǎo Wáng, shì shéi de péngyou?
　 ☐ B. Xiǎo Wáng shì shéi de péngyou?

2. A. Qǐng gěi wǒ diànhuà, hǎo ma?
   B. Qǐng gěi wǒ diànhuà hǎomǎ.

3. A. Tā shì wǒmen gōngsī de xīn yuángōng, Zhāng Lì.
   B. Tā shì wǒmen gōngsī de xīn yuángōng Zhāng Lì.

4. A. Méiyǒu píngguǒ, lí yě kěyǐ.
   B. Méiyǒu píngguǒ、lí, yě kěyǐ.

5. A. Màikè、Mǎlì shì nǎge bān de xuésheng?
   B. Màikè, Mǎlì shì nǎge bān de xuésheng?

十一 听录音，跟读   05-11

Listen to the recording and read aloud after it.

A：今天的作业是什么？
   jīn tiān de zuò yè shì shén me

B：今天的作业是读课文、抄写生词。
   jīn tiān de zuò yè shì dú kè wén chāo xiě shēng cí

语音综合测试
Pronunciation Comprehensive Test

总分 100 分   成绩：_____

一 听录音，写声母（共 15 分，每题 1 分）

Listen to the recording and write down the initials. (1 mark each, 15 marks altogether)

1. __īn__ǐng   2. __ēng__uà   3. __ǔ__ī   4. __ǐ__āng

5. __íng__ěng   6. __ī__ì   7. __ú__ī   8. __ē__ǔ

9. __é__ù   10. __ǔn__èi   11. __ùn__iǒng   12. __ǐng__è

13. __èi__óng   14. __è__uán   15. __iáng__ài

二 听录音，写韵母（共 15 分，每题 1 分）

Listen to the recording and write down the finals with the tone marks. (1 mark each, 15 marks altogether)

1. sh__ d__   2. b__ j__   3. d__ y__   4. f__ j__

5. g__ d__   6. g__ w__   7. h__ j__   8. j__ j__

9. m__ y__   10. x__ m__   11. y__ y__   12. r__ m__

13. w__ x__   14. n__ c__   15. b__ n__

三 听录音，标声调（共 20 分，每题 1 分）

Listen to the recording and add tone marks to the syllables. (1 mark each, 20 marks altogether)

1. youming   2. hualan   3. caochang   4. fangxiang

5. maobi   6. lianhe   7. guojia   8. xuexiao

9. yufang   10. keting   11. lianxi   12. lunwen

17

13. shipin 14. malu 15. xihuan 16. dagai

17. baozhi 18. yuncai 19. Hanyu 20. faxian

四 听词语，连线（共 10 分，每个词 0.5 分）

Combine the syllables into the words you hear. (0.5 mark each, 10 marks altogether)

1. fēng ○　　○ rèn　　　2. zhī ○　　○ jiē
   fěng ○　　○ cheng　　 zhǐ ○　　○ xiàng
   féng ○　　○ cì　　　 zhí ○　　○ shì
   fèng ○　　○ chē　　 zhì ○　　○ shi

3. tāng ○　　○ shāo　　　4. chū ○　　○ bān
   fā ○　　 ○ sháor　　 kuài ○　　○ bǎn
   kǒu ○　　○ shǎo　　 jiā ○　　○ bǎnr
   duō ○　　○ shào　　 xià ○　　○ bàn
   jiè ○　　 ○ shàor　　 dǎ ○　　 ○ ban
   quē ○　　○ shao　　 zhǔ ○

五 听录音，判断哪些词的最后一个音节是第二声（共 5 分，每题 0.5 分）

Listen to the recording and pick out the words ending with the second tone. (0.5 mark each, 5 marks altogether)

1. ☐　2. ☐　3. ☐　4. ☐　5. ☐　6. ☐　7. ☐　8. ☐　9. ☐　10. ☐

六 听录音，选出你听到的句子（共 10 分，每题 1 分）

Listen to the recording and choose the sentence you hear. (1 mark each, 10 marks altogether)

1. ☐ A. Wǒmen kàn wǎnchǎng de, zěnmeyàng?
   ☐ B. Wǒmen kàn wǎnshang de, zěnmeyàng?

2. ☐ A. Wǒmen jīchǎng jiàn ba.
   ☐ B. Wǒmen jùchǎng jiàn ba.

3. A. Nǎli yǒu shūdiàn?
   B. Nàli yǒu shūdiàn.

4. A. Wǒ hái méiyǒu kàndào fāpiào.
   B. Wǒ hái méiyǒu kàndào fābiǎo.

5. A. Zhème dà de gēzi hěn shǎo jiàn.
   B. Zhème dà de gèzi hěn shǎo jiàn.

6. A. Tā huà de shì yángqún.
   B. Tā huà de shì yángqín.

7. A. Zhè shì tā de huàr.
   B. Zhè shì tā de huār.

8. A. Zhè tiáo fángxiàn hěn cháng.
   B. Zhè tiáo hángxiàn hěn cháng.

9. A. Shǒushùfèi hěn guì.
   B. Shǒuxùfèi hěn guì.

10. A. Tā de xìngzi hěn jí.
    B. Tā de xìngzi hěn zhí.

七 听录音，改正拼音错误（共15分，每题1分）

Listen to the recording and correct the mistakes. (1 mark each, 15 marks altogether)

1. Jīntiān shì yí ge nánwàng de rìjì, wǒ dēngshangle Chángchéng.

2. Lǎo Wáng liǎngkǒuzi dōu gǎo jiàolù, nǐ yǒu shénme wèntí kěyǐ wèn tāmen.

3. Hángzhōu Xī Hú de jǐngsè měi de xiàng tiāntán yíyàng.

4. Tā zài jiāxiāng zhuànqián mǎile yí liàng chē.

5. Lǐ dàmā déle zhìbìng, gěi tā jíbìng de shì Jīn dàifu.

6. Wǒmen xuéxiào de dōngbian shì mài shūcài de dānwèi.

7. Zhèxiē shū wǒ dōu hěn shúshi.

8. Nǐ zhǐyào chūrù mìmǎ, jiù kěyǐ zìyóu shūrù le.

9. Nà jià fēijī shāoxī zài yúncéng li.

10. Wūzi de huángliáng shì mùtou de.

11. Dìdi yí ge rén zài jiā zuò gōngkè.

12. Tāmen dōu zài cǎochǎng shang wánr.

13. Wǒ yǐjīng qíguàile tā de yàngzi.

14. Zhèr zhèngzài xīgōng.

15. Zhè jiàn shì nǐ qiānwàn búyào jiǎngjiu.

八 听古诗，写拼音（共 10 分，每个字 0.5 分）

Listen to the poem and write down the *pinyin* of it. (0.5 mark for each character, 10 marks altogether)

_____,

_____?

_____,

_____.

Lesson 1
早上好  *01*

训练重点 Key Points in Practice

- 熟悉见面时的招呼语。
- 了解认识的人和不认识的人见面打招呼的不同表达。
- 熟悉"再见"的不同表达。

- Get familiar with greetings in Chinese.
- Learn the different ways to greet the people you know and those you don't know.
- Get familiar with the different ways to say goodbye in Chinese.

精听部分 INTENSIVE LISTENING

词语表　Vocabulary　　01-1

1.	嘿	hēi	Int	hey
2.	早上	zǎoshang	N	morning
3.	好	hǎo	Adj	good
4.	这	zhè	Pr	this
5.	是	shì	V	be
6.	我	wǒ	Pr	I, me
7.	的	de	StPt	of
8.	同屋	tóngwū	N	roommate
9.	她	tā	Pr	she, her
10.	也	yě	Adv	also, too

21

11.	人	rén	N	person
12.	同学	tóngxué	N	classmate
13.	很	hěn	Adv	very
14.	高兴	gāoxìng	Adj	happy
15.	认识	rènshi	V	know
16.	你	nǐ	Pr	you (*singular*)
17.	他	tā	Pr	he, him
18.	朋友	péngyou	N	friend
19.	我们	wǒmen	Pr	we, us
20.	上午	shàngwǔ	N	morning, forenoon
21.	下午	xiàwǔ	N	afternoon
22.	晚上	wǎnshang	N	evening, night
23.	再见	zàijiàn	V	goodbye
24.	姓	xìng	V	surname
25.	叫	jiào	V	name, call
26.	贵姓	guìxìng	N	your (honourable) surname
27.	对话	duìhuà	N	dialogue
28.	里	lǐ	N	in, inside
29.	有	yǒu	V	have, there be
30.	一	yī	Nu	one
	二	èr	Nu	two
	三	sān	Nu	three
	四	sì	Nu	four
	五	wǔ	Nu	five
	六	liù	Nu	six
	七	qī	Nu	seven
	八	bā	Nu	eight
	九	jiǔ	Nu	nine
	十	shí	Nu	ten

31.	个	gè	M	*usually used before a noun having no particular classifier*
32.	和	hé	Conj	and, together with
33.	现在	xiànzài	N	now
34.	吗	ma	MdPt	*used at the end of a question*
35.	不	bù	Adv	not
36.	谁	shéi	Pr	who
37.	留学生	liúxuéshēng	N	student studying abroad
38.	哪	nǎ	Pr	which
39.	国	guó	N	country
40.	什么	shénme	Pr	what
41.	名字	míngzi	N	name
42.	大家	dàjiā	Pr	everybody
43.	在	zài	Prep	at, in, on
44.	老师	lǎoshī	N	teacher
45.	明天	míngtiān	N	tomorrow
46.	见	jiàn	V	see
47.	在	zài	Adv	*used to indicate an action in progress*
48.	说	shuō	V	say, speak, talk

专有名词　　Proper nouns

1.	张	Zhāng	*a surname*
2.	张丽	Zhāng Lì	*name of a person*
3.	李华	Lǐ Huá	*name of a person*
4.	韩国	Hánguó	South Korea
5.	马里	Mǎlǐ	*name of a person*
6.	北京师范大学（北师大）	Běijīng Shīfàn Dàxué (Běishīdà)	Beijing Normal University
7.	王	Wáng	*a surname*
8.	丽连	Lìlián	*name of a person*

北京师范大学

9.	山中	**Shānzhōng**	*name of a person*
10.	珍妮	**Zhēnni**	*name of a person*
11.	美国	**Měiguó**	*the United States*
12.	日本	**Rìběn**	*Japan*
13.	中国	**Zhōngguó**	*China*
14.	张明	**Zhāng Míng**	*name of a person*

预听 Warm-up Exercises  01-2

 一 听录音，连线 Listen and match.

- 下午
- 上午
- 早上
- 晚上

- shàngwǔ
- zǎoshang
- wǎnshang
- xiàwǔ

 二 听录音，选择对应的图片 Listen and choose.

- 晚上好！
- 下午好！
- 再见！
- 早上好！

三 听录音,写出他们的姓名 Listen and write down the names.

1. _____ 2. _____ 3. _____

精听 Intensive Exercises 01-4

课文 Text 01-3

一 听对话(01-3),填空 Listen and fill in the blanks.

1. 对话里有_____个人。 2. _____和_____是同学。

3. _____和_____是同屋。 4. _____和_____是朋友。

二 听对话,回答问题 Listen and answer the questions.

1.   2.   3.   4.

三 听对话,写出他们分别是哪国人 Listen and write down their nationalities.

山中 _____   丽连 _____

珍妮 _____   张明 _____

发展 Further Exercises 01-5

一 听录音,根据实际情况回答问题

Listen and answer the questions according to the fact.

1.   2.   3.   4.   5.

二 听录音,判断正误 Listen and decide whether the statements are true or false.

1. ★ 他不是韩国人。   (   )

2. ★ 他不是日本人。　　　（　）

3. ★ 马里在北师大学习。　（　）

4. ★ 现在是早上。　　　　（　）

5. ★ 他们在说再见。　　　（　）

泛听部分 EXTENSIVE LISTENING

词语表 Vocabulary 🎧 01-6

1.	好久	hǎojiǔ	Adj	for a long time
2.	不错	búcuò	Adj	not bad
3.	呢	ne	MdPt	indicating a question
4.	来	lái	V	used before another verb to indicate an intended or suggested action
5.	介绍	jièshào	V	introduce
6.	一下	yíxià	Q	indicating one action or one try
7.	新	xīn	Adj	new
8.	吧	ba	MdPt	implying supposition
9.	大学	dàxué	N	university
10.	呦	yōu	Int	expressing surprise, astonishment, etc.
11.	呀	ya	MdPt	indicating surprise
12.	吃	chī	V	eat
13.	了	le	StPt	implying the completion of an action or a change

专有名词　Proper nouns

1.	李新	Lǐ Xīn	name of a person
2.	山下美子	Shānxià Měizǐ	name of a person

3.	王友	Wáng Yǒu	name of a person
4.	王丽	Wáng Lì	name of a person
5.	马力	Mǎ Lì	name of a person

练习 Exercise

课文 Text
01-7

听录音（01-7），判断每组对话中的两个人是不是新认识的朋友

Listen and decide whether the two speakers in each dialogue are new friends or not.

	1	2	3	4	5	6	7	8
是								
不是								

Lesson 2
我的姐姐和弟弟 02

训练重点 Key Points in Practice

- 掌握有关家庭成员称谓的词语。
- 熟悉有关介绍家庭成员的话题。
- 了解介绍家庭成员时的常用句型。

- Master the words and expressions of family members.
- Get familiar with the topics about family members.
- Learn the sentence patterns frequently used when introducing family members.

精听部分 INTENSIVE LISTENING

词语表 Vocabulary 02-1

1.	叫	jiào	V	name, call
2.	老师	lǎoshī	N	teacher
3.	家	jiā	N	family
4.	有	yǒu	V	have, there be
	没有	méiyǒu	V	not have
5.	口	kǒu	M	*a measure word for family members*
6.	妻子	qīzi	N	wife
7.	儿子	érzi	N	son
8.	母亲	mǔqin	N	mother
9.	有时候	yǒushíhou	Adv	sometimes
10.	和	hé	Conj	and, together with

28

11.	一起	yìqǐ	Adv	together
12.	住	zhù	V	live
13.	姐姐	jiějie	N	sister
14.	丈夫	zhàngfu	N	husband
15.	留学	liú xué	V//O	study abroad
16.	还	hái	Adv	also
17.	个	gè	M	*usually used before a noun having no particular classifier*
18.	弟弟	dìdi	N	younger brother
19.	女儿	nǚ'ér	N	daughter
20.	小	xiǎo	Adj	small, little
21.	父母	fùmǔ	N	parents
22.	常常	chángcháng	Adv	often
23.	玩儿	wánr	V	play
24.	开心	kāixīn	Adj	happy
25.	爷爷	yéye	N	(paternal) grandfather
26.	妈妈	māma	N	mother, mum
27.	哥哥	gēge	N	elder brother
28.	几	jǐ	Nu	how many
29.	妹妹	mèimei	N	younger sister
30.	奶奶	nǎinai	N	(paternal) grandmother
31.	爸爸	bàba	N	father, dad
32.	孩子	háizi	N	child
33.	男	nán	Adj	male
	女	nǚ	Adj	female
34.	家庭	jiātíng	N	family

专有名词   Proper noun

李立	Lǐ Lì		*name of a person*

预听 Warm-up Exercises 02-2

一、 听录音，填图 Listen and fill in the boxes.

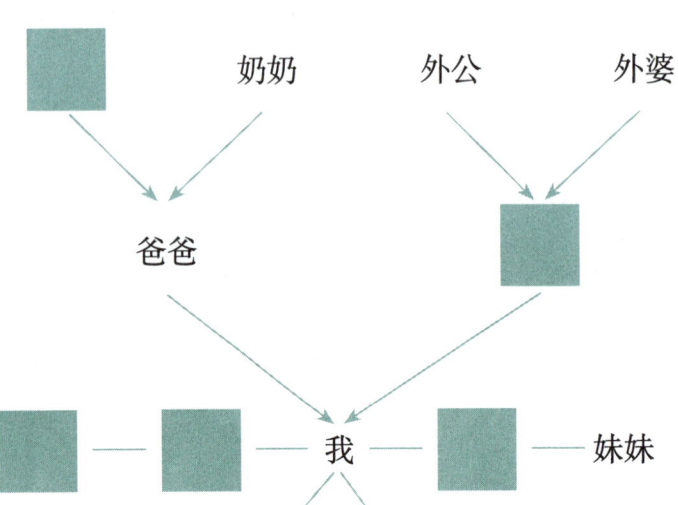

二、 听录音，根据实际情况回答问题
Listen and answer the questions according to the fact.

1.   2.   3.   4.

5.   6.   7.   8.

三、 听句子，回答问题 Listen and answer the questions.

1.   2.   3.   4.   5.   6.

精听 Intensive Exercises 🎧 02-4

课文 Text 🎧 02-3

一 听短文（02-3），回答问题 Listen and answer the questions. 🎧

1.　　　2.　　　3.　　　4.　　　5.

二 听短文，判断正误 Listen and decide whether the statements are true or false.

1. 李立有一个儿子。　　　　　　　　　　　（　　）

2. 李立姐姐的丈夫是老师。　　　　　　　　（　　）

3. 李立的弟弟有一个儿子。　　　　　　　　（　　）

4. 李立的孩子在美国。　　　　　　　　　　（　　）

5. 李立的弟弟和他父母住在一起。　　　　　（　　）

6. 李立常常和姐姐、弟弟在一起玩儿。　　　（　　）

三 介绍 Say something about the following topic.

李立的家庭

发展 Further Exercises 🎧 02-5

一 听句子，判断正误 Listen and decide whether the statements are true or false. 🎧

1. ★"我"每天住在学校。　　　　　　　　　（　　）

2. ★他是学生。　　　　　　　　　　　　　（　　）

3. ★"我"有一个哥哥和一个弟弟。　　　　　（　　）

4. ★"我"一个人住。　　　　　　　　　　　（　　）

 二 介绍：了解同伴的家庭，并向全班介绍
Introduction: Get to know your classmate's family and introduce it to your class.

 三 说说你还知道哪些汉语亲属称谓
Do you know any other Chinese appellations of relatives?

泛听部分 EXTENSIVE LISTENING

词语表 Vocabulary  02-6

1.	今天	jīntiān	N	today
2.	知道	zhīdao	V	know
3.	出生	chūshēng	V	be born
4.	大名	dàmíng	N	formal name

听录音（02-7），写出他家有什么人，并写出他们的名字

Listen and write down the members of the speaker's family and their names.

32

Lesson 3
她在哪儿工作  03

训练重点 / Key Points in Practice

- 熟悉有关职业的说法。
- 熟悉有关职业的话题。
- 熟悉有关询问工作或身份的句型。

- Get familiar with the expressions of occupations.
- Get familiar with the topics about occupation.
- Get familiar with the sentence patterns used when asking about one's job or identity.

精听部分 INTENSIVE LISTENING

词语表 Vocabulary 03-1

1.	照片	zhàopiàn	N	photo
2.	吧	ba	MdPt	used at the end of a sentence to indicate doubt or surmise
3.	银行	yínháng	N	bank
4.	工作	gōngzuò	V/N	work; job
5.	哪儿	nǎr	Pr	where
6.	医院	yīyuàn	N	hospital
7.	医生	yīshēng	N	doctor, medical practitioner
8.	旁边	pángbiān	N	side
9.	对	duì	Adj	correct
10.	家	jiā	M	used for families or enterprises

33

11.	电脑	diànnǎo	N	computer
12.	公司	gōngsī	N	company
13.	经理	jīnglǐ	N	manager
14.	职员	zhíyuán	N	clerk, staff member
15.	大学	dàxué	N	university
16.	毕业	bì yè	V//O	graduate
17.	了	le	AsPt	*indicating the completion of an action*
18.	没有	méiyǒu	Adv	not yet
19.	那儿	nàr	Pr	there
20.	打工	dǎ gōng	V//O	work part-time
21.	工人	gōngrén	N	worker
22.	学生	xuésheng	N	student
23.	做	zuò	V	make, do
24.	家人	jiārén	N	family member
25.	看	kàn	V	look, see
26.	上课	shàng kè	V//O	go to class
27.	姐夫	jiěfu	N	brother-in-law, elder sister's husband
28.	学习	xuéxí	V	study
29.	工厂	gōngchǎng	N	factory
30.	学校	xuéxiào	N	school
31.	上学	shàng xué	V//O	go to school
32.	们	men	Suf	*indicating plural numbers*
33.	第	dì	Pref	*indicating ordinal numbers*
34.	自己	zìjǐ	Pr	oneself

打工

预听 Warm-up Exercises 🎧 03-2

一、听录音,写拼音 Listen and write down the *pinyin*.

1._____ 2._____ 3._____ 4._____

二、请用中文说说你知道的职业 Talk about the occupations you know in Chinese.

三、听录音,连句子 Listen and rearrange the words into sentences.

1. 你　　工作　　什么　　做

_____

2. 你　　工作　　在　　哪儿

_____

精听 Intensive Exercises 🎧 03-4

课文 Text 🎧 03-3

一、听对话(03-3),选择正确答案 Listen and choose the correct answer.

1. A. 认识女的家人　　B. 看照片　　C. 上课

2. A. 爸爸、妈妈、妹妹、小王、小王的丈夫
   B. 爸爸、妈妈、姐姐、小王、姐夫
   C. 爸爸、妈妈、哥哥、小王、小王的丈夫

3. A. 爸爸　　B. 妈妈　　C. 姐姐

4. A. 老师　　B. 职员　　C. 医生

5. A. 爸爸　　B. 妈妈　　C. 姐姐

二 听对话，回答问题 Listen and answer the questions.

1.　　　　　　　2.　　　　　　　3.

三 介绍 Say something about the following topic.

小王一家人

发展　Further Exercises　03-5

一 听录音，根据实际情况回答问题

Listen and answer the questions according to the fact.

1.　　　　　2.　　　　　3.　　　　　4.

二 听句子，判断正误 Listen and decide whether the statements are true or false.

1. ★ "我"现在在大学学习。　　　（　）

2. ★ "我"在银行工作。　　　　（　）

3. ★ "我"是电脑公司职员。　　（　）

4. ★ "我"是工人。　　　　　　（　）

5. ★ "我"是学生。　　　　　　（　）

6. ★ 他是学生。　　　　　　　（　）

三 介绍 Say something about the following topics.

1. 我家人的工作

2. 我自己的家庭

泛听部分 EXTENSIVE LISTENING

词语表　Vocabulary　　03-6

1.	伯父	bófù	N	uncle
2.	伯母	bómǔ	N	aunt
3.	请	qǐng	V	please
4.	坐	zuò	V	sit
5.	喝	hē	V	drink
6.	水	shuǐ	N	water
7.	谢谢	xièxie	V	thank
8.	汉语	Hànyǔ	N	Chinese (language)
9.	父亲	fùqin	N	father
10.	都	dōu	Adv	both, all
11.	中学	zhōngxué	N	middle school
12.	教	jiāo	V	teach
13.	数学	shùxué	N	math
14.	音乐	yīnyuè	N	music

专有名词　Proper noun

　　李明　　　　Lǐ Míng　　　　　　　*name of a person*

练习　Exercise　03-8　

听录音（03-7），回答问题 Listen and answer the questions.

1.　　　　2.　　　　3.　　　　4.　　　　5.　　　　6.

Lesson 4
我家在801  *04*

训练重点 Key Points in Practice

- 熟悉有关房号、地址的话题。
- 熟悉和房号、地址有关的词语。
- 听记号码、地址。

- Get familiar with the topics about room numbers and addresses.
- Get familiar with the words and expressions of room numbers and addresses.
- Listen and memorize numbers and addresses.

精听部分 INTENSIVE LISTENING

词语表　Vocabulary　04-1

1.	好久	hǎojiǔ	Adj	for a long time
2.	以后	yǐhòu	N	after, since
3.	第	dì	Pref	*indicating ordinal numbers*
4.	次	cì	M	time, occurrence
5.	见面	jiàn miàn	V//O	meet
6.	啊	a	MdPt	*indicating confirmation*
7.	去	qù	V	go
8.	回	huí	V	come or go back
9.	呢	ne	MdPt	*used at the end of an interrogative sentence*
10.	号	hào	N	order, sequence, number

11.	楼	lóu	N	building
12.	就	jiù	Adv	exactly, precisely
13.	没想到	méi xiǎngdào		unexpectedly
	没	méi	Adv	not
14.	邻居	línjū	N	neighbour
15.	空儿	kòngr	N	free time
16.	坐	zuò	V	sit
17.	一会儿	yíhuìr	N	a little while
18.	好的	hǎo de		all right
19.	一定	yídìng	Adv	sure, definitely
20.	层	céng	M	storey, floor
21.	房间	fángjiān	N	room
22.	隔壁	gébì	N	next door
23.	路	lù	N	road
24.	都	dōu	Adv	both, all
25.	近	jìn	Adj	near
26.	您	nín	Pr	you (*polite*)
27.	欢迎	huānyíng	V	welcome
28.	你们	nǐmen	Pr	you (*plural*)
29.	快餐	kuàicān	N	fast food
30.	份	fèn	M	set
31.	请	qǐng	V	please
32.	告诉	gàosu	V	tell
33.	地址	dìzhǐ	N	address
34.	公寓	gōngyù	N	flat, apartment

专有名词　Proper nouns

1.	乐家花园	Lèjiā Huāyuán		name of a residential community
2.	西江路	Xījiāng Lù		name of a road
3.	丽华快餐	Lìhuá Kuàicān		name of a fast food restaurant

预听 Warm-up Exercises 04-2

一 听录音，写出他们住在哪儿 Listen and write down their addresses.

1. _____ 2. _____ 3. _____ 4. _____

二 听录音，填空 Listen and fill in the blanks.

1. 我住在301，他住在302，我们是_____。

2. 我_____就去妹妹家。

3. 到我家坐_____吧。

精听 Intensive Exercises 04-4

课文 Text 04-3

一 听对话(04-3)，判断正误 Listen and decide whether the statements are true or false.

1. 这两个人是同学。　　　　（　　）

2. 他们都住在乐家花园。　　（　　）

3. 男的有一个妹妹。　　　　（　　）

4. 男的现在去女的家。　　　（　　）

5. 这两个人的家很近。　　　（　　）

二 听对话，填空 Listen and fill in the blanks.

1. 男的去_____。

2. 女的去_____。

三 听对话，回答问题 Listen and answer the questions.

1.　　　　　　　2.　　　　　　　　　3.

 发展　Further Exercises　　04-5

 一 听录音，根据实际情况回答问题

Listen and answer the questions according to the fact.

1.　　　　2.　　　　　3.　　　　　　4.

 二 听录音，写出他们的地址 Listen and write down their addresses.

1. _____　　2. _____

 三 用汉语邀请你的同学去你家玩儿 Invite your classmates to your home in Chinese.

 泛听部分 EXTENSIVE LISTENING

词语表　Vocabulary　04-6

1.	学院	xuéyuàn	N	college
2.	办公楼	bàngōnglóu	N	office building
3.	在	zài	V	be in/at/on
4.	院长	yuànzhǎng	N	dean
5.	办公室	bàngōngshì	N	office
6.	排	pái	V	arrange in order
7.	分班	fēn bān		group students into different classes
8.	等	děng	Pt	and so on, etc.

9.	问题	wèntí	N	question
10.	这个	zhège	Pr	this
11.	财务室	cáiwùshì	N	finance office
13.	报名	bào míng	V//O	enter one's name
14.	参加	cānjiā	V	participate
15.	考试	kǎo shì	V//O	exam
16.	选课	xuǎn kè		sign up for courses
17.	会议室	huìyìshì	N	meeting room
18.	在……上	zài……shàng		concerning, in terms of
19.	可以	kěyǐ	OpV	may
20.	找	zhǎo	V	look for

专有名词 **Proper noun**

HSK　　　　HSK　　　　Chinese Proficiency Test (HSK)

HSK

 练习　Exercises　 04-8　
课文
Text
04-7

一　听短文（04-7），回答问题 Listen and answer the questions.

1.　　　　　　　　2.

 听短文，连线 Listen and match.

yuànzhǎng bàngōngshì　　　○　　　320

yuàn bàngōngshì　　　○　　　314

cáiwùshì　　　○　　　310

huìyìshì　　　○　　　313

lǎoshī bàngōngshì　　　○　　　308

Lesson 5
我先打个电话 05

训练重点 Key Points in Practice

- 熟悉打电话的话题。
- 掌握打电话的常用语。
- 听记电话号码、房间号码等。

- Get familiar with the topics about making a phone call.
- Master the expressions frequently used when making a phone call.
- Listen and memorize phone numbers and room numbers.

精听部分 INTENSIVE LISTENING

词语表 Vocabulary 05-1

1.	场	chǎng	M	*used for entertaining or sports activities*
2.	足球	zúqiú	N	football, soccer
3.	比赛	bǐsài	N	match, game
4.	可是	kěshì	Conj	but
5.	电视	diànshì	N	TV set
6.	坏	huài	V	break down
7.	喜欢	xǐhuan	V	like
8.	看	kàn	V	watch
9.	台	tái	M	*used for mechanical devices or machines*
10.	大	dà	Adj	big
11.	哪个	nǎge	Pr	which

43

12.	宿舍	sùshè	N	dorm
13.	先	xiān	Adv	first, in advance
14.	打	dǎ	V	do, engage in
15.	电话	diànhuà	N	telephone
16.	谢谢	xièxie	V	thank
17.	马上	mǎshàng	Adv	right now
18.	给	gěi	Prep	*introducing the recipient of an action*
19.	喂	wèi	Int	hello
20.	位	wèi	M	*used in deferential reference to people*
21.	想	xiǎng	OpV	want
22.	球场	qiúchǎng	N	ground or field for ball games
23.	买	mǎi	V	buy
24.	张	zhāng	M	*used for paper, paintings, tickets, etc.*
25.	票	piào	N	ticket
26.	事	shì	N	thing, business
27.	能	néng	OpV	can
28.	太	tài	Adv	very
29.	记住	jìzhù	V	remember
30.	办公室	bàngōngshì	N	office
31.	旅行	lǚxíng	V	travel
32.	手机	shǒujī	N	mobile phone
33.	哪些	nǎxiē	Pr	which
34.	号码	hàomǎ	N	number
35.	请问	qǐngwèn	V	excuse me
36.	为什么	wèi shénme		why
37.	多少	duōshao	Pr	what
38.	时候	shíhou	N	time, moment
39.	说话	shuō huà		speak, talk, say

预听 Warm-up Exercises 🎧 05-2

一 听写，然后写出可以搭配的动词
Write down the words you hear and then match each of them with a verb.

1. _____ 2. _____ 3. _____ 4. _____ 5. _____

_____ _____ _____ _____ _____

二 听录音，记录电话号码 Listen and write down the telephone numbers.

1. _____ 2. _____

3. _____ 4. _____

三 听录音，完成对话 Listen and complete the dialogues.

1. B：_____。

2. B：_____。

3. B：_____。

精听 Intensive Exercises 🎧 05-4   课文 Text 🎧 05-3

一 听对话（05-3），回答问题 Listen and answer the questions.

1.   2.   3.

二 听对话，判断正误 Listen and decide whether the statements are true or false.

1. 阿里的电视坏了。　　　　　　　（　　）

2. 阿里知道山中的电话。　　　　　（　　）

3. 山中买了两张票。　　　　　（　）

4. 山中和朋友一起看比赛。　　（　）

5. 阿里晚上去球场看比赛。　　（　）

6. 阿里和女的都认识山中。　　（　）

三　听对话，写出山中的房间号和电话号码
Listen and write down Shanzhong's room number and telephone number.

房间号：_____

电话号码：_____

发展　Further Exercises　　05-5

一　根据实际情况回答问题 Answer the questions according to the fact.

1.　　　　2.　　　　3.　　　　4.

二　打电话请同学和你一起去看足球比赛
Call a classmate and invite him/her to watch a soccer game with you.

泛听部分 EXTENSIVE LISTENING

词语表　Vocabulary　05-6

1.	听说	tīngshuō	V	hear
2.	病	bìng	V	fall ill
3.	可	kě	Adv	but

4.	只	zhǐ	Adv	only
5.	呀	ya	MdPt	*expressing confirmation or defence*
6.	咦	yí	Int	*indicating surprise*
7.	错	cuò	Adj	wrong
8.	对不起	duìbuqǐ	V	be sorry
9.	没关系	méi guānxi		that's all right
10.	下	xià	V	(of rain, snow, etc.) fall
11.	雨	yǔ	N	rain
12.	起火	qǐ huǒ	V//O	(of fire) break out
13.	快	kuài	Adv	hurry (up)
14.	包	bāo	N	bag
15.	刚才	gāngcái	N	just now
16.	商场	shāngchǎng	N	shopping mall
17.	丢	diū	V	lose
18.	那	nà	Conj	then, in that case
19.	怎么办	zěnme bàn		what should I do
20.	护照	hùzhào	N	passport
21.	机票	jīpiào	N	air ticket
22.	让	ràng	V	let, ask
23.	他们	tāmen	Pr	they, them
24.	送	sòng	V	send, deliver
25.	肚子	dùzi	N	stomach, belly
26.	疼	téng	Adj	painful, aching
27.	叫	jiào	V	call, get
28.	救护车	jiùhùchē	N	ambulance

护照

专有名词　**Proper noun**

长城　　Chángchéng　　　　Great Wall

一 听对话（05-7），回答问题 Listen and answer the questions.

二 下面的对话中有一些有特殊用途的电话号码，请你试试记下来
There are some special phone numbers in the dialogues. Try to write them down.

	电话号码	用途
1		
2		
3		
4		
5		

Lesson 6
我的朋友 06

训练重点　Key Points in Practice

- 熟悉有关谈爱好的话题。
- 熟悉有关喜欢或不喜欢的表达方式。
- Get familiar with the topics about hobbies.
- Get familiar with the ways to express that one likes or dislikes something.

精听部分　INTENSIVE LISTENING

词语表　Vocabulary　06-1

1.	今年	jīnnián	N	this year
2.	岁	suì	N	year (of age)
3.	以后	yǐhòu	N	after, since
4.	多	duō	Adj	many
5.	今天	jīntiān	N	today
6.	介绍	jièshào	V	introduce
7.	外语	wàiyǔ	N	foreign language
8.	系	xì	N	department
9.	会	huì	OpV	can
10.	篮球	lánqiú	N	basketball
11.	俩	liǎ	Q	two
12.	打	dǎ	V	play

13.	年	nián	N	year
14.	前	qián	N	before, ago
15.	从	cóng	Prep	from
16.	得	de	StPt	introducing a complement of result or degree
17.	唱	chàng	V	sing
18.	歌	gē	N	song
19.	知道	zhīdao	V	know
20.	帮助	bāngzhù	V	help
21.	周末	zhōumò	N	weekend
22.	非常	fēicháng	Adv	very
23.	有意思	yǒu yìsi		enjoyable
24.	游泳	yóuyǒng	V	swim
25.	每天	měi tiān		every day
	每	měi	Pr	every, per
26.	没意思	méi yìsi		boring
27.	兴趣	xìngqù	N	interest
28.	时间	shíjiān	N	time
29.	水	shuǐ	N	water
30.	觉得	juéde	V	think, feel
31.	不错	búcuò	Adj	not bad
32.	爱好	àihào	N	hobby
33.	短文	duǎnwén	N	short passage
34.	年龄	niánlíng	N	age
35.	国家	guójiā	N	country
36.	语言	yǔyán	N	language
37.	学	xué	V	learn
38.	会	huì	V	can, be able to
39.	开	kāi	V	drive

40.	车	chē	N	car, vehicle
41.	以前	yǐqián	N	before, prior
42.	过	guo	AsPt	*indicating past actions or experiences*
43.	翻译	fānyì	N/V	*translator; translate*

专有名词　**Proper nouns**

1.	张语	Zhāng Yǔ		*name of a person*
2.	日语	Rìyǔ		Japanese (language)
3.	阿里	Ālǐ		*name of a person*
4.	韩语	Hányǔ		Korean (language)
5.	汉语	Hànyǔ		Chinese (language)
6.	英语	Yīngyǔ		English (language)
7.	意大利	Yìdàlì		Italy
8.	中文	Zhōngwén		Chinese (written) language

预听　Warm-up Exercises 06-2

 一　听录音，判断他们喜欢不喜欢游泳

Listen and decide whether they like swimming or not.

	1	2	3	4	5	6
喜欢						
不喜欢						

 二　听录音，根据实际情况回答问题

Listen and answer the questions according to the fact.

1.　　　　　2.　　　　　3.　　　　　4.

51

精听 Intensive Exercises 🎧 06-4

课文
Text
🎧 06-3

一 听短文（06-3），回答问题 Listen and answer the questions. 🎧

二 听短文，填表 Listen and fill in the table.

姓名	年龄	国家	语言	爱好

发展 Further Exercises 🎧 06-5

一 听句子，回答问题 Listen and answer the questions. 🎧

1.　　　　2.　　　　3.　　　　4.

5.　　　　6.　　　　7.

二 介绍 Say something about the following topics.

1. 山中的一个朋友

2. 我的一个朋友

泛听部分 EXTENSIVE LISTENING

词语表　Vocabulary　06-6

1.	这么	zhème	Pr	so, like this
2.	电影	diànyǐng	N	film, movie
3.	好看	hǎokàn	Adj	nice, interesting
4.	特别	tèbié	Adv	specially, particularly
5.	不少	bùshǎo	Adj	not a few
6.	DVD机	DVDjī	N	DVD player
7.	谈话	tán huà	V//O	talk

专有名词　Proper noun

成龙　　　Chéng Lóng　　　Jackie Chan

成龙

练习　Exercises　06-8　　课文 Text 06-7

一　听对话（06-7），回答问题 Listen and answer the questions.

1.　　　　　　2.

二　听录音，判断正误 Listen and decide whether the statements are true or false.

1. 男的在中国买了很多DVD，都是美国电影。　　（　）

2. 男的最喜欢成龙。　　（　）

3. 女的周末的时候就去看电影。　　（　）

4. 女的不想看成龙的电影。　　（　）

Lesson 7
你今天下午有空儿吗 07

训练重点 Key Points in Practice

- 掌握日期的听解。
- 熟悉有关日程安排的话题。
- Listen and comprehend days and dates.
- Get familiar with the topics about scheduling.

精听部分 INTENSIVE LISTENING

词语表 Vocabulary  07-1

1.	陪	péi	V	accompany
2.	衣服	yīfu	N	clothes
3.	听	tīng	V	listen
4.	音乐会	yīnyuèhuì	N	concert
5.	行	xíng	V	be all right
6.	时间	shíjiān	N	time
7.	辅导	fǔdǎo	V	tutor
8.	后天	hòutiān	N	the day after tomorrow
9.	星期六	xīngqīliù	N	Saturday
	星期一	xīngqīyī	N	Monday
	星期二	xīngqī'èr	N	Tuesday
	星期三	xīngqīsān	N	Wednesday
	星期四	xīngqīsì	N	Thursday

54

	星期五	xīngqīwǔ	N	Friday
	星期天（日）	xīngqītiān (rì)	N	Sunday
	星期	xīngqī	N	week
10.	怎么样	zěnmeyàng	Pr	how about
11.	生日	shēngrì	N	birthday
12.	请	qǐng	V	invite
13.	这么	zhème	Pr	so, like this
14.	忙	máng	Adj	busy
15.	那	nà	Pr	then, in that case
16.	只	zhǐ	Adv	only
17.	月	yuè	N	month
18.	日	rì	N	day
19.	昨天	zuótiān	N	yesterday
20.	前天	qiántiān	N	the day before yesterday
21.	各	gè	Pr	each, every (of a group)
22.	这些	zhèxiē	Pr	these
23.	这个	zhège	Pr	this one
24.	火车	huǒchē	N	train
25.	回去	huíqu	V	go back, return
26.	准备	zhǔnbèi	V	prepare

专有名词　Proper noun

　　长城　　　　Chángchéng　　　　　　　Great Wall

长城

预听　Warm-up Exercises　 07-2

▸ 一　听写，然后写出能与这些词搭配的动词
　　Write down the words you hear and then match each of them with a verb.

　　　1. _____　　_____

　　　2. _____　　_____

　　　3. _____　　_____

听力课本 ❶

二 听录音，根据实际情况回答问题
Listen and answer the questions according to the fact.

1.　　　　　　　2.　　　　　　　3.

4.　　　　　　　5.　　　　　　　6.

精听　Intensive Exercises　　07-4

课文
Text
07-3

一 听对话（07-3），回答问题 Listen and answer the questions.

1.　　　　　　　2.　　　　　　　3.

二 听对话，填表，写出在这些时间他们做什么
Listen and fill in the table. Write down what they are doing during these periods of time.

	今天		明天		后天	星期天	
	上午	下午	上午	下午		上午	下午
小张							
小李							

发展　Further Exercises　　07-5

一 听录音，选择正确答案 Listen and choose the correct answer.

1. A. 9月30日　　　B. 10月1日　　　C. 10月4日
2. A. 9月7日　　　B. 9月8日　　　C. 9月11日
3. A. 星期六　　　B. 星期五　　　C. 星期四
4. A. 有　　　　　B. 没有
5. A. 9月11日　　　B. 9月12日　　　C. 9月13日

56

二 和同伴商量一下哪天一起去买衣服
Discuss with your friend about going shopping for new clothes together some time.

泛听部分 EXTENSIVE LISTENING

词语表 Vocabulary 07-6

1.	到	dào	V	arrive
2.	开始	kāishǐ	V	begin
3.	读写课	dú-xiě kè		reading and writing class
4.	听力课	tīnglì kè		listening comprehension class
5.	图书馆	túshūguǎn	N	library
6.	商店	shāngdiàn	N	shop, store
7.	东西	dōngxi	N	stuff, thing
8.	会话课	huìhuà kè		conversation class

课文 Text 07-7

练习 Exercises 07-8

一 听短文（07-7），写出日期 Listen and write down the dates.

活动	日期
到北京	
买东西	
介绍家人	
去图书馆	

二 听短文，回答问题 Listen and answer the questions.
1.　　　2.　　　3.　　　4.　　　5.

Lesson 8
我的一天  08

训练重点 Key Points in Practice

- 熟悉有关具体时间的表达方式。
- 掌握时点与时段的听解。

- Get familiar with the expressions of specific time.
- Listen and comprehend points in time and durations of time.

精听部分 INTENSIVE LISTENING

词语表 Vocabulary 08-1

1.	点	diǎn	N	o'clock
2.	起床	qǐ chuáng	V//O	get up
3.	出门	chū mén	V//O	go out
4.	坐（车）	zuò (chē)	V	travel by (bus, train, plane, etc.)
5.	公共汽车	gōnggòng qìchē		bus
6.	然后	ránhòu	Conj	then, after that
7.	换	huàn	V	transfer
8.	地铁	dìtiě	N	subway
9.	开始	kāishǐ	V	start, begin
10.	上班	shàng bān	V//O	go to work
11.	下班	xià bān	V//O	go off work
12.	休息	xiūxi	V	rest

58

我的一天 8

13.	小时	xiǎoshí	N	hour
14.	短	duǎn	Adj	short
15.	所以	suǒyǐ	Conj	therefore
16.	食堂	shítáng	N	cafeteria, dining hall
17.	午饭	wǔfàn	N	lunch
18.	中	zhōng	N	in
19.	饭	fàn	N	meal
20.	因为	yīnwèi	Prep	because
21.	附近	fùjìn	N	nearby
22.	后	hòu	N	after, later
23.	音乐	yīnyuè	N	music
24.	睡觉	shuì jiào	V//O	sleep
25.	可以	kěyǐ	OpV	may
26.	晚饭	wǎnfàn	N	supper
27.	书	shū	N	book
28.	上网	shàng wǎng	V//O	surf the Internet
29.	电影	diànyǐng	N	film, movie
30.	吧	ba	MdPt	*indicating consultation, suggestion, etc.*
31.	晚	wǎn	Adj	late
32.	手表	shǒubiǎo	N	watch
33.	杯	bēi	M	cup, glass
34.	咖啡	kāfēi	N	coffee
35.	分钟	fēnzhōng	N	minute
36.	完	wán	V	end, be over
37.	病	bìng	N/V	illness; fall ill
38.	对不起	duìbuqǐ	V	be sorry
39.	迟到	chídào	V	be late

预听 Warm-up Exercises 🎧 08-2

一 听录音，写出时间 Listen and write down the time you hear.

1. _____   2. _____   3. _____

4. _____   5. _____   6. _____

二 听录音，根据实际情况回答问题

Listen and answer the questions according to the fact.

1.   2.   3.   4.

精听 Intensive Exercises 🎧 08-4

课文 Text 🎧 08-3

一 听短文（08-3），回答问题 Listen and answer the questions.

1.   2.   3.   4.

二 听短文，写出与时间对应的活动

Listen and write down the activity of the speaker at each specific point in time.

时间	活动
7：00	
8：00	
13：30	
17：30	
21：00	

三 听后复述 Retell after listening.

"我"的一天

60

我的一天 **8**

发展 Further Exercises 08-5

一、听录音,选择正确答案 Listen and choose the correct answer.

1. A. 看电视 B. 上网 C. 睡觉
2. A. 5:00 B. 5:30 C. 6:00
3. A. 8:00 B. 8:30 C. 9:00
4. A. 6:40 B. 7:00 C. 7:20
5. A. 不知道今天上课 B. 病了 C. 晚一点儿来
6. A. 他的车坏了 B. 他来晚了 C. 他没进来

二、介绍 Say something about the following topic.

我的一天

泛听部分 EXTENSIVE LISTENING

词语表 Vocabulary 08-6

1.	演	yǎn	V	act, perform, stage
2.	部	bù	M	*used for movies, books, etc.*
3.	咱们	zánmen	Pr	we, us
4.	报纸	bàozhǐ	N	newspaper
5.	离	lí	V	be away from
6.	但是	dànshì	Conj	but
7.	这样	zhèyàng	Pr	like this
8.	电影院	diànyǐngyuàn	N	cinema
9.	外面	wàimiàn	N	outside

61

专有名词 **Proper nouns**

1. 首都影院　　Shǒudū Yǐngyuàn　　Capital Cinema
2. 北京剧院　　Běijīng Jùyuàn　　　Beijing Theater

国家大剧院

练习　Exercise　08-8　　课文 Text　08-7

听对话（08-7），回答问题 Listen and answer the questions.

1.　　2.　　3.　　4.

Lesson 9
一日三餐 09

训练重点 Key Points in Practice

- 掌握有关吃饭等话题的听解。
- 掌握常见食物的名称。

- Listen and comprehend the topics about having meals.
- Master the names of some common food.

精听部分 INTENSIVE LISTENING

词语表 Vocabulary 09-1

1.	早饭	zǎofàn	N	breakfast
2.	习惯	xíguàn	N/V	habit; be used to
3.	节	jié	M	section, length
4.	肚子	dùzi	N	stomach, belly
5.	饿	è	Adj	hungry
6.	喝	hē	V	drink
7.	杯	bēi	M	cup, glass
8.	果汁	guǒzhī	N	juice
9.	或者	huòzhě	Conj	or
10.	牛奶	niúnǎi	N	milk
11.	鸡蛋	jīdàn	N	egg
12.	片	piàn	M	slice
13.	面包	miànbāo	N	bread

14.	苹果	píngguǒ	N	apple
15.	中午	zhōngwǔ	N	noon
16.	又	yòu	Adv	indicating that several conditions or qualities exist at the same time
17.	便宜	piányi	Adj	cheap
18.	方便	fāngbiàn	Adj	convenient
19.	最	zuì	Adv	most
20.	面条	miàntiáo	N	noodles
21.	饺子	jiǎozi	N	Chinese dumpling
22.	饭馆	fànguǎn (r)	N	restaurant
23.	一边……一边……	yìbiān……yìbiān……		indicating two actions taking place at the same time
24.	聊天儿	liáo tiānr	V//O	chat
25.	好吃	hǎochī	Adj	delicious, yummy
26.	鱼香肉丝	yúxiāng ròusī		shredded pork with garlic sauce
	鱼	yú	N	fish
27.	宫保鸡丁	gōngbǎo jīdīng		kung pao chicken
	鸡	jī	N	chicken
28.	点	diǎn	V	order
29.	一些	yìxiē	Q	some
30.	啤酒	píjiǔ	N	beer
31.	馒头	mántou	N	steamed bread
32.	粥	zhōu	N	porridge
33.	各种	gè zhǒng		various kinds of
34.	早点	zǎodiǎn	N	breakfast
35.	馄饨	húntun	N	wonton
36.	汉堡	hànbǎo	N	hamburger
37.	茶	chá	N	tea
38.	精神	jīngshen	N	vigour, vitality

39.	身体	shēntǐ	N	body, health
40.	水果	shuǐguǒ	N	fruit
41.	还是	háishi	Conj	or
42.	红	hóng	Adj	red
43.	蓝	lán	Adj	blue
44.	颜色	yánsè	N	colour
45.	走	zǒu	V	walk
46.	有点儿	yǒudiǎnr	Adv	a little
47.	渴	kě	Adj	thirsty
48.	可乐	kělè	N	coke, cola
49.	包子	bāozi	N	steamed stuffed bun
50.	认为	rènwéi	V	consider, think
51.	米饭	mǐfàn	N	cooked rice
52.	一日三餐	yí rì sān cān		three meals in a day

专有名词　Proper noun

雪碧　　　　　　Xuěbì　　　　　　Sprite

饺子　　　　鱼香肉丝　　　宫保鸡丁　　　馒头

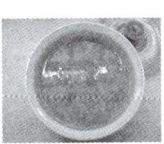

粥　　　　　馄饨　　　　　茶

预听　Warm-up Exercises　🎧 09-2

▶ 听录音，写出他们早上吃什么（可以写拼音）
Listen and write down what they eat in the morning. (You may use *pinyin* instead.)

1._____　2._____　3._____　4._____　5._____

二 听录音，根据实际情况回答问题
Listen and answer the questions according to the fact.

1.   2.   3.

精听 Intensive Exercises   09-4   课文 Text 09-3

一 听短文（09-3），判断正误 Listen and decide whether the statements are true or false.

1. "我"以前没有吃早饭的习惯。   （   ）

2. "我"早上不吃水果。   （   ）

3. "我"喜欢吃饺子和面条。   （   ）

4. "我"晚饭是在食堂里吃的。   （   ）

5. "我"和朋友在饭馆常常吃鱼香肉丝、宫保鸡丁。 （   ）

6. "我们"吃晚饭的时候常常喝酒。   （   ）

7. "我们"只在周末的时候去饭馆。   （   ）

二 听短文，回答问题 Listen and answer the questions.

1.   2.   3.

三 听短文，填空 Listen and fill in the blanks.

1. 我现在每天七点_____，喝一杯果汁或者_____，吃一_____鸡蛋、两_____面包和一个苹果。

2. _____，我喜欢和朋友们一起去学校_____的饭馆吃饭，我们_____吃，一边_____。

 发展 Further Exercises   09-5

一 听句子，回答问题 Listen and answer the questions.

1.　　　　　2.　　　　　3.　　　　　　4.

5.　　　　　6.　　　　　7.

二 听句子或对话，选择正确答案 Listen and choose the correct answer.

1. A. 可乐　　　B. 雪碧　　　C. 可乐和雪碧

2. A. 面条　　　B. 包子　　　C. 饺子

3. A. 米饭　　　B. 包子　　　C. 饺子

4. A. 米饭　　　B. 面条　　　C. 馒头

5. A. 包子　　　B. 馒头　　　C. 不知道

三 介绍 Say something about the following topic.

我的一日三餐

泛听部分 EXTENSIVE LISTENING

词语表 Vocabulary   09-6

1.	花茶	huāchá	N	scented tea
2.	人们	rénmen	N	people
3.	绿茶	lǜchá	N	green tea
4.	长大	zhǎngdà	V	grow up

67

专有名词　**Proper noun**

杭州　　　　Hángzhōu　　　　Hangzhou, a city in China

花茶

绿茶

杭州

练习　Exercises　　09-8

课文
Text
09-7

一　听对话（09-7），回答问题 Listen and answer the questions.

1.　　　　　　　　　　　　2.

二　听对话，判断正误 Listen and decide whether the statements are true or false.

1. 北京人和上海人都喜欢绿茶。　　　（　　）

2. 男的是北京人。　　　　　　　　　（　　）

3. 女的到上海后开始喜欢喝绿茶。　　（　　）

4. 女的在杭州上大学。　　　　　　　（　　）

68

Lesson 10
我们去哪儿吃  10

训练重点　Key Points in Practice

- 有关吃饭地点的话题。
- 熟悉有关餐厅的常用语。
- 熟悉一些菜的名称和味道的说法。

- Get familiar with the topics about where to eat.
- Get familiar with the common expressions of eating at restaurants.
- Get familiar with the names of dishes and their tastes.

精听部分　INTENSIVE LISTENING

词语表　Vocabulary　10-1

1.	出去	chūqu	V	go out
2.	听说	tīngshuō	V	hear about, be told
3.	新	xīn	Adj	new
4.	开	kāi	V	open
5.	试	shì	V	try
6.	川菜	chuāncài	N	Sichuan cuisine
	菜	cài	N	dish
7.	辣	là	Adj	spicy, hot
8.	北边	běibian	N	north
9.	不过	búguò	Conj	but
10.	远	yuǎn	Adj	far

69

11.	烤鸭	kǎoyā	N	roast duck
12.	餐厅	cāntīng	N	restaurant, dining hall
13.	味道	wèidao	N	taste
14.	要	yào	V	ask for
15.	半	bàn	Nu	half
16.	只	zhī	M	*used for certain animals, birds, etc.*
17.	甜	tián	Adj	sweet
18.	酸	suān	Adj	sour
19.	咸	xián	Adj	salty
20.	苦	kǔ	Adj	bitter
21.	地方菜	dìfāngcài	N	local food
22.	最后	zuìhòu	N	finally
23.	决定	juédìng	V	decide
24.	热菜	rècài	N	hot dish
25.	凉菜	liángcài	N	cold dish
26.	主食	zhǔshí	N	staple food
27.	哟	yō	Int	*expressing surprise*
28.	都	dōu	Adv	already
29.	来不及	láibují	V	it's too late
30.	那边	nàbian	Pr	over there
31.	真	zhēn	Adj	true, real

烤鸭

专有名词　Proper nouns

1.	四川	Sìchuān		Sichuan (Province)
2.	上海	Shànghǎi		Shanghai, a city in China
3.	麦当劳	Màidāngláo		McDonald's

上海

麦当劳

10 我们去哪儿吃

预听 Warm-up Exercises 🎧 10-2

 一、你知道这些味道吗？听一听，写一写 🎧

Do you know these tastes? Listen and write them down.

1. _____ 2. _____ 3. _____ 4. _____ 5. _____

 二、听录音，根据实际情况回答问题 🎧

Listen and answer the questions according to the fact.

1.　　　　　　　　2.　　　　　　　　3.

精听 Intensive Exercises 🎧 10-4

课文 Text 🎧 10-3

 一、听对话（10-3），选择正确答案 Listen and choose the correct answer. 🎧

1. A. 学校北边　　　　B. 学校餐厅　　　　C. 四川饭馆

2. A. 太远　　　　　　B. 太辣　　　　　　C. 太贵

3. A. 四川菜　　　　　B. 上海菜　　　　　C. 烤鸭

二、听对话，回答问题 Listen and answer the questions. 🎧

1.　　　　　　　　　　　　2.

发展 Further Exercises 🎧 10-5

 一、在饭馆，你会听到这样一些问题，请你回答 🎧

In a restaurant, you may hear these questions. Please answer them.

1.　　　　　2.　　　　　3.　　　　　4.

71

二 听下面的对话，写出他们是在哪儿吃饭，并说明原因

Listen and fill in the table with the places where they eat or will eat and the reasons why they eat or will eat there.

	在哪儿吃	为什么
1		
2		
3 男：		
3 女：		
4		
5		
6		

 三 讨论 Discussion

你喜欢在哪儿吃饭？在食堂、饭馆、快餐店还是自己做？

泛听部分 EXTENSIVE LISTENING

词语表　Vocabulary  10-6

1.	酒吧	jiǔbā	N	bar
2.	有名	yǒumíng	Adj	famous
3.	街	jiē	N	street
4.	各种各样	gè zhǒng gè yàng		all kinds of

5.	乐队	yuèduì	N	band, orchestra
6.	演出	yǎnchū	V	perform
7.	快乐	kuàilè	Adj	happy
8.	蛋糕	dàngāo	N	cake

专有名词　Proper noun

三里屯　　　Sānlǐtún (r)　　　*name of a place in Beijing*

三里屯

练习　Exercises　10-8

课文 Text　10-7

一　听短文（10-7），回答问题 Listen and answer the questions.

1.　　　　　　2.　　　　　　3.

二　听短文，判断正误 Listen and decide whether the statements are true or false.

1. 他们为山下过生日。　　　　（　）

2. 他们去了三里屯。　　　　　（　）

3. 三里屯酒吧不多。　　　　　（　）

4. 他们去的酒吧人很少。　　　（　）

5. 他们为山下唱歌。　　　　　（　）

6. 他们吃了蛋糕，但喝的酒不多。（　）

7. 这天晚上他们很高兴。　　　（　）

8. 酒吧里可以买到啤酒和水果。（　）

单元测试一（1~10课）
Unit Test I (Lessons 1~10)

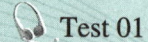 Test 01

总分 100 分　成绩：_____

一　听录音，写拼音（共 20 分，每题 2 分）

Listen and write down the *pinyin* you hear. (2 marks each, 20 marks altogether)

1. _____　2. _____　3. _____　4. _____　5. _____

6. _____　7. _____　8. _____　9. _____　10. _____

二　听录音，根据实际情况回答问题（共 20 分，每题 2 分）

Listen and answer the questions according to the fact. (2 marks each, 20 marks altogether)

1. _____　2. _____

3. _____　4. _____

5. _____　6. _____

7. _____　8. _____

9. _____　10. _____

三　听句子，回答问题（共 20 分，每题 2 分）

Listen and answer the questions. (2 marks each, 20 marks altogether)

1. _____　2. _____

3. _____　4. _____

5. _____　6. _____

7. _____　8. _____

9. _____   10. _____

四 听对话，选择正确答案（共20分，每题2分）

Listen and choose the correct answer. (2 marks each, 20 marks altogether)

1. A. 星期一　　　　　B. 星期三　　　　　C. 星期四

2. A. 有空儿　　　　　B. 没空儿　　　　　C. 不知道

3. A. 在做　　　　　　B. 没在做　　　　　C. 不知道

4. A. 8号　　　　　　 B. 10号　　　　　　C. 12号

5. A. 去见老同学　　　B. 见到老同学一起说话　　C. 车坏了

6. A. 8：10　　　　　 B. 10：08　　　　　C. 9：52

7. A. 喜欢　　　　　　B. 不喜欢　　　　　C. 不明白

8. A. 听音乐会　　　　B. 上课　　　　　　C. 打电话

9. A. 她的车坏了　　　B. 她来晚了　　　　C. 她没有买东西

10. A. 病了　　　　　 B. 忘了　　　　　　C. 今天周末

五 听短文，连线（共8分，每个2分）

Listen and match. (2 marks each, 8 marks altogether)

秀木　　　　　丁丽　　　　　李珍　　　　　马里

美国　　　　　日本　　　　　英国　　　　　韩国

六 听对话，回答问题（共12分，每题2分）

Listen and answer the questions. (2 marks each, 12 marks altogether)

1. _____   2. _____

3. _____   4. _____

5. _____   6. _____

75

Lesson 11
我去超市了

训练重点 Key Points in Practice

- 熟悉钱数的表达方式。
- 熟悉一些日用品、食品的名称及常用量词。
- 掌握问价的常用句型。

- Get familiar with the expressions of amounts of money.
- Get familiar with the names of some daily necessities and food as well as some commonly used measure words.
- Master the sentence patterns frequently used when asking about prices.

精听部分 INTENSIVE LISTENING

词语表　Vocabulary　11-1

1.	唉	ài	Int	*expressing sadness or regret*
2.	累	lèi	Adj	*tired*
3.	死	sǐ	V	*extremely*
4.	超市	chāoshì	N	*supermarket*
5.	花	huā	V	*spend*
6.	促销	cùxiāo	V	*sales promotion*
7.	东西	dōngxi	N	*thing, stuff*
8.	盘子	pánzi	N	*plate, dish*
9.	块	kuài	M	*kuai, unit of money*
10.	钱	qián	N	*money*
11.	件	jiàn	M	*piece*

我去超市了 11

12.	T恤	Txù	N	T-shirt
13.	瓶	píng	M	bottle
14.	嗬	hē	Int	*indicating surprise*
15.	少	shǎo	Adj	few, little
16.	盒	hé	M	box
17.	怕	pà	V	be afraid
18.	打折	dǎ zhé	V//O	give a discount
19.	才	cái	Adv	only
20.	卖	mài	V	sell
21.	杯子	bēizi	N	cup, glass
22.	漂亮	piàoliang	Adj	beautiful
23.	送	sòng	V	give as a present
24.	产品	chǎnpǐn	N	product
25.	价钱	jiàqian	N	price
26.	贵	guì	Adj	expensive
27.	羊毛	yángmáo	N	wool
28.	羊	yáng	N	sheep
29.	元	yuán	M	*yuan*, unit of money
30.	笔	bǐ	N	pen
31.	支	zhī	M	*used for long, thin, inflexible objects*
32.	词典	cídiǎn	N	dictionary
33.	本	běn	M	*used for books of various kinds*
34.	怎么	zěnme	Pr	how

预听　Warm-up Exercises　🎧 11-2

一　听录音，写出钱数 Listen and write down the amounts of money.

1. _____ 2. _____ 3. _____ 4. _____ 5. _____

6. _____ 7. _____ 8. _____ 9. _____ 10. _____

77

二 请说说如何问价钱 How do we ask about a price?

 三 听录音，根据实际情况回答问题
Listen and answer the questions according to the fact.

1.　　　　2.　　　　3.　　　　4.　　　　5.

 精听 Intensive Exercises   11-4    课文 Text 11-3

 一 听对话（11-3），回答问题 Listen and answer the questions.

1.　　　　2.　　　　3.　　　　4.

二 边听对话边记录 Fill in the table as you listen.

买的东西	数量	钱数

三 说说你对"羊毛出在羊身上"这句话的理解
Talk about your understanding of "羊毛出在羊身上".

 发展 Further Exercises   11-5

 一 听句子，回答问题 Listen and answer the questions.

1.　　　　2.　　　　3.　　　　4.

二 和同桌一起练习问价钱 Practice asking about prices with your deskmate.

 三 介绍：你喜欢去超市吗？超市的东西便宜吗？你会不会买促销或打折的东西？
Introduction: Do you like to go to supermarket? Are goods cheap in supermarkets? Would you like to buy something on sale?

泛听部分 EXTENSIVE LISTENING

词语表　Vocabulary　🎧 11-6

1.	名牌	míngpái	N	famous brand
2.	当然	dāngrán	Adv	of course
3.	穿	chuān	V	wear (clothes)
4.	必要	bìyào	Adj	necessary
5.	道理	dàolǐ	N	reason
6.	挑	tiāo	V	choose, pick

练习　Exercises　 11-8　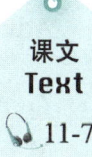 课文 Text 11-7

 一 听对话 (11-7)，填空 Listen and fill in the blanks.

1. 这些名牌衣服最便宜的也要_____一件。

2. 那些衣服在打折，_____一件，又便宜又好看。

 二 听对话，回答问题 Listen and answer the questions.

　　1.　　　2.　　　3.　　　4.　　　5.

Lesson 12
太贵了，便宜一点儿吧 🎧 12

训练重点 Key Points in Practice

- 熟悉价钱的表达方式。
- 掌握购物时的常用语。

- Get familiar with the expressions of prices.
- Master the sentences frequently used when shopping.

精听部分 INTENSIVE LISTENING

词语表 Vocabulary 🎧 12-1

1.	来	lái	V	(used as a substitute for a more specific verb) buy
2.	斤	jīn	M	*jin*, unit of weight (= 1/2 kilogram)
3.	梨	lí	N	pear
4.	特别	tèbié	Adv	very, extremely
5.	尝	cháng	V	taste
6.	把	bǎ	M	used for sth. in a bunch
7.	香蕉	xiāngjiāo	N	banana
8.	好像	hǎoxiàng	Adv	seem
9.	算了	suàn le		let it pass
10.	一点儿	yìdiǎnr	Q	some, a little
11.	桃	táo	N	peach
12.	葡萄	pútao	N	grape

一把香蕉

80

13.	橘子	júzi	N	tangerine
14.	橙子	chéngzi	N	orange
15.	草莓	cǎoméi	N	strawberry
16.	一共	yígòng	Adv	altogether
17.	零钱	língqián	N	small change
18.	找	zhǎo	V	give (change)
19.	应该	yīnggāi	OpV	should
20.	付	fù	V	pay
21.	克	kè	M	gram
22.	公斤	gōngjīn	M	kilogram
23.	两	liǎng	M	*liang*, unit of weight (=50 grams)

预听　Warm-up Exercises  12-2

一　听写 Write down what you hear.

1. _____ 2. _____ 3. _____ 4. _____

5. _____ 6. _____ 7. _____ 8. _____

 二　你知道哪些水果的中文名称？说说在你的国家水果怎么卖

How many kinds of fruit can you say in Chinese? Talk about the prices of fruit in your country.

三　听问句，完成对话 Listen and complete the dialogues.

　　1. B：_____

　　2. B：_____

3. B：_____

4. B：_____

精听 Intensive Exercises 🎧 12-4

课文 Text 🎧 12-3

一 听对话（12-3），回答问题 Listen and answer the questions. 🎧

1.　　　　　　　　　　2.

二 听对话，选择正确答案 Listen and choose the correct answer. 🎧

1. A. 4 元　　　　B. 3.5 元　　　C. 2 元

2. A. 梨　　　　　B. 香蕉　　　　C. 葡萄

3. A. 三斤　　　　B. 六斤　　　　C. 十斤

4. A. 28 元　　　　B. 29 元　　　　C. 32 元

发展 Further Exercises 🎧 12-5

一 听对话或句子，判断正误 🎧

Listen and decide whether the statements are true or false.

1. 女的不想去看电影了。　　　　（　　）

2. 女的想买这件衣服。　　　　　（　　）

3. 大家觉得他累了。　　　　　　（　　）

4. 这苹果又红又大，很好。　　　（　　）

5. "我"一定见过你。　　　　　　（　　）

6. 今天不买葡萄了。　　　　　　（　　）

7. "我"不去小王家。　　　　　　（　　）

 二　听对话或句子，选择正确答案 Listen and choose the correct answer.

1. A. 3元　　　　　B. 5元　　　　　C. 15元

2. A. 2元　　　　　B. 5元　　　　　C. 10元

3. A. 3.8元　　　　B. 5.2元　　　　C. 9元

4. A. 7元　　　　　B. 11元　　　　 C. 23元

5. A. 3斤　　　　　B. 6斤　　　　　C. 10斤

6. A. 5元　　　　　B. 23元　　　　 C. 33元

7. A. 47元　　　　 B. 50元　　　　 C. 53元

三　试一试，填空 Fill in the blanks.

1斤 =（　　）克　　　　1公斤 =（　　）斤

1斤 =（　　）两　　　　1两 =（　　）克

泛听部分 EXTENSIVE LISTENING

词语表 Vocabulary  12-6

1.	礼物	lǐwù	N	gift, present
2.	别	bié	Adv	don't
3.	已经	yǐjīng	Adv	already
4.	帮	bāng	V	help

5.	CD		N	CD
6.	想	xiǎng	V	think
7.	冰淇淋	bīngqílín	N	ice-cream

听对话(12-7)，**回答问题** Listen and answer the questions.

1.　　　　　　　2.　　　　　　　3.

Lesson 13
你喜欢什么颜色 13

训练重点 Key Points in Practice

- 熟悉有关颜色的话题。
- 掌握基本颜色词。

- Get familiar with the topics about colours.
- Master the words of basic colours.

精听部分 INTENSIVE LISTENING

词语表 Vocabulary 13-1

1.	天气	tiānqì	N	weather
2.	凉	liáng	Adj	cool
3.	毛衣	máoyī	N	sweater
4.	那里	nàli	Pr	there
5.	样子	yàngzi	N	look, shape
6.	但是	dànshì	Conj	but
7.	色	sè	N	colour
8.	商店	shāngdiàn	N	shop, store
9.	看见	kànjiàn	V	see
10.	白	bái	Adj	white
11.	黑	hēi	Adj	black
12.	绿	lǜ	Adj	green
13.	紫	zǐ	Adj	purple

85

14.	黄	huáng	Adj	yellow
15.	灰	huī	Adj	grey
16.	裤子	kùzi	N	trousers, pants
17.	鞋	xié	N	shoes
18.	穿	chuān	V	wear (clothes)
19.	衬衫	chènshān	N	shirt
20.	皮鞋	píxié	N	leather shoes
21.	这里	zhèli	Pr	here
22.	钢笔	gāngbǐ	N	fountain pen
23.	浅	qiǎn	Adj	(of colour) light
24.	深	shēn	Adj	(of colour) dark
25.	辆	liàng	M	*used for vehicles*
26.	自行车	zìxíngchē	N	bicycle
27.	挺	tǐng	Adj	very, rather
28.	合适	héshì	Adj	suitable
29.	好看	hǎokàn	Adj	good-looking
30.	亮	liàng	Adj	bright
31.	老太太	lǎotàitai	N	old woman
32.	可	kě	Adv	very
33.	啦	la	MdPt	*expressing exclamation, interrogation, etc.*

专有名词　Proper nouns

1.	西单	Xīdān		name of a place in Beijing
2.	西单商场	Xīdān Shāngchǎng		Xidan Department Store
3.	中友百货	Zhōngyǒu Bǎihuò		Zhongyou Department Store

自行车

西单

预听　Warm-up Exercises　🎧 13-2

一　听录音，写出下面这些颜色词 Listen and write down the words of colours. 🎧

1. _____　2. _____　3. _____　4. _____

5. _____　6. _____　7. _____　8. _____

二　说说你知道的中文颜色词 Say the colours you know in Chinese.

精听　Intensive Exercises　🎧 13-4

课文 Text 🎧 13-3

一　听短文（13-3），回答问题 Listen and answer the questions. 🎧

1.　　　　　　　　　　　2.

二　听短文，选择正确答案 Listen and choose the correct answer. 🎧

1. A. 毛衣　　　　　B. 裤子　　　　　C. 鞋

2. A. 西单商场　　　B. 中友百货　　　C. 小商店

3. A. 红色　　　　　B. 黑色　　　　　C. 白色

4. A. 黑毛衣　　　　B. 红毛衣　　　　C. 没买

5. A. 西单商场　　　B. 中友百货　　　C. 小商店

三　听短文，判断正误 Listen and decide whether the statements are true or false.

1. "我"不喜欢西单商场的毛衣。　　　　　（　　）

2. "我"不要红色的毛衣。　　　　　　　　（　　）

3. "我"买的毛衣很漂亮，但有点儿贵。　　（　　）

四 介绍 Say something about the following topic.

"我"买毛衣的经过

发展　Further Exercises　13-5

一　听句子或对话，选择正确答案 Listen and choose the correct answer.

1. A. 白的　　　B. 灰的　　　C. 黑的
2. A. 紫的　　　B. 蓝的　　　C. 白的
3. A. 浅蓝色　　B. 深蓝色　　C. 不知道
4. A. 蓝的　　　B. 黑的　　　C. 黄的　　　D. 不知道
5. A. 红色的　　B. 亮色的　　C. 不知道

二　介绍：说说你最喜欢的颜色。你为什么最喜欢这个颜色？
Say something about your favourite colour. Why do you like it best?

泛听部分　EXTENSIVE LISTENING

词语表　Vocabulary　13-6

1.	平时	píngshí	N	at ordinary times
2.	没法	méi fǎ		can't possibly
3.	要是	yàoshi	Conj	if, suppose

4.	年轻	niánqīng	Adj	young
5.	老	lǎo	Adj	old
6.	不是……就是……	bú shì……jiù shì……		either...or...

练习 Exercise 🎧 13-8

课文 Text 🎧 13-7

听对话(13-7)，回答问题 Listen and answer the questions. 🎧

1.　　　2.　　　3.　　　4.　　　5.

Lesson 14
你说我穿什么好 14

训练重点 Key Points in Practice

- 熟悉有关穿着的话题。
- 掌握有关服装的词语。
- Get familiar with the topics about what to wear.
- Master the words and expressions of clothing.

精听部分 INTENSIVE LISTENING

词语表 Vocabulary 14-1

1.	镜子	jìngzi	N	mirror
2.	前	qián	N	front
3.	站	zhàn	V	stand
4.	半天	bàntiān	N	a long time
5.	重要	zhòngyào	Adj	important
6.	让	ràng	V	allow, let
7.	面试	miànshì	V	interview
8.	平时	píngshí	N	at ordinary times
9.	一样	yíyàng	Adj	same
10.	牛仔裤	niúzǎikù	N	jeans
11.	什么的	shénmede	Pt	and so on
12.	西裤	xīkù	N	trousers (of a Western suit)
13.	干净	gānjìng	Adj	clean

14.	整齐	zhěngqí	Adj	neat
15.	问题	wèntí	N	problem
16.	主意	zhǔyi	N	idea
17.	条	tiáo	M	*used for sth. narrow or thin and long*
18.	极	jí	Adv	extremely
19.	祝	zhù	V	wish
20.	成功	chénggōng	V	succeed
21.	变	biàn	V	change
22.	意思	yìsi	N	meaning, idea
23.	城市	chéngshì	N	city
24.	像	xiàng	V	such as
25.	热	rè	Adj	hot
26.	晚会	wǎnhuì	N	evening party
27.	婚礼	hūnlǐ	N	wedding
28.	约会	yuēhuì	V	date
29.	爬	pá	V	climb
30.	山	shān	N	hill, mountain

专有名词　Proper noun

广州　　　　　Guǎngzhōu　　Guangzhou, a city in China

广州

预听　Warm-up Exercises　　🎧 14-2

一　听写，然后说说你还知道哪些衣服的中文名字
　　Write down what you hear. Then tell the names of other types of clothing you know in Chinese.

1. _____　　2. _____　　3. _____　　4. _____

二 听对话，连线 Listen and match.

　　李华 ○　　　　　　○ 绿衬衫、牛仔裤

　　小霞 ○　　　　　　○ 红裙子

　　小娟 ○　　　　　　○ 蓝色T恤

三 说一说：你认为穿什么衣服和场合有关系吗？
Discuss if you think one should wear different clothes for different occasions.

精听　Intensive Exercises　14-4

课文 Text　14-3

一 听对话（14-3），回答问题 Listen and answer the questions.

1.　　　　　　　　　　　　2.

二 听对话，填空 Listen and fill in the blanks.

1. 男的平时穿_____。

2. 今天他穿_____。

3. 今天他穿得和平时_____。

三 听对话，判断正误 Listen and decide whether the statements are true or false.

1. 男的平时喜欢照镜子。　　　　　　　　　　　（　）

2. 女的认为去面试应该穿干净整齐的衣服。　　　（　）

3. 男的想穿白衬衫。　　　　　　　　　　　　　（　）

4. 女的觉得白衬衫不好看。　　　　　　　　　　（　）

5. 女的觉得蓝衬衫合适。　　　　　（　）

四　听后复述 Retell after listening.

一家公司让小王今天下午去面试，他……

发展　Further Exercises　　14-5

一　听对话或句子，回答问题 Listen and answer the questions.

1.　　　　2.　　　　3.

4.　　　　5.　　　　6.

二　听录音，说说在下面的场合应该穿什么

Listen and talk about what to wear for the given occasions.

1.　　　　2.　　　　3.

4.　　　　5.　　　　6.

三　讨论 Discussion

你平时喜欢穿什么衣服？为什么？

泛听部分 EXTENSIVE LISTENING

词语表　Vocabulary　14-6

1.	能干	nénggàn	Adj	capable
2.	杂志	zázhì	N	magazine

3.	画	huà	V	draw, paint
4.	丝绸	sīchóu	N	silk
5.	地方	dìfang	N	place
6.	左右	zuǒyòu	N	about, around
7.	方法	fāngfǎ	N	method

丝绸

练习 Exercises 14-8

课文 Text
14-7

一 听对话（14-7），判断正误 Listen and decide whether the statements are true or false.

1. 男的想买一件衣服送给女朋友。　　（　　）

2. 女的的衣服是自己做的。　　　　　（　　）

3. 这件衣服是丝绸的。　　　　　　　（　　）

二 听对话，回答问题 Listen and answer the questions.

1.　　　　　　　　　　　　2.

Lesson 15
你穿多大号的

训练重点 Key Points in Practice

- 熟悉买衣服的话题。
- 学会衣服、鞋子等号码、大小的表述。

- Get familiar with the topics about shopping for clothes.
- Learn to express the sizes of clothes and shoes in Chinese.

精听部分 INTENSIVE LISTENING

词语表 Vocabulary 15-1

1.	布鞋	bùxié	N	cloth shoes
2.	号	hào	N	size
3.	比	bǐ	Prep	than
4.	双	shuāng	M	pair
5.	正	zhèng	Adv	exactly
6.	拿	ná	V	bring, fetch
7.	袜子	wàzi	N	socks
8.	长	cháng	Adj	long
9.	瘦	shòu	Adj	tight
10.	大小	dàxiǎo	N	size
11.	汉字	Hànzì	N	Chinese character
12.	难	nán	Adj	difficult

布鞋

95

13.	快	kuài	Adj	fast
14.	可能	kěnéng	OpV	maybe
15.	公园	gōngyuán	N	park
16.	逛	guàng	V	stroll, ramble
17.	商场	shāngchǎng	N	shopping mall
18.	飞机	fēijī	N	airplane
19.	高	gāo	Adj	tall, high
20.	中号	zhōnghào	N	medium size

预听 Warm-up Exercises 15-2

一 听写，然后写出它们的量词

Write down the words you hear. Then match them with proper measure words.

1. _____   _____

2. _____   _____

3. _____   _____

4. _____   _____

二 听录音，判断说话人认为衣服是否合适，有什么问题

Listen and tell if the speakers are satisfied with the clothes. If not, why?

	合适/不合适	有什么问题
1		
2		
3		
4		
5		

你穿多大号的 15

| 精听 Intensive Exercises | 🎧 15-4 |  课文 Text 🎧 15-3 |

一 听对话（15-3），填空 Listen and fill in the blanks.

1. 这两个人在_____里说话。

2. 这两个人是_____和_____。

二 听对话，判断正误 Listen and decide whether the statements are true or false.

1. 男的想买一双黑色的皮鞋。　（　　）

2. 男的买了一双41号的鞋。　（　　）

3. 男的平时穿40号的鞋。　（　　）

4. 男的买的鞋是蓝色的。　（　　）

5. 男的试了两双鞋。　（　　）

6. 男的买的鞋和以前的样子不一样。　（　　）

三 听对话，回答问题 Listen and answer the questions.

1.　　　　2.　　　　3.　　　　4.

| 发展 Further Exercises | 🎧 15-5 |

一 听句子，回答问题 Listen and answer the questions.

1.　　　　2.　　　　3.

4.　　　　5.　　　　6.

二 听录音,完成句子 Listen and complete the sentences.

1. 我比她_____。

2. 火车比飞机_____。

3. 弟弟比我_____。

三 买衣服时,售货员会问你下面这些问题,请回答

When you are shopping, the salesclerk may ask you these questions. Answer them.

1.   2.   3.   4.

泛听部分 EXTENSIVE LISTENING

词语表 Vocabulary 15-6

1.	百货	bǎihuò	N	general merchandise
2.	化妆品	huàzhuāngpǐn	N	cosmetics
3.	珠宝	zhūbǎo	N	jewelry
4.	饰品	shìpǐn	N	accessory, ornament
5.	装	zhuāng		clothing, outfit
6.	休闲	xiūxián	V	have leisure
7.	钟表	zhōngbiǎo	N	clocks and watches
8.	眼镜	yǎnjìng	N	glasses
9.	皮具	píjù	N	leatherware
10.	内衣	nèiyī	N	underclothes
11.	用品	yòngpǐn	N	articles for use
12.	家电	jiādiàn	N	household appliance
13.	数码	shùmǎ	N	numerical code, digit
14.	器材	qìcái	N	equipment

15.	配	pèi	V	find sth. to fit or replace sth. else
16.	副	fù	M	set, pair
17.	周	zhōu	N	week
18.	防晒霜	fángshàishuāng	N	sunblock
19.	相机	xiàngjī	N	camera
20.	项链	xiàngliàn	N	necklace
21.	正式	zhèngshì	Adj	formal

练习 Exercise  15-7

下面是一个商场的楼层分布介绍。听录音，选出他们应该去几层

This is an introduction of the locations of different sections in a department store. Listen and then figure out to which floor they should go.

- 1F 百货 / 化妆品 / 银行 / 珠宝饰品
- 2F 运动装 / 休闲装 / 女鞋 / 钟表 / 眼镜
- 3F 男装 / 皮具 / 男鞋
- 4F 女装 / 内衣
- 5F 床上用品 / 家电 / 数码器材

	一层	二层	三层	四层	五层
1					
2					
3					
4					

Lesson 16
你哪儿不舒服 16

训练重点 Key Points in Practice

- 熟悉有关生病的话题。
- 掌握有关身体部位的词语。
- 掌握基本的关于身体状况的表达方式。
- 熟悉对病人的问候方式。

- Get familiar with the topics about illness.
- Master the words and expressions of parts of the body.
- Master the basic expressions of health conditions.
- Get familiar with the ways to greet patients.

精听部分 INTENSIVE LISTENING

词语表 Vocabulary 16-1

1.	嗓子	sǎngzi	N	throat
2.	疼	téng	Adj	sore
3.	咳嗽	késou	V	cough
4.	感冒	gǎnmào	N/V	cold; catch cold
5.	开药	kāiyào	V	prescribe
	药	yào	N	medicine, drug
6.	中药	zhōngyào	N	traditional Chinese medicine
7.	西药	xīyào	N	Western medicine
8.	有用	yǒu yòng		useful
9.	本来	běnlái	Adv	originally

100

你哪儿不舒服 16

10.	参加	cānjiā	V	join, attend
11.	看来	kànlái	V	seem, look like
12.	替	tì	Prep	on behalf of
13.	请假	qǐng jià	V//O	ask for leave
14.	着急	zháojí	Adj	worried
15.	鸡汤	jītāng	N	chicken soup
16.	治疗	zhìliáo	V	treat, cure
17.	有效	yǒuxiào	V	effective
18.	鼻子	bízi	N	nose
19.	头	tóu	N	head
20.	嘴	zuǐ	N	mouth
21.	耳朵	ěrduo	N	ear
22.	手指	shǒuzhǐ	N	finger
23.	胳膊	gēbo	N	arm
24.	腿	tuǐ	N	leg
25.	脚	jiǎo	N	foot
26.	舒服	shūfu	Adj	comfortable
27.	拉肚子	lā dùzi		suffer from diarrhoea
28.	发烧	fā shāo	V//O	have or run a fever
29.	大夫	dàifu	N	doctor, medical practitioner
30.	检查	jiǎnchá	V	check
31.	没关系	méi guānxi		It doesn't matter much.
32.	那么	nàme	Pr	so, like that
33.	那样	nàyàng	Pr	in that way
34.	读	dú	V	read
35.	别人	biéren	Pr	others

中药

预听 Warm-up Exercises 🎧 16-2

一、 边听边指 Listen and point. 🎧

二、 听录音，回答问题：说话人哪儿不舒服？为什么？ 🎧

Listen and answer the questions: What's wrong with him? Why?

	哪儿不舒服	原因
1		
2		
3		
4		
5		
6		

精听 Intensive Exercises 🎧 16-4

课文 Text 🎧 16-3

一、 听对话（16-3），回答问题 Listen and answer the questions. 🎧

1.　　　2.　　　3.　　　4.　　　5.

二、 听对话，判断正误 Listen and decide whether the statements are true or false.

1. 男的去医院了。　　　　　　（　　）

2. 男的吃了两天的药。　　　　（　　）

3. 男的病好了。　　　　　　　（　　）

4. 男的明天请假。　　　　　　（　　）

5. 女的的妈妈喜欢喝鸡汤。　　（　　）

三　听后复述对话内容 Retell after listening.

发展　Further Exercises　🎧 16-5

一　听录音，填空 Listen and fill in the blanks.

今天中午我_____疼，山下_____我去了医院。大夫检查以后说我是吃了不_____的东西，不过没关系，吃点儿_____就行了。大夫给我_____药，黄的一天吃_____，每次吃_____片；白的一天吃_____，每次吃_____片。大夫说我的病很快就会好的。

二　听录音，判断：说话人的病好了吗？
Listen and tell if the speaker is getting better or not.

	1	2	3	4	5
好了					
没好					

三　听句子，选择正确答案 Listen and choose the correct answer.

1. A. 老师　　　　B. 同学们　　　　C. 老师和同学们
2. A. 王老师　　　B. 我　　　　　　C. 别人
3. A. 我　　　　　B. 同学　　　　　C. 老师
4. A. 红的　　　　B. 蓝的　　　　　C. 都买了
5. A. 去了　　　　B. 没有　　　　　C. 一会儿去
6. A. 6个小时　　 B. 8个小时　　　 C. 10个小时
7. A. 3年　　　　 B. 9年　　　　　 C. 12年

泛听部分 EXTENSIVE LISTENING

词语表　Vocabulary　🎧 16-6

1.	药店	yàodiàn	N	pharmacy, drug store
2.	门口	ménkǒu	N	doorway
3.	遇到	yùdào	V	run into
4.	胃	wèi	N	stomach
5.	奇怪	qíguài	Adj	strange
6.	减肥	jiǎn féi	V//O	lose weight, slim
7.	带来	dàilái	V	bring
8.	胖子	pàngzi	N	fat person
9.	生活	shēnghuó	N	life
10.	麻烦	máfan	N	trouble
11.	于是	yúshì	Conj	hence
12.	下来	xiàlai	V	come to an end
13.	难受	nánshòu	Adj	uncomfortable
14.	到底	dàodǐ	Adv	*used in an interrogative sentence for emphasis*

练习　Exercise　🎧 16-8

课文 Text　🎧 16-7

听录音（16-7），回答问题 Listen and answer the questions.

1.

2.

Lesson 17
我在找房子 17

训练重点 Key Points in Practice

- 熟悉各种用途的房间的名称。
- 有关房子的话题的听解。

- Get familiar with the names of rooms for different purposes.
- Listen and comprehend the topics about apartments and houses.

精听部分 INTENSIVE LISTENING

词语表 Vocabulary 17-1

1.	留	liú	V	stay, remain
2.	房子	fángzi	N	apartment, house
3.	走路	zǒu lù	V//O	walk
4.	大概	dàgài	Adv	approximately
5.	平米	píngmǐ	M	square metre
6.	平房	píngfáng	N	bungalow
7.	卫生间	wèishēngjiān	N	bathroom
8.	暖气	nuǎnqì	N	central heating
9.	同事	tóngshì	N	colleague
10.	套	tào	M	set, suite
11.	居室	jūshì	N	room
12.	楼房	lóufáng	N	storeyed building

平房

13.	厨房	chúfáng	N	kitchen
14.	家具	jiājù	N	furniture
15.	离	lí	V	be away from
16.	要	yào	V	need
17.	房租	fángzū	N	rent
18.	倍	bèi	M	time, fold
19.	选择	xuǎnzé	V	choose
20.	卧室	wòshì	N	bedroom
21.	书房	shūfáng	N	study
22.	客厅	kètīng	N	living room
23.	公交	gōngjiāo	N	public transport
24.	线路	xiànlù	N	line, route
25.	直达	zhídá	V	arrive directly
26.	交通	jiāotōng	N	traffic
27.	邮局	yóujú	N	post office
28.	配套	pèitào	V	form a complete set or system
29.	设施	shèshī	N	installation, facilities
30.	齐全	qíquán	Adj	complete
31.	中央	zhōngyāng	N	centre
32.	花园	huāyuán	N	garden
33.	环境	huánjìng	N	environment
34.	优美	yōuměi	Adj	beautiful
35.	空气	kōngqì	N	air
36.	清新	qīngxīn	Adj	fresh
37.	质量	zhìliàng	N	quality
38.	户型	hùxíng	N	type of apartment
39.	正（南）	zhèng (nán)	Adj	due (south)
40.	首付	shǒufù	N	down payment
41.	万	wàn	Nu	ten thousand

42.	月供	yuègōng	N	monthly installment payment
43.	周围	zhōuwéi	N	around, surrounding

预听 Warm-up Exercises  17-2

一 听录音，写出房间的名称
Listen and write down the names of the rooms.

1. _____ 2. _____ 3. _____ 4. _____ 5. _____

二 根据实际情况回答问题：你住在哪里？你的房子怎么样？请向同学介绍你的房子。
Answer the questions according to the fact: Where do you live? What is your apartment like? Talk about it to your classmates.

三 看图介绍房子 Look at the picture below and talk about the apartment.

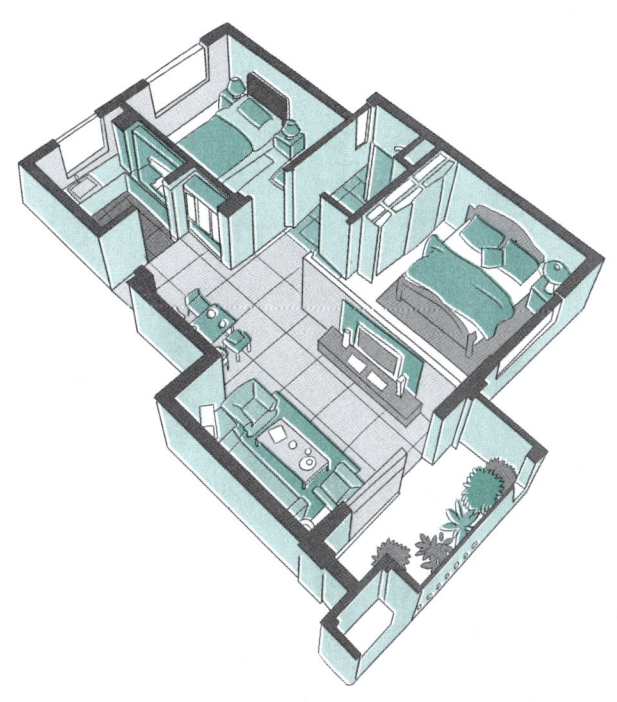

精听 Intensive Exercises 🎧 17-4

课文 Text 🎧 17-3

一 听短文（17-3），回答问题 Listen and answer the questions. 🎧

1.　　　　2.　　　　3.　　　　4.

二 听短文，判断正误 Listen and decide whether the statements are true or false.

1. "我"刚开始工作。　　　　（　）

2. "我"想找房子。　　　　（　）

3. 平房比楼房离公司远。　　　　（　）

4. 平房比楼房便宜。　　　　（　）

5. 楼房比平房大。　　　　（　）

6. 平房没有卫生间，有厨房。　　　　（　）

7. 楼房的租金是1500元。　　　　（　）

三 介绍 Say something about the following topic.

我对这两个房子的选择

发展 Further Exercises 🎧 17-5

一 听句子，回答问题 Listen and answer the questions. 🎧

1.　　　　2.　　　　3.

4.　　　　5.　　　　6.

17 我在找房子

二 从下面关于这个房子的介绍中，你听到了哪些方面？请画"√"或"×"

Please put a "√" before each item that has been introduced in the recording and a "×" before each that hasn't.

- ☐ 交通
- ☐ 价钱
- ☐ 大小
- ☐ 邻居
- ☐ 周围环境
- ☐ 建成时间
- ☐ 房子的名字

三 讨论 Discussion

你希望住在什么样的房子里？

泛听部分 EXTENSIVE LISTENING

词语表 Vocabulary 17-6

1.	搬	bān	V	move
2.	最近	zuìjìn	N	recently
3.	小区	xiǎoqū	N	residential community
4.	小学	xiǎoxué	N	primary school
5.	为了	wèile	Prep	for the sake of
6.	辛苦	xīnkǔ	Adj	painstaking, hard
7.	过	guò	V	pass (time)
8.	收拾	shōushi	V	tidy up
9.	祝贺	zhùhè	V	congratulate

小区

练习 Exercises

课文 Text
17-7

一 听对话(17-7)，填空 Listen and fill in the blanks.

1. 小张的新家的地址是_____。

2. 小张新家周围有_____。

二 关于小张的新家，哪些说法是正确的？请画"√"或"×"
Decide which statements are true about Xiao Zhang's new apartment and which are not. Mark them with "√" or "×".

- 空气好
- 环境优美
- 交通方便
- 离小张单位很远
- 离小张妻子单位很远
- 孩子上学很方便

Lesson 18
那是研究生公寓 18

训练重点 Key Points in Practice

- 掌握有关方位的词语。
- 熟悉有关方位的听解。
- Master the words and expressions of directions and positions.
- Listen and comprehend the topics about directions and positions.

精听部分 INTENSIVE LISTENING

词语表 Vocabulary 18-1

1.	西边	xībian	N	west side
2.	研究生	yánjiūshēng	N	postgraduate
3.	中间	zhōngjiān	N	middle
4.	那个	nàge	Pr	that
5.	图书馆	túshūguǎn	N	library
6.	生活	shēnghuó	N	life
7.	南边	nánbian	N	south side
8.	东	dōng	N	east
9.	南	nán	N	south
10.	西	xī	N	west
11.	西北	xīběi	N	northwest
12.	东南	dōngnán	N	southeast
13.	西南	xīnán	N	southwest

111

14.	东北	dōngběi	N	northeast
15.	东边	dōngbian	N	east side
16.	书店	shūdiàn	N	bookstore
17.	马路	mǎlù	N	road
18.	方向	fāngxiàng	N	direction

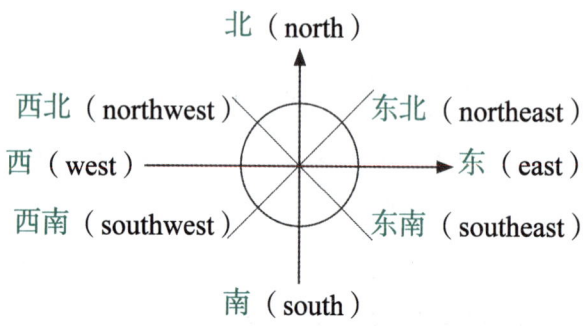

预听　Warm-up Exercises　 18-2

一 听写 Write down what you hear.　

1. _____ 2. _____ 3. _____ 4. _____

5. _____ 6. _____ 7. _____ 8. _____

二 听录音，画图 Listen and draw maps.　

1. 　　2. 　　3.

4. 　　5. 　　6.

112

那是研究生公寓 18

精听 Intensive Exercises 18-4

课文 Text 18-3

一 听对话（18-3），回答问题 Listen and answer the questions.

1.　　　　　　　　　　　　2.

二 听对话，选择正确答案 Listen and choose the correct answer.

1. A. 学生公寓　　　　　　B. 研究生公寓　　　　C. 图书馆

2. A. 东边　　　　　　　　B. 南边　　　　　　　C. 西边

3. A. 男生宿舍的北边　　　B. 学生公寓的北边　　C. 研究生公寓的西边

4. A. 研究生公寓的东边　　B. 图书馆的北边　　　C. 学生公寓的北边

三 听对话，判断正误 Listen and decide whether the statements are true or false.

1. 男的住在学校里。　　　　　（　　）

2. 他的宿舍离教室很远。　　　（　　）

3. 他的宿舍离食堂很近。　　　（　　）

4. 学校有两个图书馆。　　　　（　　）

5. 现在他们去食堂吃饭。　　　（　　）

四 画出这个校园的地图 Draw the map of the campus.

发展 Further Exercises　　 18-5

 画图介绍你的校园 Draw a map of your campus.

 看地图，听录音，判断正误

Look at the map, listen and decide whether the statements are true or false.

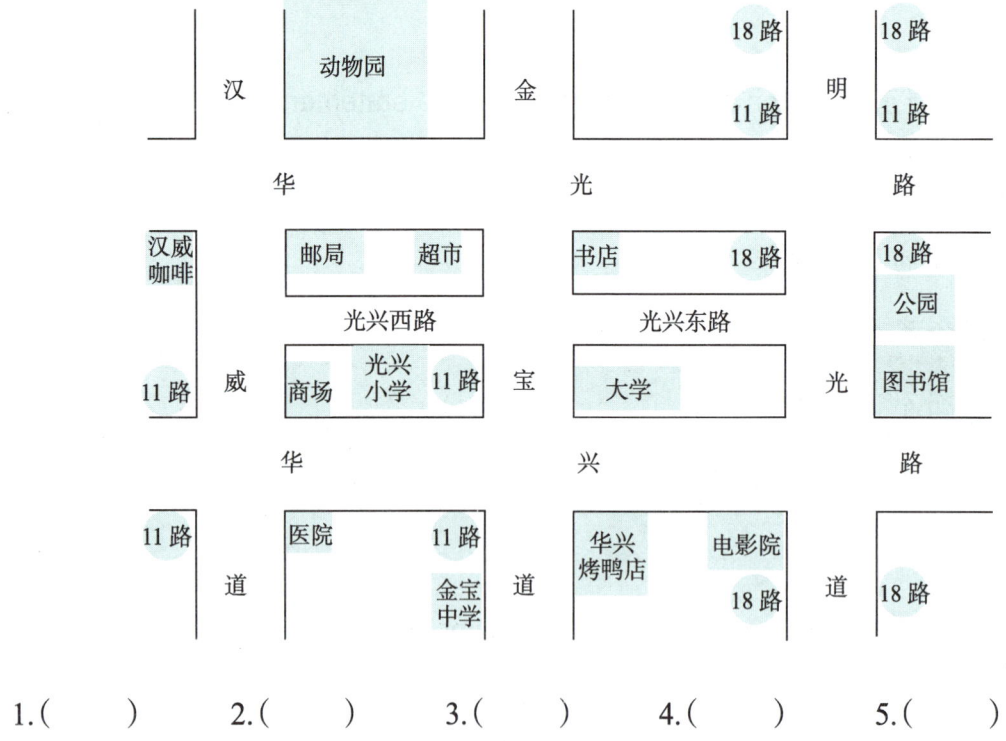

1.(　　)　　2.(　　)　　3.(　　)　　4.(　　)　　5.(　　)

泛听部分 EXTENSIVE LISTENING

词语表 Vocabulary 18-6

1.	老人	lǎorén	N	old person
2.	锻炼	duànliàn	V	do exercise
3.	里面	lǐmian	N	inside
4.	别的	biéde	Pr	other
5.	经过	jīngguò	V	go through, pass
6.	站	zhàn	N	stop, station
7.	盖	gài	V	build
8.	展览馆	zhǎnlǎnguǎn	N	exhibition hall

练习 Exercises

课文 Text 18-7

一 听短文（18-7），判断正误 Listen and decide whether the statements are true or false.

1. 他家在北京北边。　　　　　　　　　　（　　）

2. 晚上有很多老人在公园锻炼身体。　　　（　　）

3. 超市里的人很多。　　　　　　　　　　（　　）

4. 超市的东西很多，但不便宜。　　　　　（　　）

5. 超市的北边是一个地铁站。　　　　　　（　　）

6. 大家不知道新盖的楼是做什么的。　　　　（　　）

7. 他觉得他住在这儿很舒服。　　　　　　　（　　）

 听短文，画图 Listen and draw the map.

Lesson 19
你家怎么走  19

训练重点 Key Points in Practice

- 熟悉有关指路的话题。
- 掌握有关指路的常用语。

- Get familiar with the topics about giving directions.
- Master the expressions frequently used when giving directions.

精听部分 INTENSIVE LISTENING

词语表 Vocabulary 19-1

1.	送	sòng	V	see sb. off
2.	机场	jīchǎng	N	airport
3.	当然	dāngrán	Adv	of course
4.	下	xià	V	descend, get off
5.	往	wǎng	Prep	towards
6.	右	yòu	N	right
7.	路口	lùkǒu	N	intersection
8.	向	xiàng	Prep	towards
9.	拐	guǎi	V	turn
10.	一直	yìzhí	Adv	straight
11.	再	zài	Adv	then, after that
12.	栋	dòng	M	*used for buildings*
13.	这样	zhèyàng	Pr	in this way

117

14.	车站	chēzhàn	N	bus stop, railway station
15.	米	mǐ	M	metre
16.	左	zuǒ	N	left
17.	前边	qiánbian	N	ahead
18.	十字路口	shízì lùkǒu		crossroads
19.	丁字路口	dīngzì lùkǒu		T-shaped road junction
20.	过	guò	V	pass, cross

专有名词　Proper nouns

1.	西四	Xīsì		name of a place in Beijing
2.	王府井	Wángfǔjǐng		name of a place in Beijing
3.	故宫	Gù Gōng		Forbidden City

王府井

故宫

预听　Warm-up Exercises　 19-2

一　听下列对话，回答问题 Listen and answer the questions.

1.　　　2.　　　3.　　　4.　　　5.

二　听录音，写出序号 Listen and write down the sequence numbers.

_____ 一直往前走

_____ 到丁字路口向右拐

_____ 到十字路口往右拐

_____ 向左拐

19 你家怎么走

精听 Intensive Exercises 🎧 19-4

课文
Text
🎧 19-3

 一 听对话（19-3），选择正确答案 Listen and choose the correct answer.

1. A. 星期六 　　　　B. 星期天上午 　　　　C. 星期天下午

2. A. 去朋友家 　　　B. 去机场 　　　　　　C. 去看电影

3. A. 星期六下午 　　B. 星期天上午 　　　　C. 星期天下午

 二 听对话，判断正误 Listen and decide whether the statements are true or false.

1. 小张星期天下午去小李家。　　　　　　　　（　　）

2. 小张知道去小李的家怎么走。　　　　　　　（　　）

3. 小李家附近有一个邮局。　　　　　　　　　（　　）

4. 小张到了灰楼以后给小李打电话。　　　　　（　　）

 三 听对话，说说去小张家怎么走 Listen and talk about how to get to Xiao Zhang's home.

发展 Further Exercises 🎧 19-5

 一 根据你的学校的实际情况回答问题 🎧
Answer the questions according to the actual situation on your campus.

1. 　　　　2. 　　　　3. 　　　　4. 　　　　5.

二 听录音，根据地图判断他们要去什么地方
Listen and look at the map. Then find out where they are going.

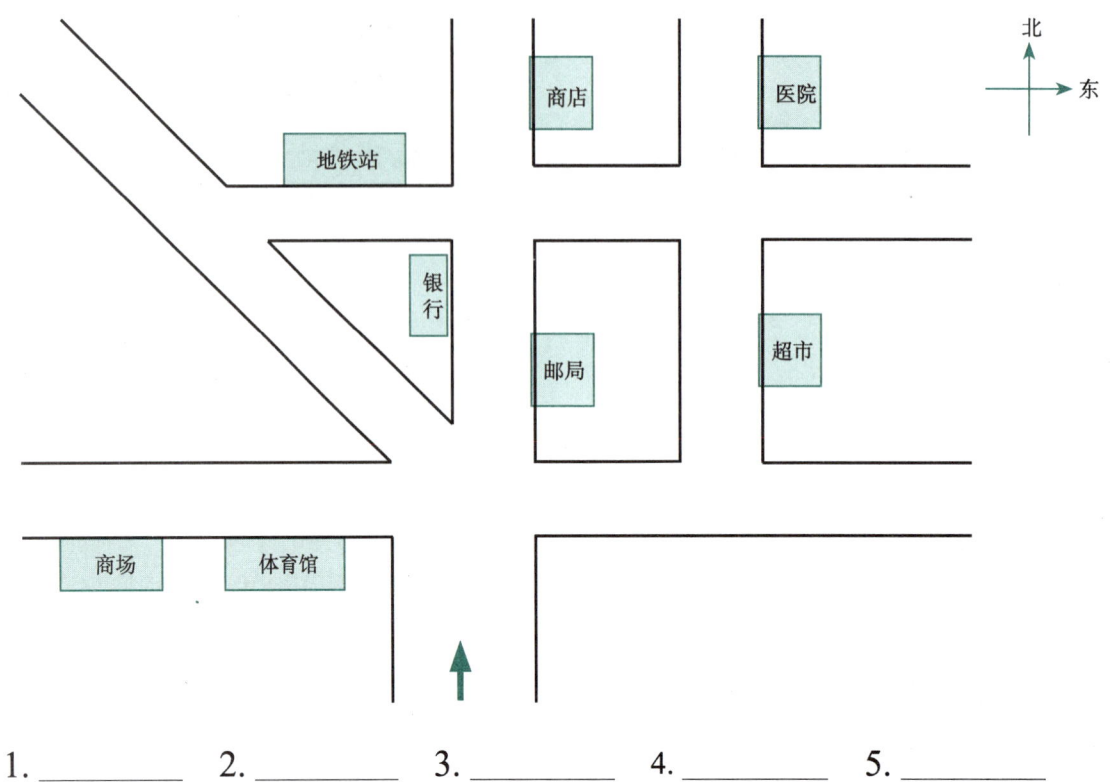

1. _____   2. _____   3. _____   4. _____   5. _____

泛听部分 EXTENSIVE LISTENING

词语表 Vocabulary 19-6

1.	大使馆	dàshǐguǎn	N	embassy
2.	办事	bàn shì	V//O	handle affairs
3.	过去	guòqu	V	go over, pass by
4.	赶快	gǎnkuài	Adv	quickly
5.	来回	láihuí	V	go to and fro
6.	地	de	StPt	*used after an adjective or a phrase to form an adverbial adjunct before the verb*

6.	就	jiù	Adv	*used for emphasis*
7.	路人	lùrén	N	*passer-by*
8.	等	děng	Conj	*by the time*
9.	关门	guān mén	V//O	*close*

专有名词　Proper noun

建国门　　　　Jiànguó Mén　　　　　　*name of a place in Beijing*

练习　Exercises　　🎧 19-8　　课文 Text 🎧 19-7

一　听短文（19-7），回答问题 Listen and answer the questions. 🎧

　　1.　　　　　2.　　　　　3.

二　听短文，判断正误 Listen and decide whether the statements are true or false.

　　1. "我"在建国门下车。　　　　　　　　（　　）

　　2. "我"是第一次去大使馆。　　　　　　（　　）

　　3. 路人告诉"我"怎么去大使馆。　　　　（　　）

　　4. "我"拐弯拐早了一个路口。　　　　　（　　）

Lesson 20
城市交通  20

训练重点 Key Points in Practice

- 掌握城市常用交通工具的名称。
- 熟悉有关城市交通的话题。
- 掌握"尤其""得""比较"等语言形式。

- Master the names of the major means of transport in a city.
- Get familiar with the topics about urban traffic.
- Master such linguistic forms as "尤其","得" and "比较".

精听部分 INTENSIVE LISTENING

词语表　Vocabulary　20-1

1.	出租车	chūzūqchē	N	taxi
2.	堵（车）	dǔ (chē)	V	traffic jam
3.	高峰	gāofēng	N	peak hour
4.	有些	yǒuxiē	Adv	a little, somewhat
5.	得	děi	OpV	have to
6.	等	děng	V	wait
7.	尤其	yóuqí	Adv	especially
8.	更	gèng	Adv	more
9.	发展	fāzhǎn	V	develop
10.	比较	bǐjiào	Adv	fairly, rather
11.	只	zhǐ	Adv	only

出租车

122

12.	用	yòng	V	use
13.	骑	qí	V	ride
14.	倒	dǎo	V	change
15.	麻烦	máfan	Adj	troublesome
16.	办法	bànfǎ	N	method
17.	冬天	dōngtiān	N	winter
18.	大衣	dàyī	N	coat
19.	写	xiě	V	write
20.	作业	zuòyè	N	school assignment
21.	容易	róngyì	Adj	easy
22.	懂	dǒng	V	understand
23.	上	shàng	N	last, previous
24.	山水	shānshuǐ	N	landscape
25.	美	měi	Adj	beautiful
26.	旅游	lǚyóu	V	travel

专有名词　Proper noun

北京饭店　　　Běijīng Fàndiàn　　　Beijing Hotel

北京饭店

预听　Warm-up Exercises　　🎧 20-2

 说说你知道的交通工具 Talk about the means of transport that you know.

 听录音，写出他们选择的交通工具
Listen and write down the means of transport that they choose.

1. _____　　2. _____　　3. _____　　4. _____

精听 Intensive Exercises　🎧 20-4

课文
Text
🎧 20-3

 一　听对话（20-3），回答问题 Listen and answer the questions. 🎧

1.　　　　　　　　2.　　　　　　　　3.

 二　听对话，判断正误 Listen and decide whether the statements are true or false.

1. 现在是下午五六点钟。　　　　　　　　　（　　）

2. 到北京饭店他们用了20分钟。　　　　　　（　　）

3. 女的是第一次来北京。　　　　　　　　　（　　）

4. 北京不常堵车。　　　　　　　　　　　　（　　）

5. 今天没有堵车。　　　　　　　　　　　　（　　）

6. 上下班高峰时间，坐出租车比地铁快。　　（　　）

7. 北京现在坐地铁很方便。　　　　　　　　（　　）

发展 Further Exercises　🎧 20-5

 一　介绍 Say something about the following topic.

我最喜欢的交通工具

 二　听对话或句子，选择正确答案 Listen and choose the correct answer.

1. A. 现在是冬天了　　B. 要买冬天的衣服　　C. 不想和男的说话

2. A. 我有作业　　　　B. 我要回家写作业　　C. 我先走了

3. A. 北京人　　　　　B. 老师

124

4. A. 这个月　　　　　B. 上个月

5. A. 能　　　　　　　B. 不能　　　　　　C. 不知道

6. A. 人很多　　　　　B. 不适合冬天旅游　　C. 冬天很美

泛听部分 EXTENSIVE LISTENING

词语表　Vocabulary　20-6

1.	慢	màn	Adj	slow
2.	打算	dǎsuàn	V	plan

练习　Exercises　20-8　课文 Text 20-7

一　听对话（20-7），回答问题 Listen and answer the questions.

1.　　　　　2.　　　　　3.

二　听对话，选择正确答案 Listen and choose the correct answer.

1. A. 火车站　　　　B. 汽车站　　　　C. 地铁站

2. A. 公共汽车　　　B. 出租车　　　　C. 地铁

3. A. 上午8点　　　　B. 下午5点　　　　C. 下午7点

4. A. 坐公共汽车　　B. 坐出租车　　　C. 坐地铁

单元测试二（11~20课）
Unit Test Ⅱ (Lessons 11~20)

Test 02

总分 100 分　成绩：_____

一 **听录音，回答问题**（共 20 分，每题 2 分）

Listen and answer the questions. (2 marks each, 20 marks altogether)

1. _____ 2. _____

3. _____ 4. _____

5. _____ 6. _____

7. _____ 8. _____

9. _____ 10. _____

二 **听句子或对话，回答问题**（共 20 分，每题 2 分）

Listen and answer the questions. (2 marks each, 20 marks altogether)

1. _____ 2. _____

3. _____ 4. _____

5. _____ 6. _____

7. _____ 8. _____

9. _____ 10. _____

三 **听句子或对话，选择正确答案**（共 20 分，每题 2 分）

Listen and choose the correct answer. (2 marks each, 20 marks altogether)

1. A. 学英语　　　　　B. 办辅导班　　　　　C. 旅游

2. A. 老师 B. 我 C. 孩子们

3. A. 能 B. 不能 C. 不知道

4. A. 深黄 B. 浅黄 C. 白色

5. A. 很着急 B. 很高兴 C. 很生气

6. A. 买 B. 不买 C. 想一想以后再买

7. A. 等公共汽车 B. 走回家 C. 走着等出租车

8. A. 变了，但变得不多 B. 变了很多 C. 没有变

9. A. 北边 B. 南边 C. 中间

10. A. 十字路口 B. 丁字路口 C. 第二个路口

四 听短文，判断正误（共16分，每题2分）

Listen and decide whether the statements are true or false. (2 marks each, 16 marks altogether)

1. 昨天"我"去了一个中国朋友家。　　　　　　　　　（　　）
2. 朋友的家人很欢迎"我"。　　　　　　　　　　　　（　　）
3. 朋友做了很多菜。　　　　　　　　　　　　　　　（　　）
4. 朋友家的菜又好看又好吃。　　　　　　　　　　　（　　）
5. "我"喜欢吃饺子。　　　　　　　　　　　　　　　（　　）
6. "我"吃了很多饺子。　　　　　　　　　　　　　　（　　）
7. 朋友的家人夹给"我"很多菜。　　　　　　　　　　（　　）
8. 今天"我"不舒服，因为昨天吃的东西太辣了。　　　（　　）

五 听对话，填空（共12分，每个空2分）

Listen and fill in the blanks. (2 marks each, 12 marks altogether)

A：你哪儿不_____？
B：我_____、_____疼。
A：先量一下体温。
　　37.8℃，有点儿_____。张开嘴，我看一下。

B：啊——

A：你_____了。没关系，打一针、_____就好了。

六 听短文，回答问题（共12分，每题2分）

Listen and answer the questions. (2 marks each, 12 marks altogether)

1. _____ 2. _____

3. _____ 4. _____

5. _____ 6. _____

Lesson 21
坐火车还是飞机 🎧 21

训练重点 Key Points in Practice

- 熟悉有关概数的表达方式。 — Get familiar with the expressions of approximate numbers.
- 掌握动词的重叠方式。 — Master the reduplicative form of verbs.

精听部分 INTENSIVE LISTENING

词语表 Vocabulary 🎧 21-1

1.	十一	Shí-Yī	N	National Day of the People's Republic of China
2.	左右	zuǒyòu	N	(used after a numeral) about
3.	如果	rúguǒ	Conj	if, suppose
4.	中心	zhōngxīn	N	centre
5.	市区	shìqū	N	downtown
6.	卧铺	wòpù	N	sleeper
7.	高铁	gāotiě	N	high-speed railway
8.	人们	rénmen	N	people
9.	口语	kǒuyǔ	N	spoken language
10.	而且	érqiě	Conj	furthermore
11.	售票处	shòupiàochù	N	booking office

129

12.	提前	tíqián	V	do sth. in advance
13.	对	duì	Prep	concerning, regarding
14.	感兴趣	gǎn xìngqù		be interested in
15.	只好	zhǐhǎo	Adv	have to
16.	好处	hǎochu	N	benefit
17.	订票	dìng piào		book a ticket
18.	以为	yǐwéi	V	think, believe
19.	门口	ménkǒu	N	doorway
20.	进行	jìnxíng	V	go along, proceed
21.	地图	dìtú	N	map

高铁

国庆

预听　Warm-up Exercises  21-2

 根据实际情况回答问题 Answer the questions according to the fact.

1. 旅行时，可以选择什么样的交通工具？

2. 旅行时，你喜欢坐火车还是飞机？

 听录音，判断他们喜欢不喜欢坐火车
Listen and tell whether they like to travel by train or not.

	1	2	3	4	5
喜欢					
不喜欢					

坐火车还是飞机 21

精听 Intensive Exercises 🎧 21-4

课文 Text 🎧 21-3

 听对话（21-3），回答问题 Listen and answer the questions.

1.　　　　　2.　　　　　3.　　　　　4.

二 听对话，填空 Listen and fill in the blanks.

1. 从北京到上海可以_____，要_____小时；也可以_____，要_____小时；还可以_____，要_____小时左右。

2. 坐卧铺，可以_____，_____也不累。

3. 坐火车可以和人们_____，练习_____。

三 听对话，判断正误 Listen and decide whether the statements are true or false.

1. 男的打算"五一"去上海。　　　　（　）
2. 女的不喜欢坐火车。　　　　　　（　）
3. 男的以为坐火车很累。　　　　　（　）
4. 男的现在要去买火车票。　　　　（　）

发展 Further Exercises  21-5

 介绍 Say something about the following topic.

坐火车的好处和坏处

 听句子，选择正确答案 Listen and choose the correct answer.

1. A. 8：30　　　　B. 9：10　　　　C. 10：00
2. A. 10 个　　　　B. 15 个　　　　C. 20 个

131

3. A. 26 号　　　　　　B. 28 号　　　　　　C. 30 号

4. A. 16 号　　　　　　B. 18 号　　　　　　C. 20 号

5. A. 知道　　　　　　B. 知道一点儿　　　　C. 不知道

6. A. 不会　　　　　　B. 会说几句　　　　　C. 说得很好

7. A. 喜欢　　　　　　B. 不是很喜欢　　　　C. 不喜欢

8. A. 我有地图　　　　B. 我没有地图　　　　C. 我找到了

三　听录音，根据实际情况回答问题

Listen and answer the questions according to the fact.

1.　　　　　　　　　2.　　　　　　　　　3.

泛听部分 EXTENSIVE LISTENING

词语表　Vocabulary　21-6

1.	出行	chūxíng	V	go on a trip
2.	主要	zhǔyào	Adj	main
3.	零点	língdiǎn	N	zero hour, midnight
4.	铁路	tiělù	N	railway
5.	提速	tí sù	V//O	speed up
6.	增	zēng	V	increase
7.	列车	lièchē	N	train
8.	称为	chēngwéi	V	be called
9.	动车（组）	dòngchē (zǔ)	N	bullet train
10.	命名	mìng míng	V//O	give a name to
11.	时速	shísù	N	speed per hour

12.	达到	dádào	V	reach
13.	公里	gōnglǐ	M	kilometre
14.	普通	pǔtōng	Adj	ordinary
15.	之间	zhī jiān		between
16.	开行	kāixíng	V	(of a boat or vehicle) start off
17.	一般	yìbān	Adj	general
18.	中途	zhōngtú	N	halfway, midway
19.	停留	tíngliú	V	stop, stay
20.	票价	piàojià	N	ticket price
21.	同样	tóngyàng	Adj	same, equal
22.	特快	tèkuài	Adj	express
23.	有时	yǒushí	Adv	sometimes
24.	并	bìng	Adv	*used before a negative for emphasis*
25.	阻挡	zǔdǎng	V	stop, obstruct
26.	乘坐	chéngzuò	V	take, travel by
27.	热情	rèqíng	N	enthusiasm

专有名词　**Proper nouns**

1.	和谐号	Héxié Hào	CRH (China Railway High-speed)
2.	深圳	Shēnzhèn	Shenzhen, a city in China
3.	南京	Nánjīng	Nanjing, a city in China
4.	天津	Tiānjīn	Tianjin, a city in China

深圳

南京

天津

练习　Exercise　　21-8

课文 Text　21-7

听短文（21-7），回答问题 Listen and answer the questions.

1.　　　　　2.　　　　　3.

Lesson 22
飞机什么时候到 🎧 22

训练重点 Key Points in Practice

- 熟悉有关机场、车站的通知。
- 熟悉有关交通情况的信息的听解。

- Get familiar with the announcements at airports and railway stations.
- Listen and comprehend the information about traffic conditions.

精听部分 INTENSIVE LISTENING

词语表 Vocabulary 🎧 22-1

1.	刚才	gāngcái	N	just now
2.	推迟	tuīchí	V	defer, delay
3.	起飞	qǐfēi	V	take off
4.	下	xià	V	(of rain, snow, etc.) fall
5.	雨	yǔ	N	rain
6.	刚	gāng	Adv	just
7.	停	tíng	V	stop
8.	连	lián	Prep	even
9.	大厅	dàtīng	N	hall
10.	休息室	xiūxishì	N	lounge
11.	希望	xīwàng	V	hope
12.	准时	zhǔnshí	Adj	on schedule

13.	到达	dàodá	V	arrive
14.	列车	lièchē	N	train
15.	正点	zhèngdiǎn	V	be on time
16.	接	jiē	V	meet, welcome
17.	晚点	wǎn diǎn	V//O	be late
18.	原因	yuányīn	N	reason
19.	乘坐	chéngzuò	V	take, travel by
20.	乘客	chéngkè	N	passenger
21.	登机	dēng jī		board a plane
22.	广播	guǎngbō	V	broadcast
23.	通知	tōngzhī	N/V	announcement; announce
24.	雪	xuě	N	snow
25.	所有	suǒyǒu	Adj	all
26.	班机	bānjī	N	flight
27.	原谅	yuánliàng	V	forgive
28.	古汉语	gǔ Hànyǔ		ancient Chinese (language)
29.	水平	shuǐpíng	N	level
30.	低	dī	Adj	low
31.	久	jiǔ	Adj	long (time)
32.	正好	zhènghǎo	Adv	just right

专有名词 **Proper noun**

西安   Xī'ān   Xi'an, a city in China

西安

预听 Warm-up Exercises   22-2

 一 根据录音内容，写出刚学过的生词
Write down the new words you have just learned according to the recording.

1._____ 2._____ 3._____ 4._____ 5._____

135

二 听写，并写出意思相反的词 Write down the words you hear and their antonyms.

1. _____ —— _____   2. _____ —— _____

3. _____ —— _____   4. _____ —— _____

三 说一说 Answer the questions.

你有没有遇到过飞机或火车晚点的事？晚点了，你会怎么办？

精听 Intensive Exercises 22-4

课文 Text 22-3

一 听对话（22-3），选择正确答案 Listen and choose the correct answer.

1. A. 一个小时以后   B. 马上   C. 两个小时以后

2. A. 一个小时   B. 两个小时   C. 三个小时

3. A. 大厅东边   B. 大厅西边   C. 大厅北边

4. A. 正点   B. 提前   C. 推迟

二 听对话，回答问题 Listen and answer the questions.

1.   2.   3.

三 听对话，判断正误 Listen and decide whether the statements are true or false.

1. 女的是机场的工作人员。　　　　　　　（　　）

2. 男的准备坐去上海的飞机。　　　　　　（　　）

3. 现在飞机已经起飞了。　　　　　　　　（　　）

4. 飞机起飞的时间推迟了两次。　　　　　（　　）

5. 男的来机场的时候很着急。　　　　（　）

6. 大厅的楼下是餐厅。　　　　　　　（　）

7. 休息室可以吃饭。　　　　　　　　（　）

发展　Further Exercises　22-5

一 下面是机场、车站的一些通知，请说说这些通知的内容

Listen to the following announcements at airports and railway stations. Then talk about the information given in these announcements.

提示　从哪里到哪里、多少次、飞机/火车、几点、准时/晚点

1.　　　　　　　　2.　　　　　　　　3.

4.　　　　　　　　5.　　　　　　　　6.

二 听句子，选择正确答案 Listen and choose the correct answer.

1. A. 他不饿　　　　　B. 他很累

2. A. 他的汉语水平很高　　B. 他的汉语水平不高

3. A. 容易　　　　　　B. 不容易

4. A. 8：00　　　　　B. 8：30　　　　　C. 7：30

5. A. 上个月　　　　　B. 刚才　　　　　　C. 下个月

6. A. 刚到　　　　　　B. 一年了　　　　　C. 不长时间

7. A. 很久以前　　　　B. 昨天　　　　　　C. 说话以前不长时间

8. A. 是　　　　　　　B. 不是

9. A. 下　　　　　　　B. 不下了

泛听部分 EXTENSIVE LISTENING

词语表 Vocabulary 🎧 22-6

1.	日程	rìchéng	N	schedule, agenda
2.	外边	wàibian	N	outside
3.	发生	fāshēng	V	take place, happen

练习 Exercise 🎧 22-8

课文 Text 🎧 22-7

听对话（22-7），回答问题 Listen and answer the questions.

1.　　　2.　　　3.　　　4.　　　5.

Lesson 23
我想订两张票 23

训练重点 Key Points in Practice

- 掌握有关预订的话题的听解。
- 掌握预订的常用语句。

- Listen and comprehend the topics about making reservations.
- Master the sentences frequently used when making reservations.

精听部分 INTENSIVE LISTENING

词语表 Vocabulary 23-1

1.	处	chù	N	place
2.	单程	dānchéng	N	single trip
3.	往返	wǎngfǎn	V	travel to and fro
4.	航班	hángbān	N	flight
5.	折扣	zhékòu	N	discount
6.	价格	jiàgé	N	price
7.	姓名	xìngmíng	N	name
8.	信用卡	xìnyòngkǎ	N	credit card
9.	双人间	shuāngrénjiān	N	double room
10.	单人间	dānrénjiān	N	single room
11.	出发	chūfā	V	depart
12.	返回	fǎnhuí	V	return

139

13.	人数	rénshù	N	number of people
14.	搜索	sōusuǒ	V	search
15.	选	xuǎn	V	select
16.	回程	huíchéng	N	return trip
17.	个人	gèrén	N	individual (person)
18.	信息	xìnxī	N	information
19.	证件	zhèngjiàn	N	certificate, credentials
20.	身份证	shēnfènzhèng	N	identification card
21.	联系	liánxì	V	contact
22.	方式	fāngshì	N	method
23.	卡号	kǎhào	N	card number

专有名词　Proper nouns

| 1. | 国航 | Guó Háng | Air China |
| 2. | 南航 | Nán Háng | China Southern Airlines (CZ) |

预听　Warm-up Exercises　23-2

 一　听录音，根据实际情况回答问题

Listen and answer the questions according to the fact.

1.　　　　　　　2.　　　　　　　3.

 二　听对话，选择正确答案 Listen and choose the correct answer.

1. A. 2100 元　　B. 2140 元　　C. 2180 元

2. A. 订房间　　B. 买房子　　C. 定时间

我想订两张票 23

精听 Intensive Exercises   23-4

一 听对话（23-3），选择正确答案 Listen and choose the correct answer.

1. A. 买飞机票　　　B. 订飞机票　　　C. 订火车票
2. A. 三个　　　　　B. 两个　　　　　C. 一个

二 听对话，回答问题 Listen and answer the questions.

1.　　　　　　　　　　　　　2.

三 听对话，判断正误 Listen and decide whether the statements are true or false.

1. 女的认识男的。　　　　　　　　　（　　）
2. 男的订的是往返机票。　　　　　　（　　）
3. 今天是16号。　　　　　　　　　　（　　）
4. 飞机票价是1510元，没有折扣。　　（　　）
5. 男的应该准备3020元钱。　　　　　（　　）
6. 16号有三个航班去广州。　　　　　（　　）

发展 Further Exercises   23-5

一 听对话，填表 Listen and fill in the table.

姓名		人数	
证件		证件号码	
出发城市		到达城市	
出发日期、时间		返回日期、时间	
电话			

141

二 听答句，说出问句 Ask questions according to the answers you hear.

1. A : _____
2. A : _____
3. A : _____
4. A : _____
5. A : _____

泛听部分 EXTENSIVE LISTENING

词语表 Vocabulary 23-6

1.	客房	kèfáng	N	guest room, room (in a hotel)
2.	稍	shāo	Adv	a bit, a little
3.	查	chá	V	check
4.	标准间	biāozhǔnjiān	N	standard room
5.	海景	hǎijǐng	N	seascape
6.	我	wǒ	Pr	I, me, we, us, our
7.	预祝	yùzhù	V	wish
8.	旅途	lǚtú	N	trip
9.	愉快	yúkuài	Adj	happy

专有名词 Proper nouns

1.	大连饭店	Dàlián Fàndiàn	Dalian Hotel
2.	金星	Jīn Xīng	name of a person

大连

练习 Exercise

课文 Text 23-7

听对话(23-7)，**判断正误** Listen and decide whether the statements are true or false.

1. 男的 10 月 15、16 日两天在大连。　　　　　（　　）

2. 男的要住在大连饭店。　　　　　　　　　　　（　　）

3. 男的要一个单人间。　　　　　　　　　　　　（　　）

4. 女的要男的的电话号码是想给他打电话。　　　（　　）

5. 男的的电话号码是 13027865562。　　　　　　（　　）

6. 男的订的房间可以看到大海。　　　　　　　　（　　）

Lesson 24
这个周末做什么

训练重点 Key Points in Practice

- 熟悉建议与商量的句型。
- Get familiar with the sentence patterns for suggestion and consultation.
- 熟悉表示自己态度的句子。
- Get familiar with the sentences used to express one's own attitude.

精听部分 INTENSIVE LISTENING

词语表 Vocabulary 24-1

1.	郊游	jiāoyóu	V	go for an outing
2.	风景	fēngjǐng	N	landscape
3.	公里	gōnglǐ	M	kilometre
4.	野餐	yěcān	V	picnic
5.	划	huá	V	row
6.	船	chuán	N	boat
7.	意见	yìjiàn	N	differing opinion
8.	再说	zàishuō	V	talk about sth. later
9.	安排	ānpái	V	arrange

专有名词 Proper nouns

| 1. | 龙庆峡 | Lóngqìng Xiá | name of a place in Beijing |
| 2. | 香山 | Xiāng Shān | name of a mountain in Beijing |

144

预听　Warm-up Exercises　🎧 24-2

一 听录音，判断说话人同意还是不同意
Listen and tell whether the speaker agrees or disagrees.

	1	2	3	4	5	6
同意						
不同意						

二 听一听，说一说他们对周末的安排是"建议"还是"决定"
Listen and tell whether each speaker's plan for the weekend is a recommendation or a decision.

	1	2	3	4	5
建议					
决定					

精听　Intensive Exercises　🎧 24-4

课文 Text 🎧 24-3

一 听对话（24-3），回答问题 Listen and answer the questions.

二 听对话，选择正确答案 Listen and choose the correct answer.

1. A. 坐公共汽车　　B. 开车　　　C. 打车
2. A. 车上　　　　　B. 山下　　　C. 山上
3. A. 三个小时　　　B. 四个小时　C. 五个小时
4. A. 8：00　　　　 B. 9：00　　 C. 10：00

145

5. A. 下午四点　　　　B. 下午五点　　　　C. 晚上七点

6. A. 龙庆峡　　　　　B. 学校　　　　　　C. 商店

三　听对话，判断正误 Listen and decide whether the statements are true or false.

1. 龙庆峡风景很好。　　　　　　　　（　　）

2. 女的去过龙庆峡。　　　　　　　　（　　）

3. 他们打算在龙庆峡划船、爬山。　　（　　）

4. 男的想早一点儿出发。　　　　　　（　　）

5. 他们先爬山，后野餐。　　　　　　（　　）

6. 坐公共汽车去要很长时间。　　　　（　　）

发展　Further Exercises

 一　介绍 Say something about the following topics.

1. "我们"周末的安排

2. 龙庆峡

 二　讨论 Discussion

和你的同学商量一下这个周末的安排。

泛听部分 EXTENSIVE LISTENING

词语表 Vocabulary 24-5

1.	待	dāi	V	stay
2.	晒	shài	V	bask
3.	太阳	tàiyáng	N	sun
4.	花儿	huār	N	flower
5.	到处	dàochù	Adv	everywhere
6.	添	tiān	V	add

专有名词　Proper noun

怀柔　　　　　Huáiróu　　　　　　　　　　　name of a district in Beijing

练习　Exercise

课文 Text
24-6

听对话（24-6），判断正误 Listen and decide whether the statements are true or false.

1. 女的周末去郊游了。　　　　　　　　　　（　　）

2. 男的不喜欢旅游，哪儿也没去。　　　　　（　　）

3. 现在是冬天。　　　　　　　　　　　　　（　　）

4. 男的周末很累。　　　　　　　　　　　　（　　）

5. 女的常常很晚回家。　　　　　　　　　　（　　）

6. 男的认为周末在家最好。　　　　　　　　（　　）

Lesson 25
明天又要下雨  25

训练重点 Key Points in Practice

- 熟悉有关天气的话题。
- 掌握与天气有关的词语。
- 熟悉天气预报。

- Get familiar with the topics about weather.
- Master the words and expressions of weather.
- Get familiar with weather forecasts.

精听部分 INTENSIVE LISTENING

词语表 Vocabulary 25-1

1.	预报	yùbào	V	forecast
2.	晴	qíng	Adj	clear, fine
3.	秋天	qiūtiān	N	fall, autumn
4.	秋高气爽	qiū gāo qì shuǎng		high sky and brisk air in autumn
5.	晴空万里	qíngkōng wàn lǐ		vast and cloudless sky
6.	总是	zǒngshì	Adv	always
7.	南方	nánfāng	N	southern China
8.	几乎	jīhū	Adv	almost
9.	带	dài	V	take, bring
10.	伞	sǎn	N	umbrella
11.	心情	xīnqíng	N	feeling, mood
12.	别	bié	Adv	don't
13.	冰	bīng	N	ice

14.	风	fēng	N	wind
15.	转	zhuǎn	V	turn
16.	多云	duōyún	N	cloudy
17.	度	dù	M	degree
18.	阴	yīn	Adj	cloudy, overcast
19.	零下	líng xià		subzero
20.	气温	qìwēn	N	temperature
21.	散步	sàn bù	V//O	take a walk
22.	树	shù	N	tree
23.	太阳	tàiyáng	N	sun
24.	云	yún	N	cloud
25.	刮	guā	V	(of wind) blow
26.	脏	zāng	Adj	dirty
27.	风和日丽	fēng hé rì lì		sunny day with a breeze blowing
28.	夏天	xiàtiān	N	summer
29.	春天	chūntiān	N	spring
30.	滑雪	huá xuě	V//O	ski
31.	照相	zhào xiàng	V//O	take a picture
32.	拍	pāi	V	take (a picture)
33.	出来	chūlai	V	*used after a verb to indicate the completion or realization of an action*
34.	虽然	suīrán	Conj	although
35.	季节	jìjié	N	season
36.	别提	biétí	V	don't want to talk about it
37.	冷	lěng	Adj	cold
38.	忘	wàng	V	forget

拉萨

济南

专有名词 **Proper nouns**

1. 拉萨　　　　　　　　Lāsà　　　　　　　　Lhasa, a city in China
2. 济南　　　　　　　　Jǐnán　　　　　　　　Jinan, a city in China

预听　Warm-up Exercises　　25-2

一　听写，然后写出能与它们搭配的动词
Write down the words you hear and then match each of them with a verb.

1. _____ _____　　　　　2. _____ _____

3. _____ _____　　　　　4. _____ _____

二　听天气预报，填表 Listen and fill in the table.

城市	天气	气温
北京		
西安		
拉萨		
济南		
上海		

精听　Intensive Exercises　　25-4　　课文 Text 25-3

一　听对话（25-3），回答问题 Listen and answer the questions.

1.　　　　　　　　2.　　　　　　　　3.

二 听对话，选择正确答案 Listen and choose the correct answer.

1. A. 晴　　　　　　B. 阴　　　　　　C. 有雨
2. A. 常常下雨　　　B. 有太阳　　　　C. 习惯
3. A. 高兴　　　　　B. 麻烦　　　　　C. 不高兴
4. A. 明天　　　　　B. 现在　　　　　C. 过几天

三 听对话，判断正误 Listen and decide whether the statements are true or false.

1. 女的打算去南方旅行。　　　　　　（　　）
2. 现在是秋天。　　　　　　　　　　（　　）
3. 今天是晴天。　　　　　　　　　　（　　）
4. 今年北京常常下雨。　　　　　　　（　　）
5. 男的喜欢下雨的天气。　　　　　　（　　）
6. 男的明天和女的一起去长城。　　　（　　）

四 介绍 Say something about the following topic.

男的和女的谁喜欢下雨？为什么？

发展　Further Exercises　25-5

一 听录音，回答问题 Listen and answer the questions.

二　听录音，判断他们喜欢什么样的天气，并说明原因

Listen and tell what weather each speaker likes. Why?

	喜欢的天气	原因
1		
2		
3		
4		
5		
6		

三　听录音，判断他们喜欢什么季节，并说明原因

Listen and tell what season each speaker likes. Why?

	喜欢的季节	原因
1		
2		
3		
4		
5		

四　听对话或句子，回答问题 Listen and answer the questions.

1.　　　　　　2.　　　　　　3.

4.　　　　　　5.　　　　　　6.

泛听部分 EXTENSIVE LISTENING

词语表 Vocabulary 🎧 25-6

1.	查	chá	V	look up, consult
2.	暖和	nuǎnhuo	Adj	warm
3.	零上	líng shàng		above freezing
4.	潮湿	cháoshī	Adj	humid
5.	湿	shī	Adj	humid
6.	差点儿	chàdiǎnr	Adv	nearly
7.	噢	ō	Int	*expressing understanding*

专有名词 Proper noun

苏州　　Sūzhōu　　Suzhou, a city in China

苏州

练习 Exercise 🎧 25-8   课文 Text 🎧 25-7

听对话（25-7），回答问题 Listen and answer the questions.

1.　　2.　　3.　　4.　　5.

Lesson 26
祝你新年快乐 26

训练重点 Key Points in Practice

- 熟悉有关晚会、节日的话题。 Get familiar with the topics about evening parties and festivals.
- 熟悉常用祝贺语。 Get familiar with the expressions of congratulation.

精听部分 INTENSIVE LISTENING

词语表　Vocabulary　26-1

1.	新年	xīnnián	N	New Year
2.	除了	chúle	Prep	except, besides
3.	正在	zhèngzài	Adv	in the process of
4.	洗	xǐ	V	wash
5.	旗袍	qípáo	N	cheongsam
6.	束	shù	M	bundle, bunch
7.	进来	jìnlai	V	come in
8.	代表	dàibiǎo	V	represent
9.	感谢	gǎnxiè	V	thank
10.	并	bìng	Conj	and
11.	快乐	kuàilè	Adj	happy
12.	健康	jiànkāng	Adj	healthy

旗袍

154

祝你新年快乐 26

13.	将来	jiānglái	N	future
14.	计划	jìhuà	N/V	plan
15.	打算	dǎsuàn	V/N	intend; plan
16.	通过	tōngguò	V	pass
17.	级	jí	N	level, rank
18.	接着	jiēzhe	V	follow
19.	表演	biǎoyǎn	V	act, perform
20.	节目	jiémù	N	programme
21.	游戏	yóuxì	N	game
22.	平安	píng'ān	Adj	safe
23.	一切	yíqiè	Pr	everything
24.	开（会）	kāi (huì)	V	hold (a meeting)
25.	内容	nèiróng	N	content
26.	信	xìn	N	letter
27.	座	zuò	M	*used for buildings, mountains, and other large and immovable things*
28.	猴子	hóuzi	N	monkey
29.	进步	jìnbù	N/V	progress
30.	早日	zǎorì	Adv	at an early date
31.	康复	kāngfù	V	get well, heal
32.	一路	yílù	N	all the way
33.	愿	yuàn	V	wish
34.	愉快	yúkuài	Adj	happy, cheerful
35.	白头到老	báitóu dào lǎo		grow old together

专有名词　Proper noun

春节　　　　Chūn Jié　　　　Spring Festival

春节

预听 Warm-up Exercises

一 说说你知道的中国节日 Talk about the Chinese festivals you know.

二 讨论 Discussion

你参加过晚会吗？在晚会上你们做什么？

精听 Intensive Exercises 🎧 26-3

课文 Text 🎧 26-2

一 听短文（26-2），判断正误 Listen and decide whether the statements are true or false.

1. 晚会是在教室里开的。　　　　　　　　　　（　　）
2. "我"到教室的时候，同学们已经都来了。　（　　）
3. 玛丽是中国人。　　　　　　　　　　　　　（　　）
4. 晚会最后我们送给老师们花儿。　　　　　　（　　）
5. 我们祝老师身体健康，生活幸福。　　　　　（　　）
6. "我"的新年计划是通过 HSK 六级。　　　　（　　）
7. 每个人都表演了节目。　　　　　　　　　　（　　）

二 听短文，回答问题 Listen and answer the questions.

1.　　　　　2.　　　　　3.　　　　　4.

5.　　　　　6.　　　　　7.　　　　　8.

三 听短文，选择正确答案 Listen and choose the correct answer.

1. A. "我"　　　　　B. 玛丽　　　　　C. 山下

2. A. 李老师　　　　　　B. 王老师　　　　　　C. 张老师

3. A. "我"到教室的时候　B. "我"准备打电话的时候　C. 晚会开始的时候

四　介绍 Say something about the following topic.

"我们"班的新年晚会

发展　Further Exercises　 26-4

一　听句子，回答问题 Listen and answer the questions.

1.　　　　　　2.　　　　　　3.　　　　　　4.

5.　　　　　　6.　　　　　　7.　　　　　　8.

二　听录音，写出这是什么时候说的话

Listen and write down the occasions on which the following sentences are said.

1. _____　2. _____　3. _____　4. _____

5. _____　6. _____　7. _____　8. _____

三　和朋友一起讨论准备一个晚会

Discuss with your friends on how to prepare an evening party.

提示　1. 准备一个什么样的晚会？

　　　2. 谁参加？

　　　3. 晚会上做些什么？

　　　4. 要买什么？

　　　5. 每个人都做什么准备工作？

泛听部分 EXTENSIVE LISTENING

词语表　Vocabulary　🎧 26-5

1.	贺卡	hèkǎ	N	greeting card
2.	该	gāi	OpV	should
3.	祝愿	zhùyuàn	V	wish
4.	心想事成	xīn xiǎng shì chéng		may all your wishes come true
5.	如意	rú yì	V//O	as one wishes

专有名词　Proper noun

圣诞节　Shèngdàn Jié　Christmas

圣诞节

练习　Exercises 🎧 26-7

课文 Text 🎧 26-6

一 听对话（26-6），选择正确答案 Listen and choose the correct answer.

1. A. 写信　　　　　　　B. 写贺卡　　　　　　C. 写作业

2. A. 新年快乐！　　　　B. 祝你心想事成！　　C. 恭喜发财！

3. A. 请她参加圣诞晚会　B. 请她参加新年晚会　C. 请她参加生日晚会

二 听对话，判断正误 Listen and decide whether the statements are true or false.

1. 山下有很多朋友。　　　　　　　　　　　　　　（　　）

2. 山下已经给她的中国朋友写了贺卡了。　　　　　（　　）

3. 12月31日是玛丽的生日。　　　　　　　　　　 （　　）

4. 山下想给玛丽写贺卡。　　　　　　　　　　　　（　　）

Lesson 27
我最喜欢看中国的电视剧

 27

训练重点　Key Points in Practice

- 掌握有关看电视的话题的听解。
- 掌握与电视有关的词语。
- Listen and comprehend the topics about watching TV.
- Master the words and expressions of TV.

精听部分 INTENSIVE LISTENING

词语表　Vocabulary　27-1

1.	过去	guòqù	N	past
2.	为了	wèile	Prep	for, in order to
3.	简单	jiǎndān	Adj	simple
4.	坚持	jiānchí	V	insist, persist in
5.	新闻	xīnwén	N	news
6.	联播	liánbō	V	broadcast over a radio or TV network
7.	完全	wánquán	Adv	completely
8.	电视剧	diànshìjù	N	teleplay
9.	既……又……	jì……yòu……		as well as, both…and…
10.	听力	tīnglì	N	listening comprehension
11.	文化	wénhuà	N	culture
12.	随着	suízhe	V	along with
13.	提高	tígāo	V	improve

14.	发现	fāxiàn	V	find, discover
15.	话	huà	N	saying, word
16.	越来越	yuè lái yuè		more and more
17.	愿意	yuànyì	OpV	be willing
18.	只要	zhǐyào	Conj	as long as, provided
19.	体育	tǐyù	N	sports
20.	台	tái	N	station, channel
21.	总	zǒng	Adv	always
22.	演	yǎn	V	perform
23.	出国	chū guó	V//O	go abroad
24.	结婚	jié hūn	V//O	marry
25.	抱	bào	V	hug, hold or carry in the arms
26.	收入	shōurù	N	income
27.	增加	zēngjiā	V	increase

专有名词　Proper nouns

1.	新闻联播	Xīnwén Liánbō	CCTV News
2.	中央电视台	Zhōngyāng Diànshìtái	CCTV
3.	北京电视台	Běijīng Diànshìtái	BTV

中央电视台

预听　Warm-up Exercises

 一　讨论 Discussion

你喜欢看电视吗？为什么？

 二　说说你知道的中国电视台和电视节目，并说说你喜欢看的节目
Talk about the Chinese TV channels and programmes you know as well as the programmes you like.

27 我最喜欢看中国的电视剧

精听 Intensive Exercises 🎧 27-3

课文 Text
🎧 27-2

 听短文 (27-2)，判断正误 Listen and decide whether the statements are true or false.

1. "我"一直很喜欢看电视。　　　　　　　　　　（　）
2. "我"最喜欢看新闻联播。　　　　　　　　　　（　）
3. "我"觉得看电视剧可以了解中国人的生活。　（　）
4. 看电视是练习听力的好方法。　　　　　　　　（　）

二 听短文，回答问题 Listen and answer the questions.

1.　　　　　2.　　　　　3.　　　　　4.

三 介绍 Say something about the following topic.

看电视的好处

发展 Further Exercises 🎧 27-4

 听录音，判断他们是否喜欢看电视，并说明原因
Listen and tell whether they like watching TV or not. Why or why not?

	喜欢	不喜欢	原因
1			
2			
3			
4			
5			

二 听对话或句子，选择正确答案 Listen and choose the correct answer.

1. A. 中央台 B. 北京台
2. A. 去电影院看电影 B. 看电视
3. A. 电视剧 B. 邻居家的事
4. A. 电视太近了 B. 看电视时间太长了
5. A. 电视坏了 B. 为了考试
6. A. 凉快 B. 更热
7. A. 他的汉语水平提高了 B. 朋友介绍的
8. A. 收入 B. 买车人的多少
9. A. 英语 B. 日语
10. A. 我和其他两位同学 B. 我们全班同学

三 讨论 Discussion

1. 看中文电视能提高汉语水平吗？为什么？
2. 你认为最好的学习方法是什么？

泛听部分 EXTENSIVE LISTENING

词语表 Vocabulary 27-5

1.	肯定	kěndìng	Adv	sure
2.	精彩	jīngcǎi	Adj	wonderful
3.	追	zhuī	V	chase, go after
4.	球	qiú	N	ball

5.	踢	tī	V	kick
6.	集	jí	M	episode
7.	球赛	qiúsài	N	ball game

专有名词　Proper noun

世界杯　　　　　Shìjiè Bēi　　　　　FIFA World Cup

世界杯

练习　Exercise　　27-7

课文 Text 27-6

听对话(27-6)**，回答问题** Listen and answer the questions.

1.　　　　　　2.　　　　　　3.

Lesson 28
我们赢了吗 28

训练重点 Key Points in Practice

- 熟悉有关运动的话题的听解。 Listen and comprehend the topics about sports.
- 熟悉有关频度的表示方法。 Get familiar with the ways to indicate frequency.

精听部分 INTENSIVE LISTENING

词语表 Vocabulary  28-1

1.	赢	yíng	V	win
2.	精彩	jīngcǎi	Adj	wonderful
3.	就	jiù	Adv	*indicating an action happened earlier than expected*
4.	踢	tī	V	kick
5.	进	jìn	V	get into
6.	球	qiú	N	ball
7.	结束	jiéshù	V	end, finish
8.	对方	duìfāng	N	opponent
9.	紧张	jǐnzhāng	Adj	nervous, strained, intensive
10.	遗憾	yíhàn	Adj	pitiful, regretful
11.	加油	jiā yóu	V//O	cheer, play up
12.	跑步	pǎo bù	V//O	run

164

13.	成	chéng	V	become
14.	太极拳	tàijíquán	N	*taijiquan*, traditional Chinese shadow boxing
15.	结果	jiéguǒ	N	result, outcome
16.	轻松	qīngsōng	Adj	relaxed
17.	飞	fēi	V	fly
18.	跳	tiào	V	jump
19.	起来	qǐlai	V	rise, come up
20.	扔	rēng	V	throw
21.	篮	lán	N	basket
22.	跑	pǎo	V	run
23.	球赛	qiúsài	N	ball game
24.	认真	rènzhēn	Adj	serious
25.	有时	yǒushí	Adv	sometimes
26.	经常	jīngcháng	Adv	often
27.	从（不）	cóng (bù)	Adv	(*used before a negative*) ever (never)
28.	运动	yùndòng	V	do sports

太极拳

预听 Warm-up Exercises   28-2

一 听录音，写出他们喜欢的运动 Listen and write down the sports they like.

1. _____ 2. _____ 3. _____ 4. _____ 5. _____

二 说一说 Answer the questions.

你喜欢运动吗？喜欢什么运动？

精听 Intensive Exercises 28-4

课文 Text 28-3

一、听对话（28-3），回答问题 Listen and answer the questions.

1.　　　　　　　2.　　　　　　　3.

二、听对话，选择正确答案 Listen and choose the correct answer.

1. A. 他病了　　　B. 和朋友一起去医院　　C. 送他同屋去医院

2. A. 1∶0　　　　B. 1∶1　　　　　　　　C. 2∶1

3. A. 紧张　　　　B. 遗憾　　　　　　　　C. 没关系

4. A. 今天　　　　B. 明天　　　　　　　　C. 后天

5. A. 山中　　　　B. 山下　　　　　　　　C. 马里

三、听对话，判断正误 Listen and decide whether the statements are true or false.

1. 昨天的比赛很精彩。　　　　　　　　　　　（　　）

2. 昨天的比赛是山下他们队对中文系队。　　　（　　）

3. 对方很轻松就赢了比赛。　　　　　　　　　（　　）

4. 比赛快结束时，马里进了一个球。　　　　　（　　）

5. 上半场一共进了两个球。　　　　　　　　　（　　）

6. 后天还有一场比赛。　　　　　　　　　　　（　　）

7. 后天阿里要参加比赛。　　　　　　　　　　（　　）

发展 Further Exercises 28-5

一 听录音，写出这是什么运动 Listen and figure out which sports they are doing.

1. _____ 2. _____ 3. _____ 4. _____

二 听对话或句子，选择正确答案 Listen and choose the correct answer.

1. A. 他已经看了五分钟了　　B. 他刚看了五分钟，想看完
   C. 还有五分钟就结束了

2. A. 我们队进球了　　B. 我们队进球很快　　C. 还有五分钟就结束了

3. A. 他学得很快　　B. 他学得很慢　　C. 他在学太极拳

4. A. 他很高兴　　B. 他有点儿高兴　　C. 他不高兴

5. A. 他很快完成了作业　　B. 他完成作业很慢　　C. 他完成作业很认真

6. A. 不长　　B. 很长　　C. 还可以

三 听录音，用1~5表示他们从不喜欢到喜欢的程度（在数字上画圈）

Listen and circle the numbers that indicate how much the speakers like the sports.

	不喜欢	不太喜欢	有些喜欢	比较喜欢	特别喜欢
A.	1	2	3	4	5
B.	1	2	3	4	5
C.	1	2	3	4	5
D.	1	2	3	4	5
E.	1	2	3	4	5
F.	1	2	3	4	5

泛听部分 EXTENSIVE LISTENING

词语表 Vocabulary 🎧 28-6

1.	网球	wǎngqiú	N	tennis
2.	俱乐部	jùlèbù	N	club
3.	网球场	wǎngqiúchǎng	N	tennis court
4.	中心	zhōngxīn	N	centre
5.	留情	liú qíng	V//O	show mercy
6.	其实	qíshí	Adv	actually, in fact
7.	互相	hùxiāng	Adv	mutually

课文 Text 🎧 28-7

练习 Exercise 🎧 28-8

听对话(28-7)，回答问题 Listen and answer the questions.

1. 　　　　　　2. 　　　　　　3.

Lesson 29
暑假就要到了 29

训练重点 Key Points in Practice

- 熟悉有关假期的话题。
- 熟悉有关计划、安排的话题。
- Get familiar with the topics about vacations.
- Get familiar with the topics about plans and arrangements.

精听部分 INTENSIVE LISTENING

词语表 Vocabulary 29-1

1.	暑假	shǔjià	N	summer vacation
2.	起来	qǐlai	V	*indicating the beginning or continuation of an action*
3.	放	fàng	V	dismiss, let off
4.	辅导班	fǔdǎobān	N	tutorial class
5.	有的	yǒude	Pr	some
6.	方面	fāngmiàn	N	aspect, side
7.	减轻	jiǎnqīng	V	lighten, alleviate
8.	负担	fùdān	N	burden
9.	另	lìng	Adj	another, other
10.	经验	jīngyàn	N	experience
11.	其实	qíshí	Adv	actually, in fact
12.	通过	tōngguò	Prep	via

169

13.	出色	chūsè	Adj	outstanding
14.	受到	shòudào	V	get, receive
15.	单位	dānwèi	N	unit, company, organization
16.	部分	bùfen	N	part, portion
17.	欣赏	xīnshǎng	V	appreciate
18.	理想	lǐxiǎng	N/Adj	ideal
19.	利用	lìyòng	V	use, utilize
20.	时期	shíqī	N	period
21.	增长	zēngzhǎng	V	enhance, increase, rise
22.	见识	jiànshi	N	experience, knowledge
23.	不只	bùzhǐ	Conj	not only
24.	篇	piān	M	*used of writing, paper or articles*
25.	主要	zhǔyào	Adj	main
26.	明年	míngnián	N	next year
27.	考研	kǎo yán	V//O	take part in the entrance exams for postgraduate programme
28.	暖和	nuǎnhuo	Adj	warm
29.	办	bàn	V	handle, manage, do
30.	手续	shǒuxù	N	procedure

专有名词　Proper noun

	托福	Tuōfú		TOEFL

预听　Warm-up Exercises　 29-2

一　听写，并写出这些动词的宾语
Write down the verbs you hear and match each of them with objects.

1. _____　_____　_____

2. _____　_____　_____

3. _____ _____ _____

4. _____ _____ _____

二 说说你的暑假或寒假计划 Talk about your plan for the summer or winter vacation.

精听 Intensive Exercises 29-4   课文 Text 29-3

一 听短文（29-3），回答问题 Listen and answer the questions.

1.   2.

二 听短文，判断正误 Listen and decide whether the statements are true or false.

1. 很多大学生参加辅导班是要参加外语考试。（ ）

2. 很多大学生在暑假找到了喜欢的工作。（ ）

3. 用人单位喜欢假期工作过的学生。（ ）

4. 大部分大学生暑假喜欢去旅游。（ ）

5. 暑假的时候最重要的是休息。（ ）

三 听短文，选择正确答案 Listen and choose the correct answer.

1. A. 为了上研究生　　　B. 为了出国　　　　C. 为了工作

2. A. 增加收入　　　　　B. 增加工作经验　　C. A、B 都对

3. A. 参加辅导班的学生　B. 假期工作出色的学生　C. 出国的学生

发展 Further Exercises 🎧 29-5

一 听录音，写出他们的暑假计划是什么，并说明原因
Listen and write down their plans for the summer vacation and their reasons for such plans.

	暑假计划	原因
1		
2		
3		
4		
5		

 二 听句子，回答问题 Listen and answer the questions.

1.　　　　　2.　　　　　3.　　　　　4.

5.　　　　　6.　　　　　7.　　　　　8.

 三 介绍 Say something about the following topic.

暑假工作的好处

泛听部分 EXTENSIVE LISTENING

词语表 Vocabulary

专有名词 **Proper nouns**

1. 成都　　Chéngdū　　　　Chengdu, a city in China
2. 九寨沟　Jiǔzhàigōu　　　Jiuzhaigou, a place in Sichuan Province

3. 重庆	Chóngqìng	Chongqing, a city in China
4. 武汉	Wǔhàn	Wuhan, a city in China
5. 三峡	Sān Xiá	the Three Gorges of the Yangtze River
6. 黄鹤楼	Huánghè Lóu	Yellow Crane Tower

九寨沟

三峡

黄鹤楼

练习 Exercise 🎧 29-8

课文 Text
🎧 29-7

听对话（29-7），选择正确答案 Listen and choose the correct answer.

1. A. 夏天　　　　B. 冬天　　　　C. 秋天

2. A. 重庆　　　　B. 成都　　　　C. 北京

3. A. 听说的　　　B. 从照片上看到的　C. 去过那里

4. A. 坐船　　　　B. 坐汽车　　　C. 坐火车

5. A. 三峡　　　　B. 黄鹤楼　　　C. 九寨沟

6. A. 武汉　　　　B. 重庆　　　　C. 长江

7. A. 坐火车　　　B. 坐船　　　　C. 坐飞机

8. A. 没有时间　　B. 没有钱　　　C. 没有朋友

Lesson 30
中国人的姓  30

训练重点 Key Points in Practice

- 有关姓名的话题的听解。
- 了解中国人的姓名的特点。

- Listen and comprehend the topics about names.
- Learn the characteristics of Chinese surnames and names.

精听部分 INTENSIVE LISTENING

词语表 Vocabulary 30-1

1.	千	qiān	Nu	thousand
2.	名	míng	N	name
3.	常用	cháng yòng		in common use
4.	百	bǎi	Nu	hundred
5.	其中	qízhōng	N	among (which, them, etc.)
6.	按照	ànzhào	Prep	according to
7.	一般	yìbān	Adj	general
8.	父亲	fùqin	N	father
9.	一定	yídìng	Adj	certain
10.	往往	wǎngwǎng	Adv	usually
11.	起名	qǐ míng	V//O	name, give a name
12.	表示	biǎoshì	V	denote, express, show
13.	有力	yǒulì	Adj	powerful, forceful, mighty

14.	坚强	jiānqiáng	Adj	adamant, firm and strong
15.	知识	zhīshi	N	knowledge
16.	能干	nénggàn	Adj	able, capable
17.	大多	dàduō	Adv	mostly
18.	美丽	měilì	Adj	beautiful
19.	聪明	cōngming	Adj	smart, clever
20.	草	cǎo	N	grass
21.	美好	měihǎo	Adj	fine, nice
22.	意思	yìsi	N	meaning, idea
23.	不同	bù tóng		different, varied
24.	要求	yāoqiú	V	request, require, ask
25.	时代	shídài	N	epoch, era, times
26.	看法	kànfǎ	N	attitude, opinion, perspective
27.	发生	fāshēng	V	take place, happen
28.	变化	biànhuà	N/V	change
29.	结合	jiéhé	V	combine, unite, integrate, link
30.	特点	tèdiǎn	N	characteristic, peculiarity, trait
31.	规定	guīdìng	N	prescribe, regulate, stipulate
32.	相信	xiāngxìn	V	believe, trust
33.	关系	guānxi	N	connection, relation

人名用字 **Characters used for personal names**

1.	刚	gāng	strong
2.	强	qiáng	powerful
3.	才	cái	talent
4.	智	zhì	smart, wise
5.	芳	fāng	fragrant
6.	兰	lán	orchid
7.	玉	yù	jade
8.	杰	jié	outstanding

预听 Warm-up Exercises

一 写出你知道的中国人的十个姓
Write down ten Chinese family names that you know.

二 说说中国人起名字有什么特点 Talk about the characteristics of Chinese names.

精听 Intensive Exercises 30-3

课文 Text 30-2

一 听短文（30-2），判断正误 Listen and decide whether the statements are true or false.

1. 中国人的姓名是名在前，姓在后。 （ ）

2. 中国人的姓一看就可以看出有一定的意思。 （ ）

3. 不是所有的中国人都姓父亲的姓。 （ ）

4. 以前，男孩子的名字和女孩子的名字用字没有不同。 （ ）

5. 孩子的名字表明了父母的希望。 （ ）

6. 现在人们觉得也可以给女孩子起一个像男孩子一样的名字。 （ ）

二 听短文，填空 Listen and fill in the blanks.

1. 中国人常用的姓有_____多个，其中最常用的是_____、王、_____、刘、陈等。

2. 给男孩子起名，会用一些表示有力的、_____的意思的字，如"刚、_____、力"；还有的用一些表示_____、能干的字，如"才、_____"等。

3. 给女孩子起名，大多希望女孩子_____、聪明，常用一些_____或者表示美好意思的字，如"芳、兰、玉"等。

176

三 听短文，回答问题 Listen and answer the questions.

1.　　　　　2.　　　　　3.　　　　　4.

发展　Further Exercises　 30-4

一 猜猜下面这些名字最有可能是男人的名字还是女人的名字
Guess if each of the names is for a male or female.

	张兰	李力	刘芳	徐强	陈自立	赵刚	许如玉
男							
女							

二 听句子或对话，回答问题 Listen and answer the questions.

1.　　　　　2.　　　　　3.　　　　　4.

5.　　　　　6.　　　　　7.　　　　　8.

三 讨论 Discussion

1. 中国人起名字有什么特点？和你们国家的一样吗？

2. 和一个中国朋友谈谈，问问他(她)的名字的含义。

泛听部分 EXTENSIVE LISTENING

词语表　Vocabulary　 30-5

1.	来源	láiyuán	N	origin, source
2.	古代	gǔdài	N	ancient times
3.	编	biān	V	compile
4.	收	shōu	V	collect, include

5.	历史	lìshǐ	N	history
6.	出版	chūbǎn	V	publish
7.	恐怕	kǒngpà	Adv	*indicating doubt or estimation*
8.	清	qīng	Adj	clear
9.	调查	diàochá	V	investigate, survey
10.	显示	xiǎnshì	V	show, reveal
11.	汉族	Hànzú	N	Han nationality
12.	人口	rénkǒu	N	population
13.	其他	qítā	Pr	else, other
14.	占	zhàn	V	account for, make up
15.	总数	zǒngshù	N	sum total

专有名词 Proper nouns

1.	宋朝	Sòngcháo	Song Dynasty (960-1279)
2.	《百家姓》	《Bǎi Jiā Xìng》	*Book of Family Names*

百家姓

练习 Exercises

课文
Text
30-6

一 听短文(30-6)，判断正误 Listen and decide whether the statements are true or false.

1. 中国人的姓很多。　　　　　　　　　　　　　　(　　)

2.《百家姓》中有427个姓。　　　　　　　　　　(　　)

3. 现在正在使用的姓有两万多个。　　　　　　　(　　)

4. 在汉族中，前三个大姓是李、王、张。　　　　(　　)

5. 占汉族人口大约一半以上的大姓一共16个。　 (　　)

6. 姓王的，北方人多；姓黄的，南方人多。　　　(　　)

二 你知道中国人的哪些姓？试着写下来(可以用拼音)
What Chinese surnames do you know? Try to write them down. (You may write them in *pinyin*.)

单元测试三（21~30课）
Unit Test III (Lessons 21~30)

Test 03

总分100分　成绩：_____

一 听录音，写出这些词的反义词（共10分，每题1分）

Listen and write down the antonym of each word you hear. (1 mark each, 10 marks altogether)

1. _____ 2. _____

3. _____ 4. _____

5. _____ 6. _____

7. _____ 8. _____

9. _____ 10. _____

二 听录音，完成对话（共16分，每题2分）

Listen and complete the dialogues. (2 marks each, 16 marks altogether)

1. B: _____

2. B: _____

3. B: _____

4. B: _____

5. B: _____

6. B: _____

7. B: _____

8. B: _____

三 听句子或对话，选择正确答案（共20分，每题2分）

Listen and choose the correct answer. (2 marks each, 20 marks altogether)

1. A. 家　　　　　　　B. 办公室　　　　　　C. 休息室

2. A. 多运动　　　　　B. 多吃　　　　　　　C. 多睡

3. A. 会说　　　　　　B. 不会说　　　　　　C. 会说一句

4. A. 他打了电话了　　B. 他走错路了　　　　C. 他去以前问了一下

5. A. 下雨　　　　　　B. 下雪　　　　　　　C. 多云

6. A. 北京　　　　　　B. 上海　　　　　　　C. 天津

7. A. 8：30　　　　　 B. 9：00　　　　　　 C. 10：30

8. A. 他会唱歌　　　　B. 他歌唱得比大家想的好　　C. 他歌唱得没有大家想的好

9. A. 12月1日　　　　 B. 12月30日　　　　　C. 1月30日

10. A. 三月是夏天　　　B. 夏天到了　　　　　C. 今天像夏天一样热

四 听对话，回答问题（共20分，每题2分）

Listen and answer the questions. (2 marks each, 20 marks altogether)

1. _____　　2. _____

3. _____　　4. _____

5. _____　　6. _____

7. _____　　8. _____

9. _____　　10. _____

五 听对话，判断正误（共14分，每题2分）

Listen and decide whether the statements are true or false. (2 marks each, 14 marks altogether)

1. 李冰是冬天出生的。　　　　　　　　　　（　　）

2. 李冰的名字和冬天有关系。　　　　　（　　）

3. 李冰的名字和天气有关系。　　　　　（　　）

4. 男的以前不认识李冰。　　　　　　　（　　）

5. 李冰有个弟弟。　　　　　　　　　　（　　）

6. 李冰和弟弟的名字都是她妈妈起的。（　　）

7. 李强名字的意思是健康。　　　　　　（　　）

六　听对话，回答问题（共20分，每题2分）

Listen and answer the questions. (2 marks each, 20 marks altogether)

（一）

1. _____   2. _____

3. _____   4. _____

5. _____

（二）

1. _____   2. _____

3. _____   4. _____

5. _____

总测试
Final Test

Test 04

总分 100 分　成绩：＿＿＿＿＿＿

一 听句子，选择正确答案（共 30 分，每题 2 分）

Listen and choose the correct answer. (2 marks each, 30 marks altogether)

1. A. 她已经工作了　　　　　　　　B. 她还在学校学习
   C. 她准备去工作　　　　　　　　D. 她就要开始工作了

2. A. 已经好了　　B. 还没好　　C. 很快好了起来　　D. 慢慢好起来了

3. A. 机场　　B. 火车站　　C. 公共汽车站　　D. 地铁站

4. A. 可能出国了　　B. 没有出国　　C. 以前出过国　　D. 一直在国外

5. A. 晚饭以后开始下雪　　　　　　B. 晚饭以后开始刮风
   C. 晚饭以后雪小了　　　　　　　D. 晚饭以前就开始刮风

6. A. 贵的大衣样子好　　　　　　　B. 贵的大衣样子不好
   C. 两件大衣样子一样好　　　　　D. 两件衣服样子不一样，价钱一样

7. A. 日本和韩国　　B. 日本和美国　　C. 韩国和意大利　　D. 美国和韩国

8. A. 三口人　　B. 四口人　　C. 五口人　　D. 六口人

9. A. 星期六和星期日　　　　　　　B. 星期六、日和星期三
   C. 星期三　　　　　　　　　　　D. 星期一、二、四

10. A. 北京比上海热　　　　　　　　B. 上海比北京热
    C. 北京不热　　　　　　　　　　D. 上海很热

11. A. 几分钟前　　B. 一个小时前　　C. 几个小时前　　D. 很晚

12. A. 她做得很慢　　B. 她做得很快　　C. 考试题很少　　D. 考试题很多

13. A. 小张　　B. 张明　　C. 王刚　　D. 王华

14. A. 不太冷　　B. 不冷　　C. 比较冷　　D. 非常冷

15. A. 7：45　　B. 7：30　　C. 8：15　　D. 8：00

二 听问句，选择合适的回答（共10分，每题2分）

Listen and choose the best answer to each question you hear. (2 marks each, 10 marks altogether)

1. A. 我买了一辆自行车。 B. 我想看看。
   C. 我骑得非常好。 D. 我有一辆自行车。

2. A. 我在中国。 B. 中国很漂亮。
   C. 在中国学习汉语。 D. 刚到中国。

3. A. 我会开车。　B. 她开得比我好。　C. 汽车很漂亮。　D. 哥哥买的。

4. A. 很漂亮。　B. 上星期买的。　C. 她的衣服。　D. 买了一件衣服。

5. A. 我不走路。　B. 10分钟。　C. 我骑车。　D. 我每天8点离开房间。

 三 听对话，选择正确答案（共20分，每题2分）

Listen and choose the correct answer. (2 marks each, 20 marks altogether)

1. A. 24岁　　　B. 20岁　　　C. 22岁　　　D. 26岁

2. A. 1月1号　　B. 12月30号　C. 12月25号　D. 12月1号

3. A. 21：15　　B. 21：30　　C. 21：45　　D. 20：00

4. A. 8：00　　 B. 9：00　　 C. 7：00　　 D. 7：50

5. A. 一次　　　B. 两次　　　C. 三次　　　D. 四次

6. A. 红楼　　　B. 食堂　　　C. 学生宿舍　D. 去食堂的路

7. A. 小张不相信孩子　　　　B. 小张喜欢孩子
   C. 小张说的是真的　　　　D. 小张说的是假的

8. A. 304　　　 B. 302　　　 C. 305　　　 D. 402

9. A. 衣服　　　B. 鞋　　　　C. 桌子　　　D. 自行车

10. A. 都是她的书　　　　　　B. 有些是她的书
    C. 没有一本是她的　　　　D. 她不清楚哪些是她的

四 听对话，回答问题（共8分，每题2分）

Listen and answer the questions. (2 marks each, 8 marks altogether)

1._____   2._____

3._____   4._____

五 听对话，判断正误（共16分，每题2分）

Listen and decide whether the statements are true or false. (2 marks each, 16 marks altogether)

1. 昨天他和朋友在饭馆吃饭喝酒。　　　　　　　　　　　　（　　）
2. 他今天上午没有课。　　　　　　　　　　　　　　　　　（　　）
3. 同屋陪他去了医院。　　　　　　　　　　　　　　　　　（　　）
4. 黄色的药一天吃两次，每次吃四片。　　　　　　　　　　（　　）
5. 他和丽莲一起去医院看病。　　　　　　　　　　　　　　（　　）
6. 他认为丽莲不会生病　　　　　　　　　　　　　　　　　（　　）
7. 丽莲去医院是想减肥。　　　　　　　　　　　　　　　　（　　）
8. 丽莲得了胃病。　　　　　　　　　　　　　　　　　　　（　　）

六 听对话，选择正确答案（共16分，每题2分）

Listen and choose the correct answer. (2 marks each, 16 marks altogether)

1. A. 四月　　　　　　B. 五月　　　　　　C. 十月

2. A. 四级　　　　　　B. 五级　　　　　　C. 十级

3. A. 还没开始准备　　B. 准备得很好　　　C. 做练习了，但不知道怎么准备

4. A. 听力　　　　　　B. 阅读　　　　　　C. 语法

5. A. 参加过　　　　　B. 没参加过　　　　C. 不知道

6. A. 参加过　　　　　B. 没参加过　　　　C. 不知道

7. A. 做练习　　　　　B. 复习生词　　　　C. 介绍方法和讲重点

8. A. HSK考试办公室　 B. HSK辅导班　　　 C. 系办公室

精听部分词语总表

Vocabulary in Intensive Listening

[说明]"等级1"为该词语在《高等学校外国留学生汉语言专业教学大纲》和《汉语水平词汇与汉字等级大纲》中的对应等级;"等级2"为该词语在2010年出版的《汉语国际教育用音节汉字词汇等级划分》中的对应等级。空白表示该词语未收入上述大纲。

序号	词语	拼音	词性	等级1	等级2	课号
A						
1	啊	a	MdPt	一/1	一②	4
2	唉	ài	Int	一/2	三	11
3	爱好	àihào	N	一/1	一②	6
4	安排	ānpái	V	一/1	一③	24
5	按照	ànzhào	Prep	一/2	一③	30
B						
6	八	bā	Nu	一/1	一①	1
7	把	bǎ	M		一②	12
8	爸爸	bàba	N	一/1	一①	2
9	吧	ba	MdPt	一/1	一①	3, 8
10	白	bái	Adj	一/1	一①	13
11	白头到老	báitóu dào lǎo				26
12	百	bǎi	Nu	一/1	一①	30
13	班机	bānjī	N	丁		22
14	办	bàn	V	一/1	一②	29
15	办法	bànfǎ	N	一/1	一②	20
16	办公室	bàngōngshì	N	一/1	一②	5
17	半	bàn	Nu	一/1	一①	10
18	半天	bàntiān	N	一/1	一①	14
19	帮助	bāngzhù	V	一/1	一①	6
20	包子	bāozi	N	一/2	一②	9
21	抱	bào	V	一/1	一②	27
22	杯	bēi	M	一/1	一②	8, 9

185

23	杯子	bēizi	N	一/1	一②	11
24	北边	běibian	N	一/1	一①	10
25	倍	bèi	M	一/2	二	17
26	本	běn	M	一/1	一①	11
27	本来	běnlái	Adv	一/2	一③	16
28	鼻子	bízi	N	一/2	二	16
29	比	bǐ	Prep	一/1	一①	15
30	比较	bǐjiào	Adv	一/1	一②	20
31	比赛	bǐsài	N	一/1	一②	5
32	笔	bǐ	N	一/1	一②	11
33	毕业	bì yè	V//O	一/1	二	3
34	变	biàn	V	一/1	一②	14
35	变化	biànhuà	N/V	一/1	一③	30
36	表示	biǎoshì	V	一/1	一②	30
37	表演	biǎoyǎn	V	一/1	一②	26
38	别	bié	Adv	一/1	一①	25
39	别人	biéren	Pr	一/1	一①	16
40	别提	biétí	V		三	25
41	冰	bīng	N	一/2	二	25
42	并	bìng	Conj	一1	一③	26
43	病	bìng	N/V	一/1	一①	8
44	不错	búcuò	Adj	一/1	一②	6
45	不过	búguò	Conj	一/2	一③	10
46	不	bù	Adv	一/1	一①	1
47	不同	bù tóng		一/1	一②	30
48	不只	bùzhǐ	Conj			29
49	布鞋	bùxié	N			15
50	部分	bùfen	N	一/1	一②	29

C

51	才	cái	Adv	一/1	一①	11
52	菜	cài	N	一/1	一①	10
53	参加	cānjiā	V	一/1	一②	16
54	餐厅	cāntīng	N	一/2	二	10
55	草	cǎo	N	一/1	一②	30

56	草莓	cǎoméi	N			12
57	层	céng	M	一/1	一②	4
58	茶	chá	N	一/1	一①	9
59	产品	chǎnpǐn	N	一/2	二	11
60	长	cháng	Adj	一/1	一①	15
61	尝	cháng	V	一/2	二	12
62	常常	chángcháng	Adv	一/1	一①	2
63	常用	cháng yòng		三、四	一②	30
64	场	chǎng	M	一/1	一①	5
65	唱	chàng	V	一/1	一①	6
66	超市	chāoshì	N		一②	11
67	车	chē	N	一/1	一①	6
68	车站	chēzhàn	N	一/1	一①	19
69	衬衫	chènshān	N	乙	三	13
70	成	chéng	V	一/1	一②	28
71	成功	chénggōng	V	一/2	一②	14
72	城市	chéngshì	N	一/1	一②	14
73	乘客	chéngkè	N	二	二	22
74	乘坐	chéngzuò	V		二	22
75	橙子	chéngzi	N			12
76	迟到	chídào	V	一/1	二	8
77	出发	chūfā	V	一/1	一②	23
78	出国	chū guó	V//O		一③	27
79	出来	chūlai	V	一/1	一①	25
80	出门	chū mén	V//O	二	一③	8
81	出去	chūqu	V	一/1	一①	10
82	出色	chūsè	Adj	三、四	二	29
83	出租车	chūzūqchē	N		一②	20
84	除了	chúle	Prep	一/1	一②	26
85	厨房	chúfáng	N	一/2	二	17
86	处	chù	N	一/2	二	23
87	川菜	chuāncài	N			10
88	穿	chuān	V	一/1	一①	13
89	船	chuán	N	一/1	一②	24

187

90	春天	chūntiān	N	一/1	一②	25
91	词典	cídiǎn	N	一/1	一②	11
92	次	cì	M	一/1	一①	4
93	聪明	cōngming	Adj	一/2	二	30
94	从	cóng	Prep	一/1	一①	6
95	从（不）	cóng (bù)	Adv	一/2	二	28
96	促销	cùxiāo	V		二	11
D						
97	打	dǎ	V	一/1	一①	5, 6
98	打工	dǎ gōng	V//O		一②	3
99	打算	dǎsuàn	V/N	一/1	一②	26
100	打折	dǎ zhé	V//O		二	11
101	大	dà	Adj	一/1	一①	5
102	大多	dàduō	Adv	三、四	二	30
103	大概	dàgài	Adv	一/1	一②	17
104	大家	dàjiā	Pr	一/1	一①	1
105	大厅	dàtīng	N		二	22
106	大小	dàxiǎo	N	一/2	一②	15
107	大学	dàxué	N	一/1	一①	3
108	大衣	dàyī	N	一/2	一③	20
109	大夫	dàifu	N	一/1	一②	16
110	代表	dàibiǎo	V	一/1	一②	26
111	带	dài	V	一/1	一②	25
112	单程	dānchéng	N			23
113	单人间	dānrénjiān	N			23
114	单位	dānwèi	N	一/2	一③	29
115	但是	dànshì	Conj	一/1	一①	13
116	当然	dāngrán	Adv	一/1	一①	19
117	到达	dàodá	V	一/2	一②	22
118	倒	dǎo	V	一/2	一②	20
119	的	de	StPt	一/1	一①	1
120	得	de	StPt	一/1	一①	6
121	得	děi	OpV	一/1	二	20
122	登机	dēng jī			三	22

123	等	děng	V	一/1	一①	20
124	低	dī	Adj	一/1	一②	22
125	地方菜	dìfāngcài	N			10
126	地铁	dìtiě	N	一/1	一②	8
127	地图	dìtú	N	一/2	一②	21
128	地址	dìzhǐ	N	一/2	二	4
129	弟弟	dìdi	N	一/1	一②	2
130	第	dì	Pref	一/1	一①	3, 4
131	点	diǎn	N	一/1	一①	8
132	点	diǎn	V	一/1	一①	9
133	电话	diànhuà	N	一/1	一①	5
134	电脑	diànnǎo	N	一/2	一①	3
135	电视	diànshì	N	一/1	一①	5
136	电视剧	diànshìjù	N		一③	27
137	电影	diànyǐng	N	一/1	一②	8
138	丁字路口	dīngzì lùkǒu				19
139	订票	dìng piào				21
140	东	dōng	N	一/1	一①	18
141	东北	dōngběi	N	一/2	一③	18
142	东边	dōngbian	N	一/1	一①	18
143	东南	dōngnán	N	一/2	一③	18
144	东西	dōngxi	N	一/1	一①	11
145	冬天	dōngtiān	N	一/1	一②	20
146	懂	dǒng	V	一/1	一②	20
147	栋	dòng	M	丁	三	19
148	都	dōu	Adv	一/1	一①	4, 10
149	读	dú	V	一/1	一②	16
150	堵(车)	dǔ (chē)	V	二	二	20
151	肚子	dùzi	N	一/2	二	9
152	度	dù	M	一/2	一②	25
153	短	duǎn	Adj	一/1	一②	8
154	短文	duǎnwén	N			6
155	对	duì	Adj	一/1	一①	3
156	对	duì	Prep	一/1	一①	21

157	对不起	duìbuqǐ	V	一/1	一①	8
158	对方	duìfāng	N	一/2	一③	28
159	对话	duìhuà	N	一/2	一②	1
160	多	duō	Adj	一/1	一①	6
161	多少	duōshao	Pr	一/1	一①	5
162	多云	duōyún	N			25

E

163	饿	è	Adj	一/1	一①	9
164	儿子	érzi	N	一/1	一①	2
165	而且	érqiě	Conj	一/1	一②	21
166	耳朵	ěrduo	N	一/2	二	16
167	二	èr	Nu	一/1	一①	1

F

168	发烧	fā shāo	V//O	一/1	二	16
169	发生	fāshēng	V	一/2	一③	30
170	发现	fāxiàn	V	一/2	一②	27
171	发展	fāzhǎn	V	一2	一②	20
172	翻译	fānyì	N/V	一/1	二	6
173	返回	fǎnhuí	V	丁	二	23
174	饭	fàn	N	一/1	一①	8
175	饭馆	fànguǎn (r)	N	一/2	二	9
176	方便	fāngbiàn	Adj	一/1	一①	9
177	方面	fāngmiàn	N	一/2		29
178	方式	fāngshì	N	一/2	一②	23
179	方向	fāngxiàng	N	一/1	一①	18
180	房间	fángjiān	N	一/1	一①	4
181	房子	fángzi	N	一/2	一①	17
182	房租	fángzū	N	三、四	二	17
183	放	fàng	V	一/1	一①	29
184	飞	fēi	V	一/2	一①	28
185	飞机	fēijī	N	一/1	一①	15
186	非常	fēicháng	Adv	一/1	一①	6
187	分钟	fēnzhōng	N	一/1	一②	8
188	份	fèn	M	一/2	一②	4

189	风	fēng	N	一/1	一②	25
190	风和日丽	fēng hé rì lì				25
191	风景	fēngjǐng	N	一/2	二	24
192	辅导	fǔdǎo	V	一/1	三	7
193	辅导班	fǔdǎobān	N			29
194	父母	fùmǔ	N		一②	2
195	父亲	fùqin	N	一/1	一③	30
196	付	fù	V	一/2	二	12
197	负担	fùdān	N	二	二	29
198	附近	fùjìn	N	一/1	二	8

G

199	干净	gānjìng	Adj	一/1	一①	14
200	感冒	gǎnmào	N/V	一/1	二	16
201	感谢	gǎnxiè	V	一/1	一②	26
202	感兴趣	gǎn xìngqù		一/2	二	21
203	刚	gāng	Adv	一/1	一①	22
204	刚才	gāngcái	N	一/1	一①	22
205	钢笔	gāngbǐ	N		二	13
206	高	gāo	Adj	一/1	一①	15
207	高峰	gāofēng	N	二	二	20
208	高铁	gāotiě	N			21
209	高兴	gāoxìng	Adj	一/1	一①	1
210	告诉	gàosu	V	一/1	一②	4
211	哥哥	gēge	N	一/1	一①	2
212	胳膊	gēbo	N	一/2	三	16
213	歌	gē	N	一/1	一①	6
214	隔壁	gébì	N	一/2	二	4
215	个	gè	M	一/1	一①	1, 2
216	个人	gèrén	N	一/2	一③	23
217	各	gè	Pr	一/1	一②	7
218	各种	gè zhǒng		一/1	一②	9
219	给	gěi	Prep	一/1	一①	5
220	更	gèng	Adv	一/1	一①	20
221	工厂	gōngchǎng	N	一/1	一②	3

222	工人	gōngrén	N	一/1	一①	3
223	工作	gōngzuò	V/N	一/1	一①	3
224	公共汽车	gōnggòng qìchē		一/1	一②	8
225	公交	gōngjiāo	N			17
226	公斤	gōngjīn	M	一/1	一②	12
227	公里	gōnglǐ	M	一/1	一②	24
228	公司	gōngsī	N	一/2	一②	3
229	公寓	gōngyù	N	一/1	三	4
230	公园	gōngyuán	N	一/1	一②	15
231	宫保鸡丁	gōngbǎo jīdīng				9
232	古汉语	gǔ Hànyǔ				22
233	刮	guā	V	一/1	二	25
234	拐	guǎi	V	一/2	二	19
235	关系	guānxi	N	一/1	一②	30
236	广播	guǎngbō	V	一/1	一②	22
237	逛	guàng	V	一/2	二	15
238	规定	guīdìng	N	一/2	一②	30
239	贵	guì	Adj	一/1	一①	11
240	贵姓	guìxìng	N			1
241	国	guó	N	一/1	一①	1
242	国家	guójiā	N	一/1	一①	6
243	果汁	guǒzhī	N		二	9
244	过	guò	V	一/1	一①	19
245	过去	guòqù	N	一/1	一②	27
246	过	guo	AsPt	一/1	一①	6
		H				
247	还	hái	Adv	一/1	一①	2
248	还是	háishi	Conj	一/1	一①	9
249	孩子	háizi	N	一/1	一①	2
250	汉堡	hànbǎo	N			9
251	汉字	Hànzì	N	一/1	一①	15
252	航班	hángbān	N	三、四	二	23
253	好	hǎo	Adj	一/1	一①	1
254	好吃	hǎochī	Adj	一/1	一①	9

255	好处	hǎochu	N	一/2	一③	21
256	好的	hǎo de				4
257	好久	hǎojiǔ	Adj	一/2	一②	4
258	好看	hǎokàn	Adj	一/1	一①	13
259	好像	hǎoxiàng	Adv	一/1	一②	12
260	号	hào	N	一/1	一①	4,15
261	号码	hàomǎ	N	一/1	二	5
262	喝	hē	V	一/1	一①	9
263	嗬	hē	Int			11
264	合适	héshì	Adj	一/1	一②	13
265	和	hé	Conj	一/1	一①	1,2
266	盒	hé	M	一/2	二	11
267	黑	hēi	Adj	一/1	一①	13
268	嘿	hēi	Int	一/2	三	1
269	很	hěn	Adv	一/1	一①	1
270	红	hóng	Adj	一/1	一②	9
271	猴子	hóuzi	N	一/2	二	26
272	后	hòu	N	一/1	一①	8
273	后天	hòutiān	N	一/2	一②	7
274	户型	hùxíng	N			17
275	花	huā	V	一/1	一①	11
276	花园	huāyuán	N	一/2	一②	17
277	划	huá	V	一/2	二	24
278	滑雪	huá xuě	V//O	丙	三	25
279	话	huà	N	一/1	一③	27
280	坏	huài	V	一/1	一①	5
281	欢迎	huānyíng	V	一/1	一②	4
282	环境	huánjìng	N	一/2	一②	17
283	换	huàn	V	一/1	一②	8
284	黄	huáng	Adj	一/1	一②	13
285	灰	huī	Adj	一/2	三	13
286	回	huí	V	一/1	一①	4
287	回程	huíchéng	N			23
288	回去	huíqu	V	一/1	一①	7

289	会	huì	OpV	一/1	一①	6
290	会	huì	V	一/1	一①	6
291	婚礼	hūnlǐ	N	二	二	14
292	馄饨	húntun	N			9
293	火车	huǒchē	N	一/1	一①	7
294	或者	huòzhě	Conj	一/1	一②	9

J

295	几乎	jīhū	Adv	一/2	二	25
296	机场	jīchǎng	N	一/1	一①	19
297	鸡	jī	N	一/1	一①	9
298	鸡蛋	jīdàn	N	一/1	一①	9
299	鸡汤	jītāng	N			16
300	级	jí	N	一/2	一②	26
301	极	jí	Adv	一/2	二	14
302	几	jǐ	Nu	一/1	一①	2
303	计划	jìhuà	N/V	一/1	一②	26
304	记住	jìzhù	V	一/1	一①	5
305	季节	jìjié	N	一/2	二	25
306	既……又……	jì……yòu……		乙		27
307	加油	jiā yóu	V//O	二	一②	28
308	家	jiā	N	一/1	一①	2
309	家	jiā	M	一/1	一①	3
310	家具	jiājù	N	一/2	一③	17
311	家人	jiārén	N		一②	3
312	家庭	jiātíng	N	一/1	一②	2
313	价格	jiàgé	N	一/2	一②	23
314	价钱	jiàqian	N	二	一③	11
315	坚持	jiānchí	V	一/1	一②	27
316	坚强	jiānqiáng	Adj	一/2	一③	30
317	减轻	jiǎnqīng	V	一/2	二	29
318	检查	jiǎnchá	V	一/2	一②	16
319	简单	jiǎndān	Adj	一/2	一②	27
320	见	jiàn	V	一/1	一①	1
321	见面	jiàn miàn	V//O	一/1	一①	4

322	见识	jiànshi	N	三、四	三	29
323	件	jiàn	M	一/1	一②	11
324	健康	jiànkāng	Adj	一/1	一②	26
325	将来	jiānglái	N	一/1	一②	26
326	交通	jiāotōng	N	一/2	一②	17
327	郊游	jiāoyóu	V		附	24
328	饺子	jiǎozi	N	一/1	一②	9
329	脚	jiǎo	N	一/1	一②	16
330	叫	jiào	V	一/1	一①	1, 2
331	接	jiē	V	一/1	一②	22
332	接着	jiēzhe	V	一/1	一②	26
333	节	jié	M	一/1	一②	9
334	节目	jiémù	N	一/1	一②	26
335	结果	jiéguǒ	N	一/1		28
336	结合	jiéhé	V	一/2	一③	30
337	结婚	jié hūn	V//O	二	一②	27
338	结束	jiéshù	V	一/1		28
339	姐夫	jiěfu	N			3
340	姐姐	jiějie	N	一/1	一①	2
341	介绍	jièshào	V	一/1	一②	6
342	今年	jīnnián	N	一/1	一①	6
343	今天	jīntiān	N	一/1	一①	6
344	斤	jīn	M	一/1	一②	12
345	紧张	jǐnzhāng	Adj	一/1	一②	28
346	近	jìn	Adj	一/1	一②	4
347	进	jìn	V	一/1	一①	28
348	进步	jìnbù	N/V	一/2	一②	26
349	进来	jìnlai	V	一/1	一①	26
350	进行	jìnxíng	V	一/1	一②	21
351	经常	jīngcháng	Adv	一/1	一②	28
352	经理	jīnglǐ	N	一/2	一②	3
353	经验	jīngyàn	N	一/1	一②	29
354	精彩	jīngcǎi	Adj	一/1	一②	28
355	精神	jīngshen	N	一/2	一②	9

356	镜子	jìngzi	N	一/2	二	14
357	九	jiǔ	Nu	一/1	一①	1
358	久	jiǔ	Adj	一/1	一③	22
359	就	jiù	Adv	一/1	一①	4, 28
360	居室	jūshì	N	三、四		17
361	橘子	júzi	N	一/1	三	12
362	决定	juédìng	V	一/1	一②	10
363	觉得	juéde	V	一/1	一①	6

K

364	咖啡	kāfēi	N	一/1	二	8
365	卡号	kǎhào	N			23
366	开	kāi	V	一/1	一①	6, 10
367	开(会)	kāi (huì)	V	一/1	一①	26
368	开药	kāiyào	V	一/1		16
369	开始	kāishǐ	V	一/1	一②	8
370	开心	kāixīn	Adj	三、四	一②	2
371	看	kàn	V	一/1	一①	3, 5
372	看法	kànfǎ	N	一/2	一②	30
373	看见	kànjiàn	V	一/1	一①	13
374	看来	kànlái	V	一/2	一②	16
375	康复	kāngfù	V	三、四	二	26
376	考研	kǎo yán	V//O			29
377	烤鸭	kǎoyā	N		三	10
378	咳嗽	késou	V	一/1	三	16
379	可	kě	Adv	一/2	二	13
380	可乐	kělè	N			9
381	可能	kěnéng	OpV	一/1	一①	15
382	可是	kěshì	Conj	一/1	一①	5
383	可以	kěyǐ	OpV	一/1	一①	8
384	渴	kě	Adj	一/1	一①	9
385	克	kè	M	一/1	一②	12
386	客厅	kètīng	N	二	二	17
387	空气	kōngqì	N	一/1	一②	17
388	空儿	kòngr	N	一/2	一③	4

389	口	kǒu	M	一/1	一①	2
390	口语	kǒuyǔ	N	一/1	二	21
391	苦	kǔ	Adj	一/1	一②	10
392	裤子	kùzi	N	一/1	二	13
393	块	kuài	M	一/1	一①	11
394	快	kuài	Adj	一/1	一①	15
395	快餐	kuàicān	N	一/2	一②	4
396	快乐	kuàilè	Adj	一/2	一②	26

L

397	拉肚子	lā dùzi				16
398	辣	là	Adj	二	二	10
399	啦	la	MdPt	一/1	二	13
400	来	lái	V	一/1	一①	12
401	来不及	láibují	V	一/2	二	10
402	蓝	lán	Adj	一/1	一②	9
403	篮	lán	N	丙		28
404	篮球	lánqiú	N	一/1	一②	6
405	老师	lǎoshī	N	一/1	一①	1, 2
406	老太太	lǎotàitai	N	一/2	一③	13
407	了	le	AsPt	一/1	一①	3
408	累	lèi	Adj	一/1	一①	11
409	冷	lěng	Adj	一/1	一①	25
410	梨	lí	N	一/2	三	12
411	离	lí	V	一/1	一②	17
412	里	lǐ	N	一/1	一①	1
413	理想	lǐxiǎng	N/Adj	一/2	一②	29
414	利用	lìyòng	V	一/2	一②	29
415	俩	liǎ	Q	一/1	二	6
416	连	lián	Prep	二	一②	22
417	联播	liánbō	V	二		27
418	联系	liánxì	V	一/1	一②	23
419	凉	liáng	Adj	一/2	一②	13
420	凉菜	liángcài	N			10
421	两	liǎng	M	一/1	一①	12

422	亮	liàng	Adj	一/1	一②	13
423	辆	liàng	M	一/1	一②	13
424	聊天儿	liáo tiānr	V//O	一/1	二	9
425	列车	lièchē	N	二	二	22
426	邻居	línjū	N	一/2	二	4
427	零钱	língqián	N	一/1	三	12
428	零下	líng xià			二	25
429	另	lìng	Adj	一/2	二	29
430	留	liú	V	一/1	一②	17
431	留学	liúxué	V//O	一/2	一③	2
432	留学生	liúxuéshēng	N	一/1	一②	1
433	六	liù	Nu	一/1	一①	1
434	楼	lóu	N	一/1	一①	4
435	楼房	lóufáng	N	一/2	二	17
436	路	lù	N	一/1	一①	4
437	路口	lùkǒu	N	二	一①	19
438	旅行	lǚxíng	V	一/1	一②	5
439	旅游	lǚyóu	V	二	一②	20
440	绿	lǜ	Adj	一/1	一②	13

M

441	妈妈	māma	N	一/1	一①	2
442	麻烦	máfan	Adj	一/1	一②	20
443	马路	mǎlù	N	一/1	一①	18
444	马上	mǎshàng	Adv	一/1	一①	5
445	吗	ma	MdPt	一/1	一①	1
446	买	mǎi	V	一/1	一①	5
447	卖	mài	V	一/1	一②	11
448	馒头	mántou	N	一/2	二	9
449	忙	máng	Adj	一/1	一①	7
450	毛衣	máoyī	N	一/1	二	13
451	没	méi	Adv	一/1	一①	4
452	没关系	méi guānxi		一/1	一①	16
453	没想到	méi xiǎngdào			二	4
454	没意思	méi yìsi		一/1	三	6

455	没有	méiyǒu	V	一/1	一①	2
456	没有	méiyǒu	Adv	一/1	一①	3
457	每	měi	Pr	一/1	一②	6
458	每天	měi tiān				6
459	美	měi	Adj	一/2	一③	20
460	美好	měihǎo	Adj	一/2	一③	30
461	美丽	měilì	Adj	一/2	二	30
462	妹妹	mèimei	N	一/1	一②	2
463	门口	ménkǒu	N	一/1	一①	21
464	们	men	Suf	一/1	一①	3
465	米	mǐ	M	一/1	一②	19
466	米饭	mǐfàn	N	一/1	一②	9
467	面包	miànbāo	N	一/1	一①	9
468	面试	miànshì	V	三、四	二	14
469	面条	miàntiáo	N	一/1	二	9
470	名	míng	N		一③	30
471	名字	míngzi	N	一/1	一①	1
472	明年	míngnián	N	一/1	一①	29
473	明天	míngtiān	N	一/1	一①	1
474	母亲	mǔqin	N	一/1	一③	2
		N				
475	拿	ná	V	一/1	一①	15
476	哪	nǎ	Pr	一/1	一①	1
477	哪儿	nǎr	Pr	一/1	一①	3
478	哪个	nǎge	Pr	一/2		5
479	哪些	nǎxiē	Pr	一/2	一②	5
480	那	nà	Pr	一/1	一①	7
481	那边	nàbian	Pr	一/2	一①	10
482	那儿	nàr	Pr	一/1	一①	3
483	那个	nàge	Pr	一/1	二	18
484	那里	nàli	Pr	一/1	一①	13
485	那么	nàme	Pr	一/1	一①	16
486	那样	nàyàng	Pr	一/1	一①	16
487	奶奶	nǎinai	N	一/2	二	2

488	男	nán	Adj	一/1	一①	2
489	南	nán	N	一/1	一①	18
490	南边	nánbian	N	一/1	一①	18
491	南方	nánfāng	N	一/2	一③	25
492	难	nán	Adj	一/1	一①	15
493	呢	ne	MdPt	一/1	一①	4
494	内容	nèiróng	N	一/1	一③	26
495	能	néng	OpV	一/1	一①	5
496	能干	nénggàn	Adj	一/2	二	30
497	你	nǐ	Pr	一/1	一①	1
498	你们	nǐmen	Pr	一/1	一①	4
499	年	nián	N	一/1	一①	6
500	年龄	niánlíng	N	一/2	二	6
501	您	nín	Pr	一/1	一②	4
502	牛奶	niúnǎi	N	一/1	一①	9
503	牛仔裤	niúzǎikù	N		二	14
504	女	nǚ	Adj	一/1	一①	2
505	女儿	nǚ'ér	N	一/1	一①	2
506	暖和	nuǎnhuo	Adj	一/1	一②	29
507	暖气	nuǎnqì	N	一/2	二	17
		P				
508	爬	pá	V	一/1	一②	14
509	怕	pà	V	一/1	一①	11
510	拍	pāi	V	一/1	一②	25
511	盘子	pánzi	N	一/1	二	11
512	旁边	pángbiān	N	一/1	一①	3
513	跑	pǎo	V	一/1	一①	28
514	跑步	pǎo bù	V//O	一/1	二	28
515	陪	péi	V	一/2	二	7
516	配套	pèitào	V	三、四	二	17
517	朋友	péngyou	N	一/1	一①	1
518	皮鞋	píxié	N		一②	13
519	啤酒	píjiǔ	N	一/1	二	9
520	篇	piān	M	一/1	一②	29

521	便宜	piányi	Adj	一/1	一②	9
522	片	piàn	M	一/1		9
523	漂亮	piàoliang	Adj	一/1	一②	11
524	票	piào	N	一/1	一①	5
525	平安	píng'ān	Adj	一/2	一①	26
526	平房	píngfáng	N			17
527	平米	píngmǐ	M			17
528	平时	píngshí	N	一/2	一②	14
529	苹果	píngguǒ	N	一/1	二	9
530	瓶	píng	M	一/1	一②	11
531	葡萄	pútao	N	丙	二	12

Q

532	七	qī	Nu	一/1	一①	1
533	妻子	qīzi	N	一/2	二	2
534	齐全	qíquán	Adj	三、四	二	17
535	其实	qíshí	Adv	一/2	一③	29
536	其中	qízhōng	N	一/2	一②	30
537	骑	qí	V	一/1	一②	20
538	旗袍	qípáo	N	二	附	26
539	起床	qǐ chuáng	V//O	一/1	一②	8
540	起飞	qǐfēi	V	二	一③	22
541	起来	qǐlái	V	一/1	一①	28, 29
542	起名	qǐ míng	V//O			30
543	气温	qìwēn	N	一/2	一③	25
544	千	qiān	Nu	一/1	一②	30
545	前	qián	N	一/1	一①	6, 14
546	前边	qiánbian	N	一/1	一①	19
547	前天	qiántiān	N	一/2	一②	7
548	钱	qián	N	一/1	一①	11
549	浅	qiǎn	Adj	一/1	二	13
550	强	qiáng			一②	30
551	轻松	qīngsōng	Adj	一/2	二	28
552	清新	qīngxīn	Adj	三、四	三	17
553	晴	qíng	Adj	一/1	二	25

201

554	晴空万里	qíngkōng wàn lǐ				25
555	请	qǐng	V	一/1	一①	4, 7
556	请假	qǐng jià	V//O	一/1	一①	16
557	请问	qǐngwèn	V	一/1	一①	5
558	秋高气爽	qiū gāo qì shuǎng				25
559	秋天	qiūtiān	N	一/1	一②	25
560	球	qiú	N	一/1	一①	28
561	球场	qiúchǎng	N	一/1	一②	5
562	球赛	qiúsài	N			28
563	去	qù	V	一/1	一①	4

R

564	然后	ránhòu	Conj	一/1	一①	8
565	让	ràng	V	一/1	一①	14
566	热	rè	Adj	一/1	一①	14
567	热菜	rècài	N			10
568	人	rén	N	一/1	一①	1
569	人们	rénmen	N	一/1	一③	21
570	人数	rénshù	N			23
571	认识	rènshi	V	一/1	一①	1
572	认为	rènwéi	V	一/1	一①	9
573	认真	rènzhēn	Adj	一/1	一①	28
574	扔	rēng	V	一/2	二	28
575	日	rì	N	一/1	一①	7
576	容易	róngyì	Adj	一/1	一②	20
577	如果	rúguǒ	Conj	一/2	一②	21

S

578	三	sān	Nu	一/1	一①	1
579	伞	sǎn	N	一/2	二	25
580	散步	sàn bù	V//O	一/1	三	25
581	嗓子	sǎngzi	N	一/2	三	16
582	色	sè	N	一/1	二	13
583	山	shān	N	一/1	一①	14
584	山水	shānshuǐ	N	丁		20
585	商场	shāngchǎng	N	一/2	一②	15

586	商店	shāngdiàn	N	一/1	一②	13
587	上	shàng	N	一/2	一①	20
588	上班	shàng bān	V//O	一/2	一①	8
589	上课	shàng kè	V//O	一/1	一①	3
590	上网	shàng wǎng	V//O		一①	8
591	上午	shàngwǔ	N	一/1	一①	1
592	上学	shàng xué	V//O	一/1	一②	3
593	少	shǎo	Adj	一/1	一①	11
594	设施	shèshī	N	二	二	17
595	谁	shéi	Pr	一/1	一①	1
596	身份证	shēnfènzhèng	N		一③	23
597	身体	shēntǐ	N	一/1	一①	9
598	深	shēn	Adj	一/1	一②	13
599	什么	shénme	Pr	一/1	一①	1
600	什么的	shénmede	Pt	一/2		14
601	生活	shēnghuó	N	一/1	一①	18
602	生日	shēngrì	N	一/1	一①	7
603	十	shí	Nu	一/1	一①	1
604	十一	Shí-Yī	N			21
605	十字路口	shízì lùkǒu			三	19
606	时代	shídài	N	一/2	一③	30
607	时候	shíhou	N	一/1	一①	5
608	时间	shíjiān	N	一/1	一①	6, 7
609	时期	shíqī	N	一/2	一②	29
610	食堂	shítáng	N	一/1	二	8
611	市区	shìqū	N	二	二	21
612	事	shì	N	一/1	一①	5
613	试	shì	V	一/1	一②	10
614	是	shì	V	一/1	一①	1
615	收入	shōurù	N	一/2	一②	27
616	手表	shǒubiǎo	N	一/1	一②	8
617	手机	shǒujī	N		一①	5
618	手续	shǒuxù	N	一/2	一③	29
619	手指	shǒuzhǐ	N	一/2	一③	16

620	首付	shǒufù	N			17
621	受到	shòudào	V		一②	29
622	售票处	shòupiàochù	N			21
623	瘦	shòu	Adj	一/2	二	15
624	书	shū	N	一/1	一①	8
625	书店	shūdiàn	N	一/1	一①	18
626	书房	shūfáng	N		二	17
627	舒服	shūfu	Adj	一/1	一②	16
628	暑假	shǔjià	N	一/1	二	29
629	束	shù	M	二	一③	26
630	树	shù	N	一/1	一①	25
631	双	shuāng	M	一/2	一②	15
632	双人间	shuāngrénjiān	N			23
633	水	shuǐ	N	一/1	一①	6
634	水果	shuǐguǒ	N	一/1	一①	9
635	水平	shuǐpíng	N	一/1	一②	22
636	睡觉	shuì jiào	V//O	一/1	一①	8
637	说	shuō	V	一/1	一①	1
638	说话	shuō huà			一①	5
639	死	sǐ	V	一/1	一①	11
640	四	sì	Nu	一/1	一①	1
641	送	sòng	V	一/1	一①	11, 19
642	搜索	sōusuǒ	V	丁	二	23
643	宿舍	sùshè	N	一/1	二	5
644	酸	suān	Adj	一/2	二	10
645	算了	suàn le		乙	二	12
646	虽然	suīrán	Conj	一/1	一②	25
647	随着	suízhe	V	三、四	二	27
648	岁	suì	N	一/1	一①	6
649	所以	suǒyǐ	Conj	一/1	一①	8
650	所有	suǒyǒu	Adj	一/1	一②	22
		T				
651	T恤	Txù	N			11
652	他	tā	Pr	一/1	一①	1

653	她	tā	Pr	一/1	一①	1
654	台	tái	M	一/2	一③	5
655	台	tái	N	一/2	一③	27
656	太	tài	Adv	一/1	一①	5
657	太极拳	tàijíquán	N		三	28
658	太阳	tàiyáng	N	一/1	一②	25
659	桃	táo	N	二	二	12
660	套	tào	M	一/2	一②	17
661	特别	tèbié	Adv	一/1	一②	12
662	特点	tèdiǎn	N	一/2	一②	30
663	疼	téng	Adj	一/1	一②	16
664	踢	tī	V	一/1	二	28
665	提高	tígāo	V	一/1	一②	27
666	提前	tíqián	V	一/2	一③	21
667	体育	tǐyù	N	一/1	一②	27
668	替	tì	Prep	一/2	二	16
669	天气	tiānqì	N	一/1	一①	13
670	甜	tián	Adj	一/2	二	10
671	条	tiáo	M	一/1	一②	14
672	跳	tiào	V	一/1	一②	28
673	听	tīng	V	一/1	一①	7
674	听力	tīnglì	N		一③	27
675	听说	tīngshuō	V	一/1	一①	10
676	停	tíng	V	一/1	一②	22
677	挺	tǐng	Adv	一/1	一②	13
678	通过	tōngguò	V	一/1	一②	26
679	通过	tōngguò	Prep	一/1	一②	29
680	通知	tōngzhī	N/V	一/1	一②	22
681	同事	tóngshì	N	二	一②	17
682	同屋	tóngwū	N	乙		1
683	同学	tóngxué	N	一/1	一①	1
684	头	tóu	N	一/1	一②	16
685	图书馆	túshūguǎn	N	一/1	一②	18
686	推迟	tuīchí	V	二	二	22

205

687	腿	tuǐ	N	一/1	一②	16
W						
688	袜子	wàzi	N	一/1	二	15
689	外语	wàiyǔ	N	一/1	一①	6
690	完	wán	V	一/1	一①	8
691	完全	wánquán	Adv	一/2	一②	27
692	玩儿	wánr	V	一/1	一①	2
693	晚	wǎn	Adj	一/1	一①	8
694	晚点	wǎn diǎn	V//O		二	22
695	晚饭	wǎnfàn	N	一/1	一①	8
696	晚会	wǎnhuì	N	一/1	一②	14
697	晚上	wǎnshang	N	一/1	一①	1
698	万	wàn	Nu	一/1	一②	17
699	往	wǎng	Prep	一/1	一②	19
700	往返	wǎngfǎn	V	丁	三	23
701	往往	wǎngwǎng	Adv	一/2	一③	30
702	忘	wàng	V	一/1	一①	25
703	为了	wèile	Prep	一/1	一①	27
704	为什么	wèi shénme		一/1	一①	5
705	卫生间	wèishēngjiān	N		二	17
706	位	wèi	M	一/1	一②	5
707	味道	wèidao	N	一/2	一②	10
708	喂	wèi	Int	一/1	二	5
709	文化	wénhuà	N	一/1	一②	27
710	问题	wèntí	N	一/1	一②	14
711	我	wǒ	Pr	一/1	一①	1
712	我们	wǒmen	Pr	一/1	一①	1
713	卧铺	wòpù	N		二	21
714	卧室	wòshì	N	二	二	17
715	五	wǔ	Nu	一/1	一①	1
716	午饭	wǔfàn	N	一/1	一①	8
X						
717	西	xī	N	一/1	一①	18
718	西北	xīběi	N	一/2	一③	18

719	西边	xībian	N	一/1	一①	18
720	西裤	xīkù	N			14
721	西南	xīnán	N	一/2	一③	18
722	西药	xīyào	N			16
723	希望	xīwàng	V	一/1	一②	22
724	习惯	xíguàn	N/V	一/1	一②	9
725	洗	xǐ	V	一/1	一①	26
726	喜欢	xǐhuan	V	一/1	一①	5
727	系	xì	N	一/1	一②	6
728	下	xià	V	一/1	一①	19, 22
729	下班	xià bān	V//O	一/2	一①	8
730	下午	xiàwǔ	N	一/1	一①	1
731	夏天	xiàtiān	N	一/1	一②	25
732	先	xiān	Adv	一/1	一①	5
733	咸	xián	Adj	丙	二	10
734	现在	xiànzài	N	一/1	一①	1
735	线路	xiànlù	N	丙	二	17
736	相信	xiāngxìn	V	一/1	一②	30
737	香蕉	xiāngjiāo	N		二	12
738	想	xiǎng	OpV	一/1	一①	5
739	向	xiàng	Prep	一/1	一①	19
740	像	xiàng	V	一/1	一②	14
741	小	xiǎo	Adj	一/1	一①	2
742	小时	xiǎoshí	N	一/1	一①	8
743	鞋	xié	N	一/1	一②	13
744	写	xiě	V	一/1	一①	20
745	谢谢	xièxie	V	一/1	一①	5
746	心情	xīnqíng	N	一/2	一②	25
747	欣赏	xīnshǎng	V	二	二	29
748	新	xīn	Adj	一/1	一①	10
749	新年	xīnnián	N	一/1	一①	26
750	新闻	xīnwén	N	一/1	一②	27
751	信	xìn	N	一/1	一②	26
752	信息	xìnxī	N	二	一③	23

207

753	信用卡	xìnyòngkǎ	N		一③	23
754	星期	xīngqī	N	一/1	一①	7
755	星期二	xīngqī'èr	N			7
756	星期六	xīngqīliù	N			7
757	星期三	xīngqīsān	N			7
758	星期四	xīngqīsì	N			7
759	星期日（天）	xīngqīrì (tiān)	N	一/1	一①	7
760	星期五	xīngqīwǔ	N			7
761	星期一	xīngqīyī	N			7
762	行	xíng	V	一/1	一①	7
763	兴趣	xìngqù	N	一/2	二	6
764	姓	xìng	V	一/1	一②	1
765	姓名	xìngmíng	N	一/2	二	23
766	休息	xiūxi	V	一/1	一①	8
767	休息室	xiūxishì	N			22
768	选	xuǎn	V	一/2	一②	23
769	选择	xuǎnzé	V	一/2	二	17
770	学	xué	V	一/1	一①	6
771	学生	xuésheng	N	一/1	一①	3
772	学习	xuéxí	V	一/1	一①	3
773	学校	xuéxiào	N	一/1	一②	3
774	雪	xuě	N	一/1	一②	22

Y

775	研究生	yánjiūshēng	N	二	二	18
776	颜色	yánsè	N	一/1	一②	9
777	演	yǎn	V	二	一②	27
778	羊	yáng	N	一/1	一②	11
779	羊毛	yángmáo	N			11
780	样子	yàngzi	N	一/1	一②	13
781	要求	yāoqiú	V	一/1	一②	30
782	药	yào	N	一/1	一②	16
783	要	yào	V	一/1	一①	10, 17
784	爷爷	yéye	N	乙	一②	2
785	也	yě	Adv	一/1	一①	1

786	野餐	yěcān	V		附	24
787	一	yī	Nu	一/1	一①	1
788	衣服	yīfu	N	一/1	一①	7
789	医生	yīshēng	N	一/1	一①	3
790	医院	yīyuàn	N	一/1	一①	3
791	一定	yídìng	Adv	一/1	一②	4, 30
792	一共	yígòng	Adv	一/1	一②	12
793	一会儿	yíhuìr	N	一/1	一①	4
794	一路	yílù	N	一/1	一③	26
795	一切	yíqiè	Pr	一/1	一②	26
796	一日三餐	yí rì sān cān				9
797	一样	yíyàng	Adj	一/1	一①	14
798	遗憾	yíhàn	Adj	二	二	28
799	以后	yǐhòu	N	一/1	一①	4, 6
800	以前	yǐqián	N	一/1	一①	6
801	以为	yǐwéi	V	一/1	一②	21
802	一般	yìbān	Adj	一/1	一②	30
803	一边……一边……	yìbiān……yìbiān……			一①	9
804	一点儿	yìdiǎnr	Q	一/1	一①	12
805	一起	yìqǐ	Adv	一/1	一①	2
806	一些	yìxiē	Q	一/1	一①	9
807	一直	yìzhí	Adv	一/1	一②	19
808	意见	yìjiàn	N	一/1	一②	24
809	意思	yìsi	N	一/1	一②	14, 30
810	因为	yīnwèi	Prep	一/1	一①	8
811	阴	yīn	Adj	一/1	二	25
812	音乐	yīnyuè	N	一/1	一②	8
813	音乐会	yīnyuèhuì	N		一②	7
814	银行	yínháng	N	一/1	一②	3
815	应该	yīnggāi	OpV	一/1	一①	12
816	赢	yíng	V	一/1	二	28
817	哟	yō	Int	丙		10
818	用	yòng	V	一/1	一①	20
819	优美	yōuměi	Adj	一/2	二	17

820	尤其	yóuqí	Adv	一/2	二	20
821	邮局	yóujú	N	一/1	一①	17
822	游戏	yóuxì	N	二	一②	26
823	游泳	yóuyǒng	V	一/1	一②	6
824	有	yǒu	V	一/1	一①	1, 2
825	有的	yǒude	Pr	一/1	一①	29
826	有点儿	yǒudiǎnr	Adv	一/1	一①	9
827	有力	yǒulì	Adj	一/2	二	30
828	有时	yǒushí	Adv	一/2	一①	28
829	有时候	yǒushíhou	Adv	一/1	一①	2
830	有效	yǒuxiào	V	一/2	一③	16
831	有些	yǒuxiē	Adv	一/1	一①	20
832	有意思	yǒu yìsi		一/1	一②	6
833	有用	yǒu yòng		一/2	一①	16
834	又	yòu	Adv	一/1	一①	9
835	右	yòu	N	一/1	一②	19
836	鱼	yú	N	一/1	一②	9
837	鱼香肉丝	yúxiāng ròusī				9
838	愉快	yúkuài	Adj	一/1	二	26
839	雨	yǔ	N	一/1	一②	22
840	语言	yǔyán	N	一/1	一②	6
841	预报	yùbào	V	二	一③	25
842	元	yuán	M	一/1	一②	11
843	原谅	yuánliàng	V	一/1	二	22
844	原因	yuányīn	N	一/2	一②	22
845	远	yuǎn	Adj	一/1	一①	10
846	愿	yuàn	V	二	二	26
847	愿意	yuànyì	OpV	一/1	一②	27
848	约会	yuēhuì	V	一/2	二	14
849	月	yuè	N	一/1	一①	7
850	月供	yuègōng	N			17
851	越来越	yuè lái yuè		一/2	一②	27
852	云	yún	N	一/1	二	25
853	运动	yùndòng	V	一/1	一②	28

		Z				
854	再	zài	Adv	一/1	一①	19
855	再见	zàijiàn	V	一/1	一①	1
856	再说	zàishuō	V	二	二	24
857	在	zài	Prep	一/1	一①	1
858	在	zài	Adv	一/1	一②	1
859	脏	zāng	Adj	一/1	一②	25
860	早点	zǎodiǎn	N	丁		9
861	早饭	zǎofàn	N	一/1	一①	9
862	早日	zǎorì	Adv	三、四	三	26
863	早上	zǎoshang	N	一/1	一①	1
864	怎么	zěnme	Pr	一/1	一①	11
865	怎么样	zěnmeyàng	Pr	一/1	一①	7
866	增加	zēngjiā	V	一/1	一②	27
867	增长	zēngzhǎng	V	一/2	一③	29
868	站	zhàn	V	一/1	一①	14
869	张	zhāng	M	一/1	一②	5
870	丈夫	zhàngfu	N	一/2	二	2
871	着急	zháojí	Adj	一/1	一②	16
872	找	zhǎo	V	一/1	一①	12
873	照片	zhàopiàn	N	一/2	一②	3
874	照相	zhào xiàng	V//O	一/1	一②	25
875	折扣	zhékòu	N		三	23
876	这	zhè	Pr	一/1	一①	1
877	这个	zhège	Pr	一/1		7
878	这里	zhèli	Pr	一/1	一①	13
879	这么	zhème	Pr	一/1	一①	7
880	这些	zhèxiē	Pr	一/1	一①	7
881	这样	zhèyàng	Pr	一/1	一①	19
882	真	zhēn	Adj	一/1	一①	10
883	整齐	zhěngqí	Adj	一/1	一②	14
884	正	zhèng	Adv	一/1	一①	15
885	正（南）	zhèng (nán)	Adj	一/2	一③	17
886	正点	zhèngdiǎn	V			22

211

887	正好	zhènghǎo	Adv	一/1	一②	22
888	正在	zhèngzài	Adv	一/1	一①	26
889	证件	zhèngjiàn	N	二	一③	23
890	只	zhī	M	一/1	一③	10
891	支	zhī	M	一/1	一②	11
892	知道	zhīdao	V	一/1	一①	6
893	知识	zhīshi	N	一/1	一②	30
894	直达	zhídá	V	二	三	17
895	职员	zhíyuán	N	二	三	3
896	只	zhǐ	Adv	一/1	一②	7, 20
897	只好	zhǐhǎo	Adv	一/1	一③	21
898	只要	zhǐyào	Conj	一/2	一②	27
899	质量	zhìliàng	N	一/2	二	17
900	治疗	zhìliáo	V	二	二	16
901	中	zhōng	N	一/1	一①	8
902	中号	zhōnghào	N			15
903	中间	zhōngjiān	N	一/1	一①	18
904	中午	zhōngwǔ	N	一/1	一①	9
905	中心	zhōngxīn	N	一/2	一②	21
906	中央	zhōngyāng	N	一/2	一③	17
907	中药	zhōngyào	N	一/2	二	16
908	重要	zhòngyào	Adj	一/1	一①	14
909	周末	zhōumò	N	一/2	二	6
910	周围	zhōuwéi	N	一/1	一②	17
911	粥	zhōu	N	二	二	9
912	主食	zhǔshí	N	三、四	三	10
913	主要	zhǔyào	Adj	一/1	一②	29
914	主意	zhǔyi	N	一/1	一③	14
915	住	zhù	V	一/1	一①	2
916	祝	zhù	V	一/1	一②	14
917	转	zhuǎn	V	一/2	一②	25
918	准备	zhǔnbèi	V	一/1	一②	7
919	准时	zhǔnshí	Adj	一/2	二	22
920	紫	zǐ	Adj	一/2	二	13

921	自己	zìjǐ	Pr	—/1	—②	3
922	自行车	zìxíngchē	N	—/1	—②	13
923	总	zǒng	Adv	—/1	—②	27
924	总是	zǒngshì	Adv	—/1	—②	25
925	走	zǒu	V	—/1	—①	9
926	走路	zǒu lù	V//O		—①	17
927	足球	zúqiú	N	—/1	—②	5
928	嘴	zuǐ	N	—/1	—②	16
929	最	zuì	Adv	—/1	—①	9
930	最后	zuìhòu	N	—/1	—①	10
932	昨天	zuótiān	N	—/1	—①	7
933	左	zuǒ	N	—/1	—①	19
934	左右	zuǒyòu	N	—/2	—②	21
935	作业	zuòyè	N	—/1	—②	20
936	坐	zuò	V	—/1	—①	4
937	坐（车）	zuò (chē)	V	—/1	—①	8
938	座	zuò	M	—/1	—②	26
939	做	zuò	V	—/1	—①	3

专有名词　Proper nouns

词语	拼音	课号
A		
阿里	Ālǐ	6
B		
北京电视台	Běijīng Diànshìtái	27
北京饭店	Běijīng Fàndiàn	20
北京师范大学（北师大）	Běijīng Shīfàn Dàxué (Běishīdà)	1
C		
长城	Chángchéng	7
春节	Chūn Jié	26
G		
故宫	Gù Gōng	19
广州	Guǎngzhōu	14
国航	Guó Háng	23
H		
韩国	Hánguó	1
韩语	Hányǔ	6
汉语	Hànyǔ	6

	J	
济南	Jǐnán	25
	L	
拉萨	Lāsà	25
乐家花园	Lèjiā Huāyuán	4
李华	Lǐ Huá	1
李立	Lǐ Lì	2
丽华快餐	Lìhuá Kuàicān	4
丽连	Lìlián	1
龙庆峡	Lóngqìng Xiá	24
	M	
马里	Mǎlǐ	1
麦当劳	Màidāngláo	10
美国	Měiguó	1
	N	
南航	Nán Háng	23
	R	
日本	Rìběn	1
日语	Rìyǔ	6
	S	
山中	Shānzhōng	1
上海	Shànghǎi	10
四川	Sìchuān	10
	T	
托福	Tuōfú	29
	W	
王	Wáng	1

王府井	Wángfǔjǐng	19
	X	
西安	Xī'ān	22
西单	Xīdān	13
西单商场	Xīdān Shāngchǎng	13
西江路	Xījiāng Lù	4
西四	Xīsì	19
香山	Xiāng Shān	24
新闻联播	Xīnwén Liánbō	27
雪碧	Xuěbì	9
	Y	
意大利	Yìdàlì	6
英语	Yīngyǔ	6
	Z	
张	Zhāng	1
张丽	Zhāng Lì	1
张明	Zhāng Míng	1
张语	Zhāng Yǔ	6
珍妮	Zhēnni	1
中国	Zhōngguó	1
中文	Zhōngwén	6
中央电视台	Zhōngyāng Diànshìtái	27
中友百货	Zhōngyǒu Bǎihuò	13

泛听部分词语总表
Vocabulary in Extensive Listening

词语	拼音	词性	课号
B			
吧	ba	MdPt	1
百货	bǎihuò	N	15
搬	bān	V	17
办公楼	bàngōnglóu	N	4
办公室	bàngōngshì	N	4
办事	bàn shì	V//O	19
帮	bāng	V	12
包	bāo	N	5
报名	bào míng	V//O	4
报纸	bàozhǐ	N	8
必要	bìyào	Adj	11
编	biān	V	30
标准间	biāozhǔnjiān	N	23
别	bié	Adv	12
别的	biéde	Pr	18
冰淇淋	bīngqílín	N	12
并	bìng	Adv	21
病	bìng	V	5
伯父	bófù	N	3
伯母	bómǔ	N	3
不错	búcuò	Adj	1
不少	bùshǎo	Adj	6
不是……就是……	bú shì…… jiù shì……		13
部	bù	M	8
C			
CD		N	12

词语	拼音	词性	课号
财务室	cáiwùshì	N	4
参加	cānjiā	V	4
查	chá	V	23, 25
差点儿	chàdiǎnr	Adv	25
潮湿	cháoshī	Adj	25
称为	chēngwéi	V	21
乘坐	chéngzuò	V	21
吃	chī	V	1
出版	chūbǎn	V	30
出生	chūshēng	V	2
出行	chūxíng	V	21
穿	chuān	V	11
错	cuò	Adj	5
D			
DVD机	DVDjī	N	6
达到	dádào	V	21
打算	dǎsuàn	V	20
大名	dàmíng	N	2
大使馆	dàshǐguǎn	N	19
大学	dàxué	N	1
待	dāi	V	24
带来	dàilái	V	16
但是	dànshì	Conj	8
蛋糕	dàngāo	N	10
当然	dāngrán	Adv	11
到	dào	V	7
到处	dàochù	Adv	24
到底	dàodǐ	Adv	16
道理	dàolǐ	N	11

215

地	de	StPt	19
等	děng	Pt	4
等	děng	Conj	19
地方	dìfang	N	14
电影	diànyǐng	N	6
电影院	diànyǐngyuàn	N	8
调查	diàochá	V	30
丢	diū	V	5
东西	dōngxi	N	7
动车(组)	dòngchē (zǔ)	N	21
都	dōu	Adv	3
读写课	dú-xiě kè		7
肚子	dùzi	N	5
锻炼	duànliàn	V	18
对不起	duìbuqǐ	V	5
F			
发生	fāshēng	V	22
方法	fāngfǎ	N	14
防晒霜	fángshài-shuāng	N	15
分班	fēn bān		4
父亲	fùqin	N	3
副	fù	M	15
G			
该	gāi	OpV	26
盖	gài	V	18
赶快	gǎnkuài	Adv	19
刚才	gāngcái	N	5
各种各样	gè zhǒng gè yàng		10
公里	gōnglǐ	M	21
古代	gǔdài	N	30
关门	guān mén	V//O	19
过	guò	V	17
过去	guòqu	V	19
H			
海景	hǎijǐng	N	23
汉语	Hànyǔ	N	3
汉族	Hànzú	N	30
好看	hǎokàn	Adj	6
好久	hǎojiǔ	Adj	1
喝	hē	V	3
贺卡	hèkǎ	N	26
互相	hùxiāng	Adv	28
护照	hùzhào	N	5
花儿	huār	N	24
花茶	huāchá	N	9
化妆品	huàzhuāng-pǐn	N	15
画	huà	V	14
会话课	huìhuà kè		7
会议室	huìyìshì	N	4
J			
机票	jīpiào	N	5
集	jí	M	27
家电	jiādiàn	N	15
减肥	jiǎn féi	V//O	16
教	jiāo	V	3
叫	jiào	V	5
街	jiē	N	10
介绍	jièshào	V	1
今天	jīntiān	N	2
经过	jīngguò	V	18
精彩	jīngcǎi	Adj	27
酒吧	jiǔbā	N	10
救护车	jiùhùchē	N	5
就	jiù	Adv	19

俱乐部	jùlèbù	N	28
K			
开始	kāishǐ	V	7
开行	kāixíng	V	21
考试	kǎo shì	V//O	4
可	kě	Adv	5
可以	kěyǐ	OpV	4
客房	kèfáng	N	23
肯定	kěndìng	Adv	27
恐怕	kǒngpà	Adv	30
快	kuài	Adv	5
快乐	kuàilè	Adj	10
L			
来	lái	V	1
来回	láihuí	V	19
来源	láiyuán	N	30
老	lǎo	Adj	13
老人	lǎorén	N	18
了	le	AsPt	1
离	lí	V	8
礼物	lǐwù	N	12
里面	lǐmian	N	18
历史	lìshǐ	N	30
列车	lièchē	N	21
零点	língdiǎn	N	21
零上	líng shàng		25
留情	liú qíng	V//O	28
路人	lùrén	N	19
旅途	lǚtú	N	23
绿茶	lǜchá	N	9
M			
麻烦	máfan	N	16
慢	màn	Adj	20
没法	méi fǎ		13

没关系	méi guānxi		5
门口	ménkǒu	N	16
名牌	míngpái	N	11
命名	mìng míng	V//O	21
N			
内衣	nèiyī	N	15
那	nà	Conj	5
难受	nánshòu	Adj	16
呢	ne	MdPt	1
能干	nénggàn	Adj	14
年轻	niánqīng	Adj	13
暖和	nuǎnhuo	Adj	25
O			
噢	ō	Int	25
P			
排	pái	V	4
胖子	pàngzi	N	16
配	pèi	V	15
皮具	píjù	N	15
票价	piàojià	N	21
平时	píngshí	N	13
普通	pǔtōng	Adj	21
Q			
其实	qíshí	Adv	28
其他	qítā	Pr	30
奇怪	qíguài	Adj	16
起火	qǐ huǒ	V//O	5
器材	qìcái	N	15
清	qīng	Adj	30
请	qǐng	V	3
球	qiú	N	27
球赛	qiúsài	N	27
R			
让	ràng	V	5

217

热情	rèqíng	N	21
人口	rénkǒu	N	30
人们	rénmen	N	9
日程	rìchéng	N	22
如意	rú yì	V//O	26
S			
晒	shài	V	24
商场	shāngchǎng	N	5
商店	shāngdiàn	N	7
稍	shāo	Adv	23
生活	shēnghuó	N	16
湿	shī	Adj	25
时速	shísù	N	21
饰品	shìpǐn	N	15
收	shōu	V	30
收拾	shōushi	V	17
数码	shùmǎ	N	15
数学	shùxué	N	3
水	shuǐ	N	3
丝绸	sīchóu	N	14
送	sòng	V	5
T			
他们	tāmen	Pr	5
太阳	tàiyáng	N	24
谈话	tán huà	V//O	6
特别	tèbié	Adv	6
特快	tèkuài	Adj	21
疼	téng	Adj	5
踢	tī	V	27
提速	tí sù	V//O	21
添	tiān	V	24
挑	tiāo	V	11
铁路	tiělù	N	21
听力课	tīnglì kè		7
听说	tīngshuō	V	5
停留	tíngliú	V	21
同样	tóngyàng	Adj	21
图书馆	túshūguǎn	N	7
W			
外边	wàibian	N	22
外面	wàimiàn	N	8
网球	wǎngqiú	N	28
网球场	wǎngqiú-chǎng	N	28
为了	wèile	Prep	17
胃	wèi	N	16
问题	wèntí	N	4
我	wǒ	Pr	23
X			
下	xià	V	5
下来	xiàlai	V	16
显示	xiǎnshì	V	30
相机	xiàngjī	N	15
想	xiǎng	V	12
项链	xiàngliàn	N	15
小区	xiǎoqū	N	17
小学	xiǎoxué	N	17
谢谢	xièxie	V	3
心想事成	xīn xiǎng shì chéng		26
辛苦	xīnkǔ	Adj	17
新	xīn	Adj	1
休闲	xiūxián	V	15
选课	xuǎn kè		4
学院	xuéyuàn	N	4
Y			
呀	ya	MdPt	1, 5
眼镜	yǎnjìng	N	15

演	yǎn	V	8
演出	yǎnchū	V	10
药店	yàodiàn	N	16
要是	yàoshi	Conj	13
一下	yíxià	Q	1
咦	yí	Int	5
已经	yǐjīng	Adv	12
一般	yìbān	Adj	21
音乐	yīnyuè	N	3
用品	yòngpǐn	N	15
呦	yōu	Int	1
有名	yǒumíng	Adj	10
有时	yǒushí	Adv	21
于是	yúshì	Conj	16
愉快	yúkuài	Adj	23
雨	yǔ	N	5
预祝	yùzhù	V	23
遇到	yùdào	V	16
院长	yuànzhǎng	N	4
乐队	yuèduì	N	10

Z

杂志	zázhì	N	14
在	zài	V	4
在……上	zài……shàng		4
咱们	zánmen	Pr	8
怎么办	zěnme bàn		5
增	zēng	V	21
展览馆	zhǎnlǎnguǎn	N	18
占	zhàn	V	30
站	zhàn	N	18
长大	zhǎngdà	V	9
找	zhǎo	V	4
这个	zhège	Pr	4
这么	zhème	Pr	6
这样	zhèyàng	Pr	8
正式	zhèngshì	Adj	15
之间	zhī jiān		21
知道	zhīdao	V	2
只	zhǐ	Adv	5
中途	zhōngtú	N	21
中心	zhōngxīn	N	28
中学	zhōngxué	N	3
钟表	zhōngbiǎo	N	15
周	zhōu	N	15
珠宝	zhūbǎo	N	15
主要	zhǔyào	Adj	21
祝贺	zhùhè	V	17
祝愿	zhùyuàn	V	26
装	zhuāng		15
追	zhuī	V	27
总数	zǒngshù	N	30
阻挡	zǔdǎng	V	21
最近	zuìjìn	N	17
左右	zuǒyòu	N	14
坐	zuò	V	3

专有名词　Proper nouns

词语	拼音	课号
B		
《百家姓》	《Bǎi Jiā Xìng》	30
北京剧院	Běijīng Jùyuàn	8
C		
长城	Chángchéng	5
成都	Chéngdū	29
成龙	Chéng Lóng	6
重庆	Chóngqìng	29
D		
大连饭店	Dàlián Fàndiàn	23
H		
HSK	HSK	4
杭州	Hángzhōu	9
和谐号	Héxié Hào	21
怀柔	Huáiróu	24
黄鹤楼	Huánghè Lóu	29
J		
建国门	Jiànguó Mén	19
金星	Jīn Xīng	23
九寨沟	Jiǔzhàigōu	29
L		
李明	Lǐ Míng	3

词语	拼音	课号
李新	Lǐ Xīn	1
M		
马力	Mǎ Lì	1
N		
南京	Nánjīng	21
S		
三里屯	Sānlǐtún (r)	10
三峡	Sān Xiá	29
山下美子	Shānxià Měizǐ	1
深圳	Shēnzhèn	21
圣诞节	Shèngdàn Jié	26
世界杯	Shìjiè Bēi	27
首都影院	Shǒudū Yǐngyuàn	8
宋朝	Sòngcháo	30
苏州	Sūzhōu	25
T		
天津	Tiānjīn	21
W		
王丽	Wáng Lì	1
王友	Wáng Yǒu	1
武汉	Wǔhàn	29

留学生本科必修课系列教材 第二版

听力 录音文本 及 参考答案

Listening
SCRIPTS & ANSWERS

汉语 Jump High
纵横 A Systematic Chinese Course

陈颖 编著

北京语言大学出版社
BEIJING LANGUAGE AND CULTURE
UNIVERSITY PRESS

目 录
Contents

语音（一）	Pronunciation I	1
语音（二）	Pronunciation II	3
语音（三）	Pronunciation III	6
语音（四）	Pronunciation IV	9
语音（五）	Pronunciation V	12
语音综合测试	Pronunciation Comprehensive Test	15
1	Lesson 1 早上好	19
2	Lesson 2 我的姐姐和弟弟	23
3	Lesson 3 她在哪儿工作	27
4	Lesson 4 我家在801	31
5	Lesson 5 我先打个电话	35
6	Lesson 6 我的朋友	40
7	Lesson 7 你今天下午有空儿吗	44
8	Lesson 8 我的一天	48

| 9 | Lesson 9 一日三餐 | 52 |
| 10 | Lesson 10 我们去哪儿吃 | 56 |

单元测试一（1～10课） Unit Test Ⅰ (Lessons 1~10) 60

11	Lesson 11 我去超市了	63
12	Lesson 12 太贵了，便宜一点儿吧	67
13	Lesson 13 你喜欢什么颜色	72
14	Lesson 14 你说我穿什么好	75
15	Lesson 15 你穿多大号的	79
16	Lesson 16 你哪儿不舒服	84
17	Lesson 17 我在找房子	89
18	Lesson 18 那是研究生公寓	93
19	Lesson 19 你家怎么走	98
20	Lesson 20 城市交通	103

单元测试二（11～20课） Unit Test Ⅱ (Lessons 11~20) 107

| 21 | Lesson 21 坐火车还是飞机 | 111 |

22	Lesson 22 飞机什么时候到	116
23	Lesson 23 我想订两张票	121
24	Lesson 24 这个周末做什么	126
25	Lesson 25 明天又要下雨	130
26	Lesson 26 祝你新年快乐	135
27	Lesson 27 我最喜欢看中国的电视剧	140
28	Lesson 28 我们赢了吗	145
29	Lesson 29 暑假就要到了	150
30	Lesson 30 中国人的姓	155
单元测试三（21～30课） Unit Test Ⅲ (Lessons 21~30)		159
总测试 Final Test		164

语音（一）
Pronunciation I

一 听录音，跟读，然后写出你听到的声母或韵母 01-01

Listen to the recording, read after it and write down the initials or finals you hear.

1. b 2. d 3. n 4. l 5. p 6. t 7. f
8. m 9. e 10. o 11. a 12. i 13. ü 14. u

二 听录音，辨声母 01-02

Listen to the recording and choose the right syllable.

1. mǐ 2. pà 3. tī 4. nǚ 5. mà
6. tú 7. mó 8. nǔ 9. dù 10. lǐ

三 听录音，辨韵母 01-03

Listen to the recording and choose the right syllable.

1. bó 2. lù 3. lǚ 4. yí 5. nǚ

四 听录音，连线 01-04

Listen to the recording and match the initials with the finals.

1. bà pā mù nǚ fá   2. ní tǔ dé pò lì

五 听录音，写声母 01-05

Listen to the recording and write down the initials.

1. détǐ 2. Bālí 3. tímù 4. kělè
5. pífū 6. nàmǐ 7. fámù 8. lǐfó

六 听录音，写韵母 01-06

Listen to the recording and write down the finals with the tone marks.

1. mòhé 2. bìlù 3. hémù 4. lètǔ 5. kèbó
6. mùmǎ 7. fūfù 8. nǚxu 9. délì 10. pīfā

七 听录音，选拼音 🎧 01-07
Listen to the recording and choose the *pinyin* you hear.

1. nǔlì   2. nǎlǐ   3. fāfú   4. dǎlǐ   5. pòpí
6. bóbo   7. mābù   8. fādá   9. túdì   10. bīpò

八 听录音，标声调 🎧 01-08
Listen to the recording and add tone marks.

1. bō   2. nà   3. tǐ   4. fá   5. dà
6. mà   7. pú   8. mì   9. nù   10. lǚ

九 听录音，写音节 🎧 01-09
Listen to the recording and write down syllables.

1. dìtú   2. fābù   3. mónǐ   4. lùtú   5. tèdì
6. fālǜ   7. dàmǐ   8. hégé   9. pōfù   10. nǔlì

十 听录音，跟读 🎧 01-10
Listen to the recording and read aloud after it.

A：你好！
　　nǐ hǎo

B：你好！
　　nǐ hǎo

A：你叫什么名字？
　　nǐ jiào shén me míng zi

B：我叫李明。
　　wǒ jiào lǐ míng

语音（二）
Pronunciation II

一 听录音，跟读，然后写出你听到的声母或韵母 🎧 02-01
Listen to the recording, read after it and write down the initials or finals you hear.

1. h   2. k   3. g   4. ao   5. uo   6. uai

7. ei   8. ai   9. ua   10. er   11. ui   12. ou

二 按所给声调，拼合你听到的声母和韵母 🎧 02-02
Combine the initials and finals you hear into syllables and add the given tone marks to them.

1. g—e—gē   2. h—u—hú   3. h—a—hā   4. k—e—kě   5. h—ai—hǎi

6. t—ou—tōu   7. d—ui—duì   8. b—ao—bāo   9. f—ei—fēi   10. k—ua—kuā

11. g—u—gǔ   12. l—ai—lái   13. k—uai—kuài   14. h—ua—huā   15. g—uo—guó

三 听录音，写声母 🎧 02-03
Listen to the recording and write down the initials.

1. gāo   2. huā   3. tuī   4. pǎo   5. huài

6. lèi   7. gòu   8. kāi   9. huí   10. kǎo

四 听录音，写韵母 🎧 02-04
Listen to the recording and write down the finals with the tone marks.

1. hǎo   2. huí   3. méi   4. pāi   5. lǎo

6. kǒu   7. kuā   8. nuó   9. guì   10. huǒ

五 听录音，选拼音 🎧 02-05
Listen to the recording and choose the *pinyin* you hear.

1. kǎigē   2. fābào   3. lái le   4. nákāi   5. pǎo le

6. dàhuà   7. dàhǎi   8. kāifā   9. guòlái   10. huìhuà

六 听录音，填表（把听到的声调标到相应的空格内） 02-06

Fill in the table with the tone marks according to what you hear.

1. páo 2. bēi 3. kuài 4. hǎi 5. tóu 6. lǒu
7. duī 8. méi 9. hǎo 10. nuò 11. fēi 12. gāo

 Keys

	b	p	m	f	d	t	n	l	g	k	h
ai											④ ˇ
ei	② ˉ		⑧ ´	⑪ ˉ							
ao		① ´							⑫ ˉ		⑨ ˇ
ou						⑤ ´		⑥ ˇ			
uai										③ `	
ui					⑦ ˉ						
uo							⑩ `				

七 听录音，写拼音，然后读一读 02-07

Listen to the recording, write down the *pinyin* of each word you hear, and then read them aloud.

- 1. shí'èr 2. èrshí 3. èrbǎi 4. érzi 5. nǚ'ér
- 6. gēge 7. māma 8. bàba 9. dìdi 10. mèimei 11. jiějie

八 听录音，选拼音，注意轻声 02-08

Listen to the recording and choose the right *pinyin*. Pay attention to the light tone.

1. dōngxi 2. shìfēi 3. dàyi 4. dìdao 5. shēng qì
6. míngbai 7. yīfu 8. Sūnzǐ 9. yísì 10. bàochou

九 根据声调，给你听到的词语分组（在横线上写出序号） 02-09

Listen to the recording and divide the words you hear into groups according to their tones. (Write down the sequence numbers on the lines.)

1. huādū 2. bāoguǒ 3. gāokǎo 4. huīfā 5. tuīkāi
6. kūqì 7. gāodī 8. gēge 9. bōli 10. kāitóu

11. gūdú   12. guāgé   13. bādòu   14. kāihuái   15. pāida

答案 Keys

- + -	1	4	5	7
- + ´	10	11	12	14
- + ˇ	2	3		
- + `	6	13		
- + °	8	9	15	

十 听录音，标声调   02-10

Listen to the recording and add tone marks to the syllables.

1. ěrduo   2. xiānsheng   3. rènzhēn   4. yínháng   5. xíngli

6. yóujú   7. qìwēn   8. mìshū   9. tóufa   10. báitiān

11. qiántú   12. líkāi

十一 听录音，跟读 02-11

Listen to the recording and read aloud after it.

A： nǐ shì nǎ guó rén
    你是哪国人？

B： wǒ shì zhōng guó rén
    我是中国人。

语音（三）
Pronunciation III

一 听录音，跟读，然后写出你听到的声母或韵母 🎧 03-01

Listen to the recording, read after it and write down the initials or finals you hear.

1. q 2. j 3. x 4. iao 5. ie 6. iu 7. üe 8. ia

二 听录音，连线 🎧 03-02

Listen to the recording and match the initials with the finals.

1. jì 2. qiǎ 3. xiǎo 4. qué 5. jiē
6. xǔ 7. jiā 8. xiè 9. qǔ

三 听录音，写声母 🎧 03-03

Listen to the recording and write down the initials.

1. jīqì 2. xìjù 3. jiēqū 4. xìjié 5. qiúhé
6. jiāoqì 7. qǔjué 8. xīqì 9. xiáxiǎo 10. xièjué

四 听录音，写韵母 🎧 03-04

Listen to the recording and write down the finals with the tone marks.

1. jìhuà 2. liúxué 3. jiàxiào 4. kǒujì 5. fēijī
6. tuìxiū 7. xià xuě 8. guójiā 9. xiǎojiě 10. nǚ'ér

五 听录音，选拼音 🎧 03-05

Listen to the recording and choose the *pinyin* you hear.

1. kèqi 2. kěxiào 3. yíkuàir 4. yùqī 5. jiějué
6. tuìxiū 7. bùxiǔ 8. jùchǎng 9. qíjì 10. juéde

六 根据声调，给你听到的词语分组（在横线上写出序号） 🎧 03-06

Listen to the recording and divide the words you hear into groups according to their tones. (Write down the sequence numbers on the lines.)

1. kuíhuā　　2. píjiǔ　　3. qiáofū　　4. méitǐ　　5. bíqi
6. bá hé　　7. niúnǎi　　8. xiákè　　9. láitou　　10. léijī
11. dúmù　　12. huídá　　13. jiéliú　　14. xuéxiào　　15. máfan

答案 Keys

´ + ¯	1	3	10
´ + ´	6	12	13
´ + ˇ	2	4	7
´ + `	8	11	14
´ + °	5	9	15

七 听录音，选出最后一个音节是第三声的词 🎧 03-07

Listen to the recording and pick out the words ending with the third tone.

1. hē jiǔ　　2. dúxiě　　3. diànshì　　4. jiǔbā　　5. lǎoshī
6. dǎdī　　7. nèiróng　　8. háití　　9. bùxiǔ　　10. hǎikǒu
11. níba　　12. nánběi

答案 Keys　1.　2.　9.　10.　12.

八 听录音，标声调 🎧 03-08

Listen to the recording and add tone marks to the syllables.

1. chūfā　　2. shùlín　　3. cāochǎng　　4. fāngxiàng　　5. bàozhǐ
6. rénmín　　7. máobǐ　　8. chuānglián　　9. kěyǐ　　10. xìjù
11. bùjú　　12. diàndēng

九 听录音，选出带儿化音的词 🎧 03-09

Listen to the recording and pick out the words ending with the retroflex "r".

1. miànbāo　　2. guāzǐr　　3. yǎnzhūr　　4. cháyè　　5. shùyèr
6. hǎishuǐ　　7. yàoniǎnr　　8. bìbǎng　　9. jiānbǎngr　　10. càihuār

答案 Keys 2. 3. 5. 7. 9. 10.

十 听录音，选择正确答案 🎧 03-10

Listen to the recording and choose the right answer.

1. Wǒ zhèngzài liànxí huìhuà, nǐ zěnme shuō wǒ jìng shuō fèihuà?
（我正在练习会话，你怎么说我净说废话？）
2. Wǒ xiǎng mǎi yì shuāng xuēzi.　　（我想买一双靴子。）
3. Zhè shì wǒ de xiǎomài.　　（这是我的小麦。）
4. Zhè shì yí ge qiézi.　　（这是一个茄子。）

答案 Keys 1. ① B　② A　2. B　3. B　4. A

十一 听录音，跟读 🎧 03-11

Listen to the recording and read aloud after it.

A：你 今年 多大 了？
（nǐ jīn nián duō dà le）

B：我 今年 二十一 岁。
（wǒ jīn nián èr shí yī suì）

语音（四）
Pronunciation IV

一 听录音，跟读，然后写出你听到的韵母 04-01

Listen to the recording, read after it and write down the finals you hear.

1. an   2. en   3. in   4. ian   5. uan
6. un   7. üan   8. ün   9. ang   10. eng
11. ing   12. iang   13. uang   14. ueng   15. iong
16. ong

二 听录音，标序号 04-02

Listen to the recording and number the syllables you hear in the order they appear.

1. wàng   2. qióng   3. yǒng   4. yuǎn   5. liàng
6. biàn   7. xuān   8. tīng   9. huǎng

三 听录音，填韵母  04-03

Listen to the recording and write down the finals with the tone marks.

1. diànhuà   2. fàndiàn   3. hěn máng   4. dōngxi   5. fángjiān
6. piàoliang   7. dōngtiān   8. jīntiān   9. miànbāo   10. qíngtiān
11. tóngxué   12. dàpéng   13. tīngdǒng   14. jīngdú

四 听录音，选拼音 04-04

Listen to the recording and choose the *pinyin* you hear.

1. guǎnlì   2. bú xìn   3. kāifàng   4. qīnwěn   5. guā fēng
6. hěn jìn   7. gōngjīn   8. yóuyǒng   9. yǐngxiǎng   10. yǔyán
11. lǐjiě   12. xiǎnjìng

· 9 ·

五 根据声调，给你听到的词语分组（在横线上写出序号） 🎧 04-05

Listen to the recording and divide the words you hear into groups according to their tones. (Write down the sequence numbers on the lines.)

1. duǎnpǎo　　2. mǎnyì　　3. fěnbǐ　　4. fǎnduì　　5. yǐzi

6. guǎnjiā　　7. běifāng　　8. fǔdǎo　　9. gǔdài　　10. dǎtīng

11. gǎigé　　12. huǎngyán　　13. kǒudai　　14. yǔfǎ　　15. dǐdá

答案 Keys

ˇ + ˉ	6	7		
ˇ + ˊ	11	12	15	
ˇ + ˇ	1	3	8	14
ˇ + ˋ	2	4	9	
ˇ + ˚	5	10	13	

六 听录音，选拼音（注意儿化音） 🎧 04-06

Listen to the recording and choose the *pinyin* you hear. (Pay attention to the retroflex final.)

1. yǒu ménr　　2. yī diǎn　　3. biàn tiān　　4. hàomǎr　　5. xìnfēngr

七 听录音，标出"一"的声调，然后总结规律 🎧 04-07

Listen to the recording and add tone marks to the syllable "yi". Then find out the rules.

yì jiā（一家）　　yí cì（一次）　　chūyī（初一）　　yí jiàn（一件）

yìxiē（一些）　　yì bǐ（一笔）　　yì tiáo（一条）　　yílǜ（一律）

yíyàng（一样）　　yìqǐ（一起）　　tǒngyī（统一）　　yígòng（一共）

规律 Rules

- "一"单独用或在词后，读一声

  "一" is pronounced in the first tone when it is used alone or after a word.

- "一" + 一声、二声、三声，读四声

  "一" is pronounced in the fourth tone when it is followed by a first, second or third tone.

- "一" + 四声，读二声

  "一" is pronounced in the second tone when it is followed by a fourth tone.

八 听句子，判断哪些句子中有轻声词 🎧 04-08

Listen to the recording and find out the sentences which have light-tone words in them.

1. Wǒ méiyǒu **běnzi**.　　　　　　（我没有本子。）
2. Tā shì yì míng jiàoshī.　　　　　（他是一名教师。）
3. Nǐ mǎi **shénme**?　　　　　　 （你买什么？）
4. Wǒ **xǐhuan** tiàowǔ.　　　　　　（我喜欢跳舞。）
5. Jīntiān tiānqì zhēn hǎo.　　　　　（今天天气真好。）

答案　Keys　1. √　　3. √　　4. √

九 听录音，选择正确答案 🎧 04-09

Listen to the recording and choose the right answer.

1. Diànhuàjú quántiān fúwù.　　　　　　　　　（电话局全天服务。）
2. Tā de lǎoniáng yǐjīng bāshí duō suì le.　　　　（他的老娘已经八十多岁了。）
3. Tā shì Zhōngguó Rénmín Yínháng hángzhǎng.（他是中国人民银行行长。）
4. Tā shì jīguān yánjiū rényuán.　　　　　　　　（他是机关研究人员。）
5. Qǐng nǐ bǎ tā fānkāi.　　　　　　　　　　　（请你把它翻开。）

答案　Keys　1. A　　2. A　　3. B　　4. A　　5. B

十 听录音，跟读 🎧 04-10

Listen to the recording and read aloud after it.

A：你 去 哪儿？
　　nǐ qù nǎr

B：我 去 上 课。
　　wǒ qù shàng kè

A：你 去 上 什 么 课？
　　nǐ qù shàng shén me kè

B：我 去 上 听 力 课。
　　wǒ qù shàng tīng lì kè

语音（五）
Pronunciation V

一 听录音，跟读，然后写出你听到的声母 🎧 05-01

Listen to the recording, read after it and write down the initials or finals you hear.

1. zh   2. z   3. ch   4. c   5. sh   6. s   7. r

二 听录音，写声母 🎧 05-02

Listen to the recording and write down the initials.

1. <u>zh</u>àn<u>ch</u>ǎng   2. <u>z</u>ǔ<u>zh</u>ī   3. <u>s</u>uǒ<u>sh</u>ì   4. <u>sh</u>ēng<u>r</u>ì   5. <u>z</u>àn<u>sh</u>í

6. <u>zh</u>ī<u>sh</u>i   7. <u>r</u>èn<u>zh</u>ēn   8. <u>sh</u>ā<u>ch</u>ē   9. <u>c</u>ù<u>sh</u>ǐ   10. <u>s</u>ī<u>z</u>ì

三 听录音，选拼音 🎧 05-03

Listen to the recording and choose the *pinyin* you hear.

1. zhèngfǔ   2. shēnghuǒ   3. chūqī   4. xīshēng   5. shīfàn

6. zázhì   7. dàxǐ   8. zhìxù   9. jìliáng   10. xiànzài

11. chízi   12. shīrén

四 听录音，写拼音 🎧 05-04

Listen to the recording and write down the *pinyin* you hear.

1. xīshēng   2. zhìdù   3. qióngrén   4. jiǎozhèng   5. jiāngjūn

6. xiǎoshí   7. shìcí   8. jìxù   9. chūzūchē   10. rèliè

五 听录音，标声调 🎧 05-05

Listen to the recording and add tone marks to the syllables.

1. ránhòu   2. kǎoshì   3. zhòngyào   4. qìchē   5. Rìyǔ

6. chídào   7. rènzhēn   8. kāishǐ   9. zuótiān   10. róngyì

六 根据声调，给你听到的词语分组（在横线上写出序号）🎧 05-06

Listen to the recording and divide the words you hear into groups according to their tones. (Write down the sequence numbers on the lines.)

1. dìtiě   2. dìdao   3. rènzhēn   4. fànguǎnr   5. zhàngfu

· 12 ·

6. dàjiā	7. yàngzi	8. Hànyǔ	9. shuìjiào	10. kèfú
11. bàozhǐ	12. liànxí	13. diànshì	14. dàyì	15. jiàoxué

答案 Keys

ˋ + ˉ	3	6		
ˋ + ˊ	10	12	15	
ˋ + ˇ	1	4	8	11
ˋ + ˋ	9	13	14	
ˋ + ˚	2	5	7	

七. 听录音，标出"不"的声调，然后总结规律 05-07

Listen to the recording and add tone marks to the syllable "bu". Then find out the rules.

bú qù（不去） bù zhī（不知） bù hǎo（不好） bù lái（不来） bù xiě（不写）

bú huì（不会） bù néng（不能） bù dǒng（不懂） bù shuō（不说） bú xìn（不信）

规律 Rules

- "不"单独念，读四声

  "不" is pronounced in the fourth tone when it is used alone.

- "不"+一声、二声、三声，读四声

  "不" is pronounced in the fourth tone when it is followed by a first, second or third tone.

- "不"+四声，读二声

  "不" is pronounced in the second tone when it is followed by a fourth tone.

八. 听录音，在有儿化音的地方加 –r 05-08

Listen to the recording and write "-r" wherever there is a retroflex final.

1. Cídiǎn bú zài wǒ zhèr, zài Xiǎo Lǐ nàr.　　　　（词典不在我这儿，在小李那儿。）

2. Jiu zhème diǎnr qián, hái bú gòu mǎi yì gēn bīnggùnr de ne.

　　　　　　　　　　　　　　　　　　　　　（就这么点儿钱，还不够买一根冰棍儿的呢。）

3. Zhège xiáoháir zhēn kě'ài, nǐ kàn nà zhāng xiǎo zuǐr, duō piàoliang a!

　　　　　　　　　　　　　　　　　　　　（这个小孩儿真可爱，你看那张小嘴儿，多漂亮啊！）

九. 听录音，选择正确答案 05-09

Listen to the recording and choose the right answer.

1. Zhè shì shàngděng mùcái , zěnme néng dàng mùchái shāo ne?

　　　　　　　　　　　　　　　　　　　　　　　（这是上等木材，怎么能当木柴烧呢？）

2. Zāng jiā de érzi qǔle Zhāng jiā de nǚ'ér zuò xífu.

（臧家的儿子娶了张家的女儿做媳妇。）

3. Zhège cūnzhuāng de zhùhù dōu chuānshangle chūnzhuāng.

（这个村庄的住户都穿上了春装。）

4. Shīrén de sīrén fēijī shīshì le.　　　　　（诗人的私人飞机失事了。）

5. Tā shì yí ge zhǔchí rén, yě shì zhè cì huódòng de zǔzhī zhě.

（他是一个主持人，也是这次活动的组织者。）

答案　Keys　1. ① A　② B　　2. ① B　② A　　3. ① A　② B
　　　　　　4. ① C　② A　③ B　　5. ① A　② B

十 听录音，选择你听到的句子　05-10

Listen to the recording and choose the sentence you hear.

1. A. Xiáo Wáng, shì shéi de péngyou?　　　（小王，是谁的朋友？）

   B. Xiáo Wáng shì shéi de péngyou?　　　（小王是谁的朋友？）

2. A. Qǐng gěi wǒ diànhuà, hǎo ma?　　　（请给我电话，好吗？）

   B. Qǐng gěi wǒ diànhuà hǎomǎ.　　　（请给我电话号码。）

3. A. Tā shì wǒmen gōngsī de xīn yuángōng, Zhāng Lì.　（他是我们公司的新员工，张力。）

   B. Tā shì wǒmen gōngsī de xīn yuángōng Zhāng Lì.　（他是我们公司新员工张力。）

4. A. Méiyǒu píngguǒ, lí yě kěyǐ.　　　（没有苹果，梨也可以。）

   B. Méiyǒu píngguǒ、lí, yě kěyǐ.　　　（没有苹果、梨，也可以。）

5. A. Màikè、Mǎlì shì nǎge bān de xuésheng?　（麦克、玛丽是哪个班的学生？）

   B. Màikè, Mǎlì shì nǎge bān de xuésheng?　（麦克，玛丽是哪个班的学生？）

答案　Keys　1. B　2. A　3. A　4. A　5. B

十一 听录音，跟读　05-11

Listen to the recording and read aloud after it.

A：今天的作业是什么？
（jīn tiān de zuò yè shì shén me）

B：今天的作业是读课文、抄写生词。
（jīn tiān de zuò yè shì dú kè wén chāo xiě shēng cí）

语音综合测试
Pronunciation Comprehensive Test

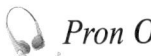 *Pron 06*

一 听录音，写声母
Listen to the recording and write down the initials.

1. xīnyǐng   2. fēnghuà   3. zǔjī   4. mǐkāng   5. píngděng
6. xīqì   7. chúshī   8. gēqǔ   9. hémù   10. zhǔnbèi
11. kùnjiǒng   12. jǐngsè   13. nèiróng   14. tèquán   15. liángcài

二 听录音，写韵母
Listen to the recording and write down the finals with the tone marks.

1. shāngdiàn   2. bǐjiào   3. duōyún   4. fùjìn   5. guīdìng
6. guǎi wān   7. huàjiā   8. jiějué   9. měiyuán   10. xióngmāo
11. yóuyǒng   12. rénmín   13. wèixīng   14. nóngcūn   15. běnnéng

三 听录音，标声调
Listen to the recording and add tone marks to the syllables.

1. yǒumíng   2. huālán   3. cāochǎng   4. fāngxiàng   5. máobǐ
6. liánhé   7. guójiā   8. xuéxiào   9. yùfáng   10. kètīng
11. liánxì   12. lùnwén   13. shípǐn   14. mǎlù   15. xǐhuan
16. dàgài   17. bàozhǐ   18. yúncai   19. Hànyǔ   20. fāxiàn

四 听词语，连线
Combine the syllables into the words you hear.

1. fēngchē   fěngcì   féngrèn   fèngcheng
2. zhīshi   zhǐshì   zhíjiē   zhìxiàng
3. tāngsháor   fāshāo   kǒushàor   duōshao   jièshào   quēshǎo
4. chūbǎn   kuàibǎnr   jiā bān   xiàbān   dǎban   zhǔbàn

五 听录音，判断哪些词的最后一个音节是第二声

Listen to the recording and pick out the words ending with the second tone.

1. tóngxué 2. xiàwǔ 3. qiūtiān 4. gōngzuò 5. diàochá
6. fùxí 7. hūrán 8. huòzhě 9. máoyī 10. lǚxíng

答案 Keys 1. 5. 6. 7. 10.

六 听录音，选出你听到的句子

Listen to the recording and choose the sentence you hear.

1. A. Wǒmen kàn wǎnchǎng de, zěnmeyàng?（√） （我们看晚场的，怎么样？）
   B. Wǒmen kàn wǎnshang de, zěnmeyàng? （我们看晚上的，怎么样？）

2. A. Wǒmen jīchǎng jiàn ba. （我们机场见吧。）
   B. Wǒmen jùchǎng jiàn ba.（√） （我们剧场见吧。）

3. A. Nǎli yǒu shūdiàn?（√） （哪里有书店？）
   B. Nàli yǒu shūdiàn. （那里有书店。）

4. A. Wǒ hái méiyǒu kàndào fāpiào. （我还没有看到发票。）
   B. Wǒ hái méiyǒu kàndào fābiǎo.（√） （我还没有看到发表。）

5. A. Zhème dà de gēzi hěn shǎo jiàn. （这么大的鸽子很少见。）
   B. Zhème dà de gèzi hěn shǎo jiàn.（√） （这么大的个子很少见。）

6. A. Tā huà de shì yángqún.（√） （他画的是羊群。）
   B. Tā huà de shì yángqín. （他画的是扬琴。）

7. A. Zhè shì tā de huàr. （这是她的画儿。）
   B. Zhè shì tā de huār.（√） （这是她的花儿。）

8. A. Zhè tiáo fángxiàn hěn cháng. （这条防线很长。）
   B. Zhè tiáo hángxiàn hěn cháng.（√） （这条航线很长。）

9. A. Shǒushùfèi hěn guì.（√） （手术费很贵。）
   B. Shǒuxùfèi hěn guì. （手续费很贵。）

10. A. Tā de xìngzi hěn jí. (✓)　　　　　　　　　　　（他的性子很急。）

　　B. Tā de xìngzi hěn zhí.　　　　　　　　　　　　　（他的性子很直。）

答案 Keys　1. A　　2. B　　3. A　　4. B　　5. B
　　　　　　　6. A　　7. B　　8. B　　9. A　　10. A

七 听录音，改正拼音错误

Listen to the recording and correct the mistakes.

1. Jīntiān shì yí ge nánwàng de <u>rìjì</u>, wǒ dēngshangle Chángchéng.
　　　　　　　　　　　　　　　　rìzi
　　　　　　　　　　　　　　　　　　（今天是一个难忘的日子，我登上了长城。）

2. Lǎo Wáng liǎngkǒuzi dōu gǎo <u>jiàolù</u>, nǐ yǒu shénme wèntí kěyǐ wèn tāmen.
　　　　　　　　　　　　　　　　　jiàoyù
　　　　　　　　　　　（老王两口子都搞教育，你有什么问题可以问他们。）

3. Hángzhōu Xī Hú de jǐngsè měi de xiàng <u>tiāntán</u> yíyàng.
　　　　　　　　　　　　　　　　　　　　　tiāntáng
　　　　　　　　　　　　　　　　（杭州西湖的景色美得像天堂一样。）

4. Tā zài jiāxiāng <u>zhuànqián</u> mǎile yí liàng chē.　（他在家乡挣钱买了一辆车。）
　　　　　　　　　zhèngqián

5. Lǐ dàmā déle <u>zhìbìng</u>, gěi tā <u>jíbìng</u> de shì Jīn dàifu.
　　　　　　　　　jíbìng　　　　　　zhìbìng
　　　　　　　　　　　　　（李大妈得了急病，给她治病的是金大夫。）

6. Wǒmen xuéxiào de dōngbian shì mài shūcài de <u>dānwèi</u>.
　　　　　　　　　　　　　　　　　　　　　　　　tānwèi
　　　　　　　　　　　　　　（我们学校的东边是卖蔬菜的摊位。）

7. Zhèxiē shū wǒ dōu hěn <u>shúshi</u>.　　　　　　　　（这些书我都很熟悉。）
　　　　　　　　　　　　　shúxī

8. Nǐ zhǐyào <u>chūrù</u> mìmǎ, jiù kěyǐ zìyóu <u>shūrù</u> le.
　　　　　　　shūrù　　　　　　　　　　　chūrù
　　　　　　　　　　　　　（你只要输入密码，就可以自由出入了。）

9. Nà jià fēijī <u>shāoxī</u> zài yúncéng li.　　　（那架飞机消失在云层里。）
　　　　　　　　xiāoshī

10. Wūzi de huángliáng shì mùtou de. （屋子的房梁是木头的。）
    　　　fángliáng

11. Dìdi yí ge rén zài jiā zuò gōngkē. （弟弟一个人在家做功课。）
    　　　　　　　　　　gōngkè

12. Tāmen dōu zài cǎochǎng shang wánr. （他们都在操场上玩儿。）
    　　　　　　cāochǎng

13. Wǒ yǐjīng qíguànle tā de yàngzi. （我已经习惯了他的样子。）
    　　　　xíguàn

14. Zhèr zhèngzài xīgōng. （这儿正在施工。）
    　　　　　　shīgōng

15. Zhè jiàn shì nǐ qiānwàn búyào jiāngjiu. （这件事你千万不要将就。）
    　　　　　　　　　　　　　jiāngjiu

八 听古诗，写拼音

Listen to the poem and write down the *pinyin* of it.

hóng dòu shēng nán guó
红 豆 生 南 国，

chūn lái fā jǐ zhī
春 来 发 几 枝。

yuàn jūn duō cǎi xié
愿 君 多 采 撷，

cǐ wù zuì xiāng sī
此 物 最 相 思。

Lesson 1
早上好

精听部分 INTENSIVE LISTENING

课文 Text 🎧 01-3

山中：嘿，丽连，早上好！

丽连：早上好，山中！这是我的同屋珍妮，她也是美国人。（对珍妮，to Jenny）珍妮，这是我的日本同学山中。

山中：很高兴认识你。

珍妮：认识你，我也很高兴。他是——

山中：他是我的中国朋友张明。

丽连、珍妮：（对张明，to Zhang Ming）认识你，我们很高兴。

预听 Warm-up Exercises 🎧 01-2

一 听录音，连线 Listen and match.

下午 ○————○ shàngwǔ
上午 ○————○ zǎoshang
早上 ○————○ wǎnshang
晚上 ○————○ xiàwǔ

· 19 ·

二 听录音，选择对应的图片 Listen and choose.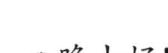

● 晚上好！　　　● 下午好！　　　● 再见！　　　● 早上好！

三 听录音，写出他们的姓名 Listen and write down the names.

1. 我姓张，叫张丽。　　　3. A：你贵姓？
2. 我叫张明。　　　　　　　B：我姓李，叫李华。

答案　1. 张丽　　2. 张明　　3. 李华

精听　Intensive Exercises　　01-4

一 听对话，填空 Listen and fill in the blanks.

答案

1. 对话里有<u>四</u>个人。　　2. <u>山中</u>和<u>丽连</u>是同学。
3. <u>丽连</u>和<u>珍妮</u>是同屋。　　4. <u>山中</u>和<u>张明</u>是朋友。

二 听对话，回答问题 Listen and answer the questions.

1. 现在是早上吗？
2. 珍妮认识山中吗？
3. 丽连认识张明吗？
4. 张明认识谁？

答案　1. 是。　2. 珍妮不认识山中。　3. 丽连不认识张明。　4. 张明认识山中。

四人关系图示：
Diagram of relationships among the four people:

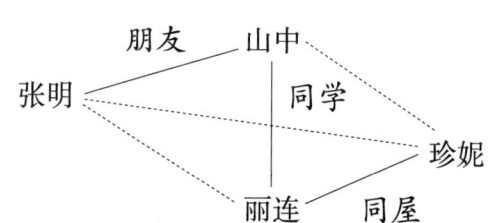

三 听对话，写出他们分别是哪国人 Listen and write down their nationalities.

答案

山中　日本人　　　　　丽连　美国人

珍妮　美国人　　　　　张明　中国人

发展　Further Exercises　　01-5

一 听录音，根据实际情况回答问题

Listen and answer the questions according to the fact.

1. 你是日本人吗？
2. 你是哪国人？
3. 你叫什么名字？
4. 你是留学生吗？
5. 你的同屋是中国人吗？

二 听录音，判断正误 Listen and decide whether the statements are true or false.

1. 大家好，我是韩国人。
   ★他不是韩国人。

2. 我也是日本人。
   ★他不是日本人。

3. 我是马里，北京师范大学的留学生。
   ★马里在北师大学习。

4. 王老师，早上好！
   ★现在是早上。

5. 我们明天见。
   ★他们在说再见。

答案　1. ×　2. ×　3. √　4. √　5. √

泛听部分 EXTENSIVE LISTENING

课文　Text　　01-7

1. A：　nǐ hǎo　wǒ jiào lǐ xīn
      你好！我叫李新。
   B：　rèn shi nǐ hěn gāo xìng　wǒ shì zhāng míng
      认识你很高兴。我是张明。

2. A：<ruby>好久不见<rt>hǎo jiǔ bú jiàn</rt></ruby>，<ruby>你好吗<rt>nǐ hǎo ma</rt></ruby>？
   B：<ruby>不错<rt>bú cuò</rt></ruby>，<ruby>你呢<rt>nǐ ne</rt></ruby>？

3. A：<ruby>我来介绍一下<rt>wǒ lái jiè shào yí xià</rt></ruby>。<ruby>我叫张丽<rt>wǒ jiào zhāng lì</rt></ruby>。
   B：<ruby>你好<rt>nǐ hǎo</rt></ruby>，<ruby>张丽<rt>zhāng lì</rt></ruby>。

4. A：<ruby>你是新来的留学生吧<rt>nǐ shì xīn lái de liú xué shēng ba</rt></ruby>？
   B：<ruby>我是日本留学生<rt>wǒ shì rì běn liú xué shēng</rt></ruby>，<ruby>我叫山下美子<rt>wǒ jiào shān xià měi zi</rt></ruby>。

5. A：<ruby>你是王友的同学吗<rt>nǐ shì wáng yǒu de tóng xué ma</rt></ruby>？
   B：<ruby>我是他的大学同学<rt>wǒ shì tā de dà xué tóng xué</rt></ruby>。

6. A：<ruby>王丽<rt>wáng lì</rt></ruby>！
   B：<ruby>呦，是你呀<rt>yōu shì nǐ ya</rt></ruby>。

7. A：<ruby>你是<rt>nǐ shì</rt></ruby>——
   B：<ruby>我是马力的同学张丽<rt>wǒ shì mǎ lì de tóng xué zhāng lì</rt></ruby>。

8. A：<ruby>吃了吗<rt>chī le ma</rt></ruby>？
   B：<ruby>吃了<rt>chī le</rt></ruby>，<ruby>你呢<rt>nǐ ne</rt></ruby>？

练习 Exercise

听录音，判断每组对话中的两个人是不是新认识的朋友

Listen and decide whether the two speakers in each dialogue are new friends or not.

答案

	1	2	3	4	5	6	7	8
是	√		√	√	√		√	
不是		√				√		√

Lesson 2
我的姐姐和弟弟

精听部分 INTENSIVE LISTENING

课文 Text 🎧 02-3

大家好！我叫李立，是北京师范大学的老师。我家有三口人：我妻子、儿子和我。我的母亲有时候和我们一起住，有时候住在我姐姐家。我姐姐家也有三口人，她的丈夫也是老师，她的儿子在美国留学。我还有一个弟弟，他的女儿很小，他妻子的父母住在他家。我们常常在一起玩儿，很开心。

预听 Warm-up Exercises 🎧 02-2

一 听录音，填图 Listen and fill in the boxes. 🎧

1. 爷爷（yéye）
2. 妈妈（māma）
3. 姐姐（jiějie）
4. 哥哥（gēge）
5. 儿子（érzi）
6. 弟弟（dìdi）

答案

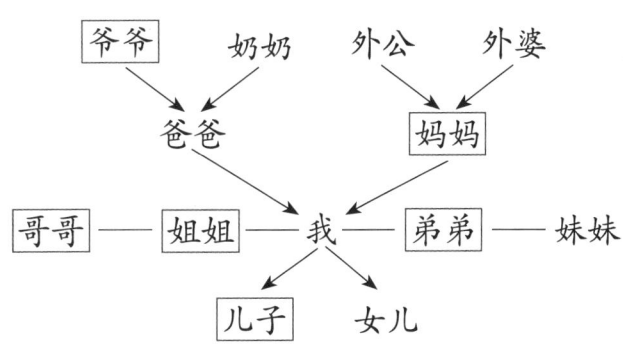

二　听录音，根据实际情况回答问题
Listen and answer the questions according to the fact.

1. 你是哪国人？
2. 你家有几口人？
3. 你有妹妹吗？
4. 你有没有弟弟？
5. 我有一个姐姐，你也有姐姐吗？
6. 我没有哥哥，你呢？
7. 你有爷爷、奶奶吗？
8. 你有几个妹妹？

三　听句子，回答问题 Listen and answer the questions.

1. 我家有三口人。
    问：他家有几口人？

2. 我家有爸爸、妈妈、哥哥、弟弟和我。
    问：他家有几口人？

3. 我有两个姐姐、一个弟弟。
    问：他家有几个孩子？

4. 他有一个儿子、两个女儿。
    问：他有几个孩子？

5. 我家有爷爷、爸爸、妈妈、姐姐和我。
    问：他有哥哥吗？

6. 他有一个儿子。
    问：他的孩子是男的吗？

答案　1. 三口。　2. 四口。　3. 四个。　4. 三个。　5. 没有。　6. 是。

精听　Intensive Exercises 02-4

一　听短文，回答问题 Listen and answer the questions.

1. 李立是谁？
2. 李立家有几口人？
3. 李立有哥哥、姐姐吗？
4. 谁有女儿？
5. 李立的母亲住在哪儿？

二　听短文，判断正误 Listen and decide whether the statements are true or false.

答案　1. √　2. √　3. ×　4. ×　5. √

发展 Further Exercises 🎧 02-5

 听句子，判断正误 Listen and decide whether the statements are true or false.

1. 我有时候住在学校。
   ★ "我"每天住在学校。

2. 他在美国留学。
   ★ 他是学生。

3. 我有一个哥哥，还有一个弟弟。
   ★ "我"有一个哥哥和一个弟弟。

4. 我和姐姐一起住。
   ★ "我"一个人住。

答案　1. ×　　2. √　　3. √　　4. ×

 说说你还知道哪些汉语亲属称谓

Do you know any other Chinese appellations of relatives?

小资料　Tip

汉语主要亲属称谓表
Chinese Appellations of Relatives

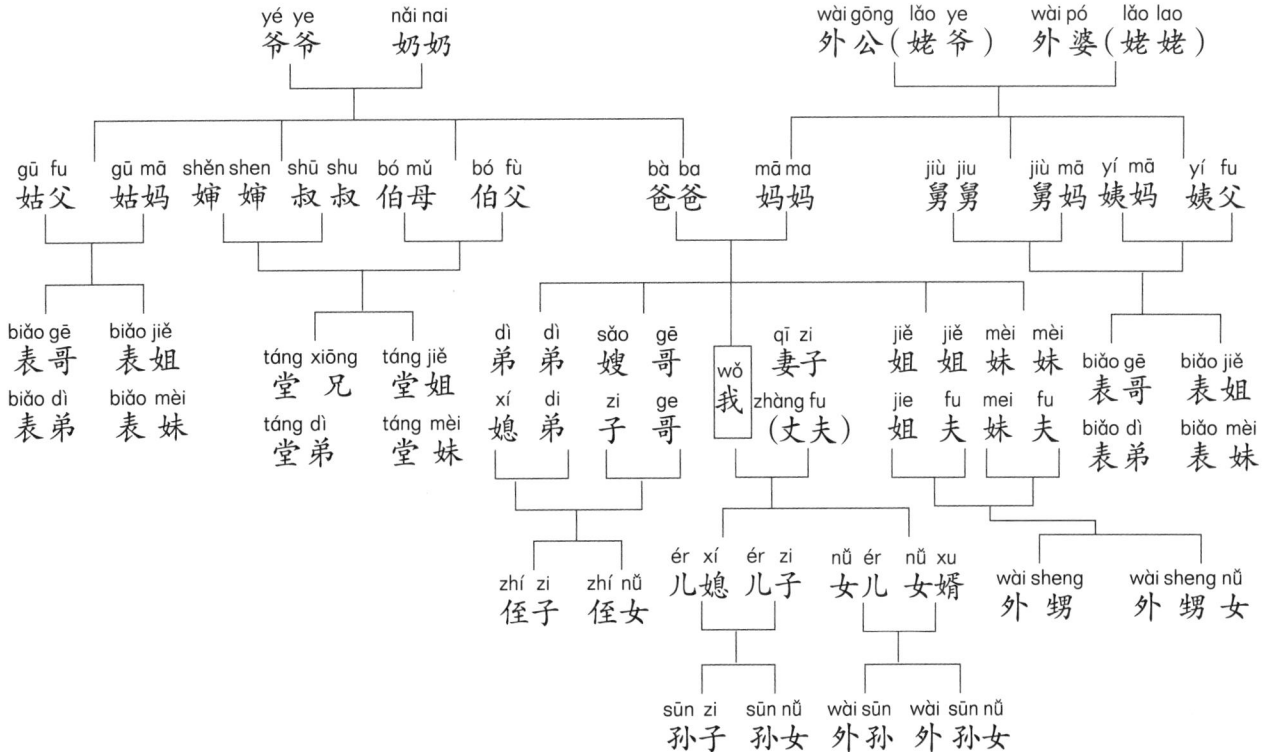

泛听部分 EXTENSIVE LISTENING

课文 Text 02-7

我叫李明亮，我今天来介绍我的家人。我家有五口人。我奶奶姓陈，叫陈美芬。李建国是我爸爸，听他的名字就知道他是1949年出生的。我妈妈和我爸爸是大学同学，她的名字是张爱兰。我还有一个妹妹，她的大名是李秀丽。

练习 Exercise

听录音，写出他家有什么人，并写出他们的名字

Listen and write down the members of the speaker's family and their names.

答案　我：李明亮　　奶奶：陈美芬　　爸爸：李建国
　　　妈妈：张爱兰　　妹妹：李秀丽

Lesson 3
她在哪儿工作

精听部分 INTENSIVE LISTENING

课文 Text 🎧 03-3

男：小王，这是你家的照片吗？
女：是的。
男：他是你爸爸吗？
女：是的，他是北京师范大学的老师。
男：她是你妈妈吧？她也是北师大的老师吗？
女：她是我妈妈，她不是老师，她在银行工作。
男：她是谁？
女：我姐姐。
男：她在哪儿工作？
女：她在医院工作，是医生。
男：你姐姐旁边这个人是她的丈夫吧？
女：对，他是一家电脑公司的经理，我现在是他公司的职员。
男：你大学毕业了吗？
女：没有，我在那儿打工。

·27·

预听 Warm-up Exercises 03-2

一 听录音，写拼音 Listen and write down the *pinyin*.

1. 工人（gōngrén） 2. 学生（xuésheng） 3. 老师（lǎoshī） 4. 职员（zhíyuán）

二 请用中文说说你知道的职业 Talk about the occupations you know in Chinese.

小资料　Tip

职业名称举例　Names of Occupations

教师	jiàoshī	teacher	司机	sījī	driver
记者	jìzhě	reporter	警察	jǐngchá	police
医生	yīshēng	doctor	导游	dǎoyóu	tour guide
护士	hùshi	nurse	美容师	měiróngshī	beautician
演员	yǎnyuán	actor/actress	美发师	měifàshī	hair dresser

三 听录音，连句子 Listen and rearrange the words into sentences.

1. 你做什么工作？
2. 你在哪儿工作？

精听 Intensive Exercises 03-4

一 听对话，选择正确答案 Listen and choose the correct answer.

1. 他们在做什么？
2. 小王家有什么人？
3. 谁在银行工作？
4. 姐姐做什么工作？
5. 谁是老师？

答案　1. B　2. B　3. B　4. C　5. A

二 听对话，回答问题 Listen and answer the questions.

1. 小王是学生吗？

2. 小王的姐夫做什么工作?

3. 小王现在在公司做什么?

发展 Further Exercises 🎧 03-5

一 听录音,根据实际情况回答问题

Listen and answer the questions according to the fact.

1. 你爸爸是医生吗?
2. 你爸爸做什么工作?
3. 你妈妈工作吗?
4. 你家谁在公司工作?

二 听句子,判断正误 Listen and decide whether the statements are true or false.

1. 我大学毕业了。
   ★ "我"现在在大学学习。

2. 我是银行职员。
   ★ "我"在银行工作。

3. 我在一家电脑公司打工。
   ★ "我"是电脑公司职员。

4. 我在工厂工作。
   ★ "我"是工人。

5. 我去学校上学。
   ★ "我"是学生。

6. 同学们,今天我们学习第二课。
   ★ 他是学生。

答案　1.×　2.√　3.√　4.√　5.√　6.×

泛听部分 EXTENSIVE LISTENING

课文 Text 🎧 03-7

nǚ　　mā　　zhè shì lǐ míng, wǒ de nán péng you　　 duì lǐ míng
女:妈,这是李明,我的男朋友。(对李明,to Li Ming)

　　zhè shì wǒ mā ma, zhè shì wǒ bà ba
　　这是我妈妈,这是我爸爸。

nán　　bó fù hǎo　bó mǔ hǎo
男:伯父好!伯母好!

nǚ fù　　nǐ hǎo, nǐ hǎo! qǐng zuò
女父:你好,你好!请坐。

nǚ mǔ　　qǐng hē shuǐ
女母:请喝水。

男：谢谢。

女父：你在哪儿工作？

男：我在北师大工作，我是汉语老师。

女母：你家有什么人？

男：父亲、母亲和一个姐姐。

女母：他们做什么工作？

男：我父母都是中学老师，我父亲教数学，我母亲教音乐。我姐姐在一家电脑公司工作。

女母：他们都好吗？

男：他们都很好。

练习 Exercise 03-8

听录音，回答问题 Listen and answer the questions.

1. 这是在哪儿？
2. 这四个人是谁？
3. 女的家里有几口人？
4. 谁是汉语老师？
5. 李明家有几口人？
6. 李明家里人都是老师吗？

Lesson 4
我家在801

精听部分 INTENSIVE LISTENING

课文 Text 04-3

男：好久不见。
女：好久不见，这是我们毕业以后第一次见面吧？
男：是啊。你去哪儿？
女：回家，我住在乐家花园，你呢？
男：我也去乐家花园，我妹妹住在8号楼1005。
女：我家在10号楼，8号楼就在旁边。
男：没想到你们是邻居！
女：是啊，有空儿去我家坐一会儿，我家在801。
男：好的，我一定去。

预听 Warm-up Exercises 04-2

一 听录音，写出他们住在哪儿 Listen and write down their addresses.

1. 我住在12号楼201。
2. 我住在7层704。
3. 男：这是305房间吗？
   女：不是，这是307，你的房间305在隔壁。
4. 我家在西江路32号。

二 听录音，填空 Listen and fill in the blanks.

1. 我住在301，他住在302，我们是<u>邻居</u>。
2. 我<u>有空儿</u>就去妹妹家。
3. 到我家坐<u>一会儿</u>吧。

精听 Intensive Exercises 04-4

一 听对话，判断正误 Listen and decide whether the statements are true or false.

答案　1. √　　2. ×　　3. √　　4. ×　　5. ×

二 听对话，填空 Listen and fill in the blanks.

答案

1. 男的去<u>乐家花园8号楼1005</u>。
2. 女的去<u>乐家花园10号楼801</u>。

三 听对话，回答问题 Listen and answer the questions.

1. 他们是第一次见面吗？
2. 男的没想到什么？
3. 女的请男的有空儿做什么？

发展 Further Exercises 04-5

一 听录音，根据实际情况回答问题

Listen and answer the questions according to the fact.

1. 你家在哪儿？
2. 你现在住在哪儿？
3. 你的老师住在哪儿？
4. 你旁边的同学住在哪儿？

二 听录音，写出他们的地址 Listen and write down their addresses.

1. 男：王老师，您家住在学校里吗？

女：是啊，就住在23号楼504房间。欢迎你们去我家玩儿。

男：好啊，有空儿我们一定去。

2. 男：是丽华快餐吗？我要三份快餐。

女：好的，请告诉我你的地址。

男：北京师范大学第二公寓，我住210房间。

答案　1. 23号楼504房间　　　2. 北京师范大学第二公寓210房间

泛听部分 EXTENSIVE LISTENING

课文 Text　04-7

欢迎大家！这是我们学院的办公楼。我们学院在3层。310是院长办公室。313是学院办公室，你们在排课、分班方面有什么问题，可以来这个办公室。这是财务室，314房间，以后报名参加HSK考试和选课都在这里。308是会议室。320是我的办公室，大家在学习上有什么问题，可以来办公室找我。

练习 Exercises　04-8

 听短文，回答问题 Listen and answer the questions.

1. 说话人是谁？
2. 说话人在做什么？

 听短文，连线 Listen and match.

答案

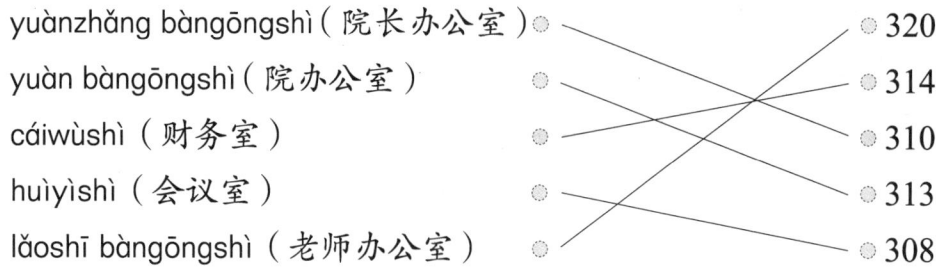

yuànzhǎng bàngōngshì（院长办公室）　　320
yuàn bàngōngshì（院办公室）　　314
cáiwùshì（财务室）　　310
huìyìshì（会议室）　　313
lǎoshī bàngōngshì（老师办公室）　　308

Lesson 5
我先打个电话

精听部分 INTENSIVE LISTENING

课文 Text 🎧 05-3

男₁：今天晚上有一场足球比赛,可是我的电视坏了。

女：山中也喜欢看足球,他的房间有一台大电视。

男₁：他住在哪个房间?

女：留学生宿舍2号楼5层,2516房间。

男₁：我先打个电话,问他看不看比赛。

女：他的电话是84571236。

男₁：谢谢你,我马上给他打电话。

(打电话 dialing)

男₁：喂,是山中吗?

男₂：我是。你是哪位?

男₁：我是阿里。你今天看足球比赛吗?我想去你的房间看比赛。

男₂：我去球场看比赛。我的朋友买了两张票,他今天女：<ruby>有<rt>yǒu</rt></ruby><ruby>事<rt>shì</rt></ruby>，<ruby>不<rt>bù</rt></ruby><ruby>能<rt>néng</rt></ruby><ruby>去<rt>qù</rt></ruby><ruby>了<rt>le</rt></ruby>，<ruby>你<rt>nǐ</rt></ruby><ruby>想<rt>xiǎng</rt></ruby><ruby>去<rt>qù</rt></ruby><ruby>吗<rt>ma</rt></ruby>？

男₁：<ruby>太<rt>tài</rt></ruby><ruby>好<rt>hǎo</rt></ruby><ruby>了<rt>le</rt></ruby>！

预听 Warm-up Exercises 🎧 05-2

 听写，然后写出可以搭配的动词

Write down the words you hear and then match each of them with a verb.

1. 电话　　2. 票　　3. 电视　　4. 比赛　　5. 球场

答案 （例）1. 打电话　　2. 买票　　3. 看电视　　4. 看比赛　　5. 去球场

 听录音，记录电话号码 Listen and write down the telephone numbers.

1. 我现在住在留学生宿舍，我的电话是52217098。

2. 87230193，记住了吗？这是我办公室的电话。

3. 你想去旅行吗？请打83756413。

4. 他不在家，你可以打他的手机，号码是13600134528。

 听录音，完成对话 Listen and complete the dialogues.

1. A：喂，你好！请问你是哪位？
   答案 B：（例）我是山中的同屋。

2. A：喂，请问您找谁？
   答案 B：（例）我找院办公室的张老师。

3. A：喂，你好，我是李立。请问小张在吗？
   答案 B：（例）李立，你好。小张不在。

精听 Intensive Exercises 🎧 05-4

 听对话，回答问题 Listen and answer the questions.

1. 阿里晚上想做什么？

2. 阿里为什么给山中打电话？

3. 女的为什么告诉阿里说山中的房间里有电视？

 二 听对话，判断正误 Listen and decide whether the statements are true or false.

答案　1. √　　2. ×　　3. ×　　4. ×　　5. √　　6. ×

 三 听对话，写出山中的房间号和电话号码

Listen and write down Shanzhong's room number and telephone number.

答案　房间号　　2516　　　　　电话号码　　84571236

发展　Further Exercises　　05-5

 一 根据实际情况回答问题 Answer the questions according to the fact.

1. 你的电话号码是多少？

2. 你有手机吗？你的手机号码是多少？

3. 你常用哪些电话号码？

4. 打电话的时候常常说哪些话？

泛听部分 EXTENSIVE LISTENING

课文　Text　05-7

男：喂，小王在吗？

女：我就是。

男：听说你的儿子病了……

女：可我只有一个女儿呀。

男：咦，你不是王华吗？

女：<ruby>不<rt>bú</rt></ruby><ruby>是<rt>shì</rt></ruby>。<ruby>你<rt>nǐ</rt></ruby><ruby>是<rt>shì</rt></ruby><ruby>不<rt>bu</rt></ruby><ruby>是<rt>shì</rt></ruby><ruby>打<rt>dǎ</rt></ruby><ruby>错<rt>cuò</rt></ruby><ruby>电<rt>diàn</rt></ruby><ruby>话<rt>huà</rt></ruby><ruby>了<rt>le</rt></ruby>？

男：<ruby>我<rt>wǒ</rt></ruby><ruby>打<rt>dǎ</rt></ruby><ruby>的<rt>de</rt></ruby><ruby>是<rt>shì</rt></ruby> <ruby>64375670<rt>liù sì sān qī wǔ liù qī líng</rt></ruby>。

女：<ruby>我<rt>wǒ</rt></ruby><ruby>家<rt>jiā</rt></ruby><ruby>电<rt>diàn</rt></ruby><ruby>话<rt>huà</rt></ruby><ruby>是<rt>shì</rt></ruby> <ruby>64735670<rt>liù sì qī sān wǔ liù qī líng</rt></ruby>。

男：<ruby>对<rt>duì</rt></ruby><ruby>不<rt>bu</rt></ruby><ruby>起<rt>qǐ</rt></ruby>，<ruby>我<rt>wǒ</rt></ruby><ruby>打<rt>dǎ</rt></ruby><ruby>错<rt>cuò</rt></ruby><ruby>了<rt>le</rt></ruby>。

女：<ruby>没<rt>méi</rt></ruby><ruby>关<rt>guān</rt></ruby><ruby>系<rt>xi</rt></ruby>。

练习 Exercises 05-8

一 听对话，回答问题 Listen and answer the questions.

王华的电话号码是多少？

二 下面的对话中有一些有特殊用途的电话号码，请你试试记下来
There are some special phone numbers in the dialogues. Try to write them down.

1. 男：明天我们要去长城，不知道会不会下雨。
   女：你可以打 12121 问一下。

2. 男：看，那个楼起火了！
   女：快，我们打 119！

3. 女：咦，我的包呢？
   男：是不是刚才在商场里丢了？
   女：那怎么办！包里还有我的护照呢。
   男：那我们打 110 吧。

4. 男：我想去买机票。
   女：你可以打电话让他们送票。
   男：可我不知道他们的电话呀。
   女：问 114。

5. 男：我肚子很疼。
   女：我们去医院吧。我去打120叫救护车。

答案

	电话号码	用途
1	12121	问天气（tiānqì）
2	119	报火警（bào huǒjǐng）
3	110	找丢了的东西（dōngxi）
4	114	问电话号码
5	120	叫救护车

Lesson 6
我的朋友

精听部分 INTENSIVE LISTENING

课文 Text 06-3

我叫山中，日本人，今年18岁。来中国以后，我认识了很多朋友，今天我给你们介绍几个：张语，他是我的第一个中国朋友，今年20岁，在外语系学习，会说日语和韩语，喜欢音乐。我喜欢篮球，阿里也喜欢，他是美国人，今年19岁，我俩常常在一起打篮球，他会说英语和汉语。马里是我的同屋，今年22岁，一年前从意大利来北京，汉语说得很好，很喜欢唱中文歌，他知道很多事，常常帮助我。周末的时候，我和我的朋友们在一起，非常有意思。

预听 Warm-up Exercises 06-2

一 听录音，判断他们喜欢不喜欢游泳
Listen and decide whether they like swimming or not.

1. 我非常喜欢游泳，每天都去游泳。   2. 游泳，没意思。

3. 我对游泳没有兴趣。
4. 我有时间就去游泳。
5. 在水里很有意思。
6. 我觉得游泳不错。

答案

	1	2	3	4	5	6
喜欢	√			√	√	√
不喜欢		√	√			

二 听录音，根据实际情况回答问题

Listen and answer the questions according to the fact.

1. 你的爱好是什么？
2. 你喜欢做什么？
3. 你对什么有兴趣？
4. 你觉得什么有意思？

精听 Intensive Exercises 06-4

一 听短文，回答问题 Listen and answer the questions.

短文中山中介绍了他的几个朋友？他们是谁？

二 听短文，填表 Listen and fill in the table.

答案

姓名	年龄	国家	语言	爱好
山中	18	日本	日语、汉语	篮球
张语	20	中国	汉语、日语、韩语	音乐
阿里	19	美国	英语、汉语	篮球
马里	22	意大利	意大利语、汉语	唱中文歌

发展 Further Exercises 06-5

一、听句子，回答问题 Listen and answer the questions.

1. 来中国以后，我学会了开车。
   问：来中国以前他会开车吗？

2. 大学毕业以后，他买了电脑。
   问：上大学时他有电脑吗？

3. 上大学以前，他和爸爸一起住。
   问：现在他和爸爸一起住吗？

4. 来中国以前，我不喜欢看电影。
   问：他现在喜欢看电影吗？

5. 我以前来过两次北京。
   问：这是他第几次来北京？

6. 我以前是老师，现在是翻译。
   问：他现在是老师吗？

7. 他是北师大的留学生，我也是。
   问：谁是留学生？

答案 1. 会。 2. 没有。 3. 不。 4. 喜欢。
     5. 第三次。 6. 不是。 7. 他们两个人都是。

泛听部分 EXTENSIVE LISTENING

课文 Text 06-7

女：呦，你房间里有这么多DVD！

男：这都是来中国以后买的。周末的时候我常常在房间里看电影。

女：我看看。都是中国电影，好看吗？

男：我觉得中国电影很有意思。

女：我特别喜欢成龙的电影。

男：我也有不少他的电影DVD，你看吗？

女：我没有DVD机。

我的朋友 6

 练习　Exercises　　06-8

一　听对话，回答问题 Listen and answer the questions.

1. 这两个人在哪儿谈话？
2. 男的的爱好是什么？

二　听录音，判断正误 Listen and decide whether the statements are true or false.

答案　1. ×　　2. ×　　3. ×　　4. ×

Lesson 7
你今天下午有空儿吗

精听部分 INTENSIVE LISTENING

课文 Text 🎧 07-3

小李：小张，你今天下午有空儿吗？

小张：小李，有什么事？

小李：我想请你陪我去买衣服。

小张：今天下午我和朋友去听音乐会。明天行吗？

小李：明天上午我有课，下午我有时间。

小张：明天下午我有辅导。后天是星期六，我们都没课，后天怎么样？

小李：后天是18号吧？

小张：是19号。

小李：那不行啊，19号是我朋友的生日，她请我去她家玩儿。

小张：这么忙啊。那只有星期天了，我星期天下午有空儿。

小李：那就星期天下午吧。

你今天下午有空儿吗 7

预听　Warm-up Exercises　07-2

一 听写，然后写出能与这些词搭配的动词

Write down the words you hear and then match each of them with a verb.

1. 衣服　　2. 空儿　　3. 音乐会

搭配举例　1. 穿衣服、买衣服、卖衣服……　　2. 有空儿、没有空儿……
　　　　　3. 听音乐会、举办（jǔbàn）音乐会……

二 听录音，根据实际情况回答问题

Listen and answer the questions according to the fact.

1. 今天是几月几日？
2. 明天是星期几？
3. 昨天是星期几？
4. 后天是几月几日？
5. 前天是星期几？
6. 你的生日是几月几号？

**精听　Intensive Exercises**　07-4

一 听对话，回答问题 Listen and answer the questions.

1. 这两个人在谈什么？
2. 他们哪天去买衣服？
3. 课文中的今天、明天、后天各是几号？

答案　1. 哪天去买衣服。　　2. 星期天下午。
　　　3. 今天—17号；明天—18号；后天—19号。

二 听对话，填表，写出在这些时间他们做什么

Listen and fill in the table. Write down what they are doing during these periods of time.

答案

	今天		明天		后天	星期天	
	上午	下午	上午	下午		上午	下午
小张		听音乐会		有辅导			去买衣服
小李			有课		朋友的生日		去买衣服

发展 Further Exercises 🎧 07-5

一 听录音，选择正确答案 Listen and choose the correct answer.

1. 今天是10月2日，我是前天到北京的。
   问：他是哪天到北京的？

2. 后天是他的生日，他的生日是9月9日。
   问：今天是几月几日？

3. 这个星期六我们去长城，还有两天了。
   问：今天星期几？

4. 男：你每天都有课吗？
   女：从星期一到星期五上午都有课，星期一、星期三下午有课。
   问：星期四下午女的有课吗？

5. 男：你要的火车票买到了。
   女：谢谢。9月12日，是明天的票，我马上回去准备。
   问：今天是几月几日？

答案 1. A 2. A 3. C 4. B 5. A

泛听部分 EXTENSIVE LISTENING

课文 Text 🎧 07-7

我 18 号到了北京。第二天就开始上课，上了读写课和听力课。20 号是星期六，我去了图书馆，认识了一个美国朋友，她叫玛丽。星期日，我和玛丽去商店买东西。星期一，我们上会话课和读写课，在会话课上，我给同学们介绍了我的家人。

练习 Exercises   07-8

一、听短文，写出日期 Listen and write down the dates.

答案

到北京	18 日
买东西	21 日
介绍家人	22 日
去图书馆	20 日

二、听短文，回答问题 Listen and answer the questions.

1. 19 日"我"做了什么？
2. 星期几有听力课？
3. 玛丽是谁？
4. 21 日"我"去了哪儿？
5. "我"在哪儿介绍家人？

答案　1. 上课。　2. 星期五有听力课。　3. 玛丽是"我"新认识的一个美国朋友。
　　　4. 去商店买东西。　5. 在会话课上。

Lesson 8
我的一天

精听部分 INTENSIVE LISTENING

课文 Text 08-3

我在一家公司上班。从星期一到星期五，我每天早上七点起床，八点出门，坐公共汽车，然后换地铁到公司，九点开始上班。中午我们十二点下班，休息一个半小时，时间很短，所以我在公司的食堂吃午饭。晚上五点半下班。回到家中，我马上做饭、吃饭，因为七点我要到我家附近的学校上课，我在那儿学习英语和电脑，九点下课。回家后听一会儿音乐，十一点睡觉。星期四晚上没课，我可以看一会儿电视。周末的时候，我有时候和朋友一起去玩儿，有时候回父母家。

预听 Warm-up Exercises 08-2

 听录音，写出时间 Listen and write down the time you hear.

1. 三点（3：00）   2. 七点半（7：30）   3. 九点一刻（9：15）
4. 十点四十五（10：45） 5. 十二点零五分（12：05） 6. 差五分十点（9：55）

二 听录音，根据实际情况回答问题

Listen and answer the questions according to the fact.

1. 你几点起床？
2. 你几点睡觉？
3. 你几点回家？
4. 你几点吃晚饭？

精听　Intensive Exercises　08-4

一 听短文，回答问题 Listen and answer the questions.

1. "我"在哪儿工作？
2. "我"怎么去上班？
3. "我"学习什么？
4. "我"和父母住在一起吗？

答案　1. 在一家公司。　　　2. 坐公共汽车，然后换地铁。
　　　3. 学习英语和电脑。　4. 不住在一起。

二 听短文，写出与时间对应的活动

Listen and write down the activity of the speaker at each specific point in time.

答案

时间	活动
7：00	起床
8：00	出门上班
13：30	上班
17：30	下班
21：00	下课

发展　Further Exercises　08-5

一 听录音，选择正确答案 Listen and choose the correct answer.

1. 男：你晚上常常做什么？
　 女：从七点到七点半看电视，八点开始看书或上网，十一点睡觉。

问：晚上七点二十她在做什么？

2. 男：五点下课后我们一起去看电影吧。
   女：我五点半下课，六点行吗？
   男：行。
   问：他们几点去看电影？

3. 男：8点上课，你为什么来晚了？
   女：我的手表坏了，晚了半个小时。
   问：女的是几点到教室的？

4. 男：电影七点开始，还有时间，我们先去喝杯咖啡吧。
   女：只有20分钟，太短了，看完以后喝吧。
   问：现在几点？

5. 男：小王呢？他怎么没来？他不知道今天上课吗？
   女：他病了。
   问：小王为什么没来？

6. 男：对不起，老师，我的车坏了，所以迟到了。
   女：快进来吧。
   问：男的为什么说对不起？

答案 1. A   2. C   3. B   4. A   5. B   6. B

泛听部分 EXTENSIVE LISTENING

课文 Text 08-7

女：张力，好久没看电影了。
男：是啊。现在在演一部美国电影，听说不错，咱们明晚去看看吧。
女：好啊，什么时间？

我的一天 8

男：来看看报纸：3月21日，首都影院，18点10分、20点30分；北京剧院，18点30分、21点。

女：北京剧院离家近一点儿，但是晚上9点太晚了，看6点半的，就没时间回家吃饭了。

男：这样吧，我们下班以后就去电影院买票，然后在外面吃饭，怎么样？

女：行。

练习 Exercise 08-8

听对话，回答问题 Listen and answer the questions.

1. 今天几月几号？
2. 这两个人在商量什么？
3. 他们可能是什么关系？
4. 他们明天在哪儿看电影？看几点的？为什么？

答案 1. 3月21日。 2. 去看电影。 3. 夫妻。
4. 在北京剧院，看晚上6点半的，因为北京剧院离家近。

Lesson 9
一日三餐

精听部分 INTENSIVE LISTENING

课文 Text 09-3

来中国以前，我没有吃早饭的习惯。现在我们每天八点上课，不吃早饭，第二节课的时候肚子就饿了。所以我现在每天七点起床，喝一杯果汁或者牛奶，吃一个鸡蛋、两片面包和一个苹果。中午，我常常去食堂，又便宜又方便。我最喜欢吃面条和饺子。晚上，我喜欢和朋友们一起去学校附近的饭馆吃饭，我们一边吃，一边聊天儿，这是一天中最高兴的时候。我们吃到了很多好吃的中国菜，鱼香肉丝、宫保鸡丁都是我们常点的菜。周末的时候，我们还会喝一些啤酒。

预听 Warm-up Exercises 09-2

一 听录音，写出他们早上吃什么（可以写拼音）

Listen and write down what they eat in the morning. (You may use *pinyin* instead.)

1. 我的早饭是面包和牛奶。

2. 我每天早上都吃一个鸡蛋、一个馒头，喝一碗粥。

3. 在中国，有各种早点，我常吃馄饨。
4. 一个汉堡、一杯茶，一个上午都有精神。
5. 每天早上吃一个苹果，对身体好。

二 听录音，根据实际情况回答问题
Listen and answer the questions according to the fact.

1. 你今天吃早饭了吗？
2. 你在哪儿吃午饭？
3. 你和谁一起吃晚饭？

精听 Intensive Exercises  09-4

一 听短文，判断正误 Listen and decide whether the statements are true or false.

答案　1. √　　2. ×　　3. √　　4. ×　　5. √　　6. ×　　7. ×

二 听短文，回答问题 Listen and answer the questions.

1. "我"现在为什么吃早饭了？
2. "我"在哪儿吃午饭？为什么？
3. 一天中"我"什么时候最高兴？为什么？

答案　1. 因为不吃饭，第二节课就饿了。　　2. 在食堂。因为又便宜又方便。
　　　3. 晚上，因为可以和朋友一边吃饭一边聊天儿。

三 听短文，填空 Listen and fill in the blanks.

答案

1. 我现在每天七点<u>起床</u>，喝一杯果汁或者<u>牛奶</u>，吃一<u>个</u>鸡蛋、两<u>片</u>面包和一个苹果。
2. <u>晚上</u>，我喜欢和朋友们一起去学校<u>附近</u>的饭馆吃饭，我们<u>一边</u>吃，<u>一边聊天儿</u>。

发展 Further Exercises  09-5

一 听句子，回答问题 Listen and answer the questions.

1. 我在房间里一边听音乐，一边和朋友聊天儿。
问：他在房间里做什么？

2. 他一边工作,一边上学。
   问:他上学还是工作?

3. 你是坐地铁还是坐公共汽车去学校?
   问:可以怎么去学校?

4. 这种自行车不错,你想买红的还是蓝的?
   问:这种自行车有什么颜色的?

5. 饺子很好吃。
   问:他喜欢吃饺子吗?

6. 或者你去,或者我去,一定要去看看他。
   问:谁去看他?

7. 周末的时候,他在房间里看电视或者和朋友一起聊天儿。
   问:周末他做什么?

答案　1.听音乐,聊天儿。　2.又工作,又上学。　3.坐地铁或者坐公共汽车。
　　　4.红的和蓝的。　5.喜欢。　6.你或者我。　7.看电视或者聊天儿。

二 听句子或对话,选择正确答案 Listen and choose the correct answer.

1. 女:走了一上午,有点儿渴了吧?喝点儿什么?
   男:可乐,雪碧也行。
   问:男的最想喝什么?

2. 面条、饺子、包子我都喜欢吃,我最喜欢吃包子。
   问:他认为什么最好吃?

3. 男:我去留学生食堂吃饭,那儿的饺子很好吃。你呢?
   女:我想吃包子,我去教师食堂。
   问:女的去教师食堂吃什么?

4. 男:中午吃什么?米饭还是馒头?
   女:面条,又快又好吃。
   问:中午女的吃什么?

5. 男:我要两个包子。
   女:对不起,卖完了。
   男:那就买两个馒头。

问：男的最想买什么？

答案　1. A　　2. B　　3. B　　4. B　　5. A

泛听部分 EXTENSIVE LISTENING

课文 Text　🎧 09-7

男：你喝茶还是咖啡？
女：喝茶。
男：花茶还是绿茶？
女：绿茶。你呢？
男：我也喝绿茶。
女：听说北京人都喜欢喝花茶，你为什么喜欢喝绿茶？
男：我在杭州上大学的时候开始喜欢喝绿茶。你呢？
女：我是在上海长大的。在那儿，人们习惯喝绿茶。

练习 Exercises　🎧 09-8

一　听对话，回答问题 Listen and answer the questions.

1. 他们两个人都喜欢喝什么？
2. 他们为什么喜欢？

答案　1. 绿茶。　2. 男的在杭州上大学的时候开始喜欢喝绿茶。女的在上海长大，上海人习惯喝绿茶。

二　听对话，判断正误 Listen and decide whether the statements are true or false.

答案　1. ×　　2. ✓　　3. ×　　4. ×

Lesson 10
我们去哪儿吃

精听部分 INTENSIVE LISTENING

课文 Text 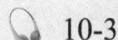 10-3

男：今天晚上我们吃什么？

女：我们出去吃吧。

男：去哪儿吃？

女：听说学校旁边新开了一家四川饭馆，我们去试试。

男：川菜太辣了，我不太喜欢。去吃学校北边的上海菜怎么样？

女：上海菜我喜欢，不过，那家饭馆太远了。

男：对了，烤鸭，学校餐厅的烤鸭味道不错。

女：两个人吃一只烤鸭？太多了。

男：我们可以要半只呀。

女：那好，我们走吧。

预听 Warm-up Exercises   10-2

一 你知道这些味道吗？听一听，写一写
Do you know these tastes? Listen and write them down.

1. 甜　　2. 酸　　3. 辣　　4. 咸　　5. 苦

二 听录音，根据实际情况回答问题
Listen and answer the questions according to the fact.

1. 你知道哪几种中国菜？
2. 你吃过中国的哪些地方菜？
3. 你最喜欢吃的中国菜是什么？

精听 Intensive Exercises   10-4

一 听对话，选择正确答案 Listen and choose the correct answer.

1. 他们要去哪儿吃饭？
2. 他们为什么不去吃四川菜？
3. 女的想吃什么菜？

答案　1. B　　2. B　　3. A

二 听对话，回答问题 Listen and answer the questions.

1. 他们最后决定吃什么？为什么？
2. 他们为什么吃半只？

答案　1. 烤鸭，因为学校餐厅很近，那里的烤鸭味道不错。
　　　2. 两个人吃一只太多了。

发展 Further Exercises   10-5

一 在饭馆，你会听到这样一些问题，请你回答
In a restaurant, you may hear these questions. Please answer them.

1. 您几位？
2. 两位喝点儿什么？
3. 您要了三个热菜，凉菜要什么？
4. 主食吃什么？

答案　（例）1. 两位（三位、……）。　　　2. 要一瓶啤酒（可乐、……）。
　　　　　　3. 要凉拌（liángbàn）黄瓜。　　4. 主食要两碗面条。

二　听下面的对话，写出他们是在哪儿吃饭，为什么

Listen and fill in the table with the places where they eat or will eat and the reasons why they eat or will eat there.

1. 男：你常常在食堂吃饭吗？
   女：是的，在食堂吃饭又方便又便宜。

2. 男：今天在食堂还是在附近小饭馆吃晚饭？
   女：去饭馆吃吧，那儿的菜好吃。

3. 男：我去留学生食堂吃饭，那儿的饺子很好吃，你呢？
   女：我想吃面条，我去教师食堂。

4. 男：哟，都12点了，回学校吃饭来不及了。
   女：那边有一家麦当劳，我们就去那儿吃吧。

5. 男：中午我们吃什么？
   女：我想去吃韩国菜，听说学校旁边的那家饭馆的味道不错。
   男：太远了，下午还有课，我们去留学生食堂，快点儿吃完休息一会儿。
   女：好吧，以后再去吃韩国菜。

6. 男：明天是我的生日，我们去吃日本菜，怎么样？
   女：日本菜太贵了吧？这样吧，我给你做，一定又好吃又便宜。
   男：真的？我现在就去买菜。

答案

	在哪儿吃	为什么
1	食堂	又方便又便宜
2	饭馆	菜好吃
3	男：留学生食堂	饺子好吃
	女：教师食堂	想吃面条
4	麦当劳	来不及回学校吃饭
5	留学生食堂	下午有课
6	自己做	不用花很多钱，又好吃又便宜

泛听部分 EXTENSIVE LISTENING

课文 Text 🎧 10-7

昨天是星期五，因为是山下的生日，我们决定晚上一起去酒吧玩儿。晚饭后，我们到了有名的三里屯酒吧街，那儿有各种各样的酒吧，我们找了一家人少的。我们要了啤酒，还要了一些水果。因为酒吧里有乐队在演出，我们就请他们为山下唱了"生日快乐"歌。最后大家在一起吃了蛋糕。那天，我们喝了很多酒，说了很多话。

练习 Exercises 🎧 10-8

一 听短文，回答问题 Listen and answer the questions.

1. 他们去了哪儿？什么时候去的？
2. 他们为什么去那儿？
3. 他们在那儿做了什么？

 答案　1. 他们去了三里屯酒吧，昨天去的。　2. 那天是山下的生日。
　　　　3. 喝啤酒，吃水果，听歌，吃蛋糕。

二 听短文，判断正误 Listen and decide whether the statements are true or false.

 答案　1. √　　2. √　　3. ×　　4. √　　5. ×　　6. ×　　7. √　　8. √

单元测试一（1~10课）

Unit Test Ⅰ (Lessons 1~10) 🎧 Test 01

一 听录音，写拼音 Listen and write down the *pinyin* you hear.

1. 比赛（bǐsài）　2. 地铁（dìtiě）　3. 电话（diànhuà）　4. 饭馆（fànguǎnr）
5. 果汁（guǒzhī）　6. 朋友（péngyou）　7. 爱好（àihào）　8. 邻居（línjū）
9. 休息（xiūxi）　10. 介绍（jièshào）

二 听录音，根据实际情况回答问题 Listen and answer the questions according to the fact.

1. 你叫什么名字？
2. 你是哪国人？
3. 你有姐姐吗？
4. 你在哪儿工作？
5. 你住在哪里？
6. 今天下午你有空儿吗？
7. 你喜欢做什么？
8. 你每天几点起床？
9. 你常常去哪儿吃晚饭？
10. 你家有几口人？

三 听句子，回答问题 Listen and answer the questions.

1. 嘿，小张，你好吗？
   问：说话人认识小张吗？

2. 我是开出租车的。
   问：说话人的工作是什么？

3. 我的电话号码是86714053。
   问：说话人的电话号码是多少？

4. 我喜欢音乐，他也喜欢。
   问：谁喜欢音乐？

5. 你是今天去还是明天去？
   问：回答会是什么？

6. 下课以后，我们去图书馆或者回宿舍。
   问：下课以后，他们去哪儿？

7. 因为没有吃早饭，不到十点他肚子就饿了。
   问：他为什么饿了？

8. 你想去那家饭馆吃烤鸭？太远了。
   问：说话人想去吃烤鸭吗？

9. 我对看足球比赛没兴趣。
   问：说话人喜欢看足球比赛吗？

10. 我有时候晚上去图书馆。
    问：他每天晚上去图书馆吗？

答案　1.认识。　2.司机。　3.86714053。　4.我和他。　5.今天去。/明天去。
6.去图书馆或者回宿舍。　7.没吃早饭。　8.不想。　9.不喜欢。　10.不是。

· 60 ·

四 **听对话，选择正确答案** Listen and choose the correct answer.

1. 男：你每天都有课吗？
   女：我星期一、三、五上午有课，二、三、四下午有课。
   问：女的哪天上午、下午都有课？

2. 男：你明天有空儿吗？
   女：明天上午上课，下午去机场接一个朋友。
   问：女的明天有空儿吗？

3. 男：小丽在做作业吗？房间里怎么有音乐声？
   女：她呀，喜欢一边听音乐，一边做作业。
   问：小丽在做作业吗？

4. 男：他的生日到了吗？
   女：今天是10号，后天是他的生日。
   问：他的生日是哪天？

5. 男：你怎么这么晚回来？车又坏了？
   女：路上遇到了一个老同学，说了一会儿话，所以就晚了。
   问：女的为什么晚了？

6. 男：现在几点了？
   女：差八分十点。
   问：现在几点？

7. 男：这本书怎么样？
   女：没意思。
   问：女的喜欢这本书吗？

8. 男：喂，小张吗？今晚一起去听音乐会，好吗？
   女：对不起，今天晚上我有课。
   问：他们在做什么？

9. 女：对不起，我的车坏了。
   男：没关系。那我们快去买东西吧。
   问：女的为什么说对不起？

10. 女：小王呢？是不是病了？
    男：他忘了，因为今天是周末。

问：女的认为小王为什么没来？

答案 1. B 2. B 3. A 4. C 5. B 6. C 7. B 8. C 9. B 10. B

五 听短文，连线 Listen and match.

马里的班上有十四个学生，他们都在北师大学习汉语，下面是他们班的几个同学的自我介绍：

我是日本人，大家都叫我秀木，现在在北京师范大学学习汉语。

我的中文名字是丁丽，是美国的中文老师给我起的名字。我在100A班。

我的名字是李珍，是韩国留学生，也在100A班学习。

我也是100A班的学生，我的名字叫马里，英国人。

答案

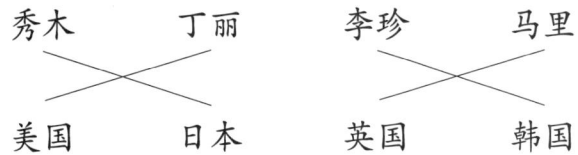

秀木　　丁丽　　　李珍　　马里

美国　　日本　　　英国　　韩国

六 听对话，回答问题 Listen and answer the questions.

女：喂，爸爸吗？我是小丽。

男：哦，小丽，你最近怎么样？

女：我很好。你和妈妈身体好吗？

男：我身体很好，妈妈身体也不错。你学习忙吗？

女：马上要期中考试了，有点儿忙。

男：要注意休息。

女：哥哥怎么样？工作忙吗？

男：他最近很忙，有很多人请他去教音乐。

女：天气热了，你们要注意身体。我会常给你们打电话的。

1. 这两个人是什么关系？　　　　　　4. 小丽的哥哥做什么工作？

2. 他们在做什么？　　　　　　　　　5. 小丽最近忙什么？

3. 小丽和父母住在一起吗？　　　　　6. 小丽为什么要大家注意身体？

答案 1. 爸爸和女儿。　2. 打电话。　3. 不住在一起。
　　　　4. 教音乐。　　　5. 期中考试。　6. 天气热了。

Lesson 11
我去超市了

精听部分 INTENSIVE LISTENING

课文 Text 11-3

女：唉，今天累死我了！

男：你做什么了？

女：我去超市了，花了三百多呢。今天超市促销，很多东西都很便宜。我买了5个盘子，10块钱一个；给孩子买了两件T恤，59块9一件；给你买了一瓶咖啡，64块。

男：嚼，可真不少买！你怎么买了两大盒牛奶？家里还有呢，也不怕坏了。

女：牛奶正在打折，现在才卖8块钱一盒。

男：这杯子真漂亮，多少钱一个？

女：这是送的，买两盒果汁送一个杯子。这果汁是新产品，不过价钱贵了一些，32块钱一盒。

男：羊毛出在羊身上。好了，你休息一会儿吧。

预听　Warm-up Exercises　🎧 11-2

一　听录音，写出钱数 Listen and write down the amounts of money.

1. 三块一毛五（3.15元）
2. 四块二（4.20元）
3. 七块零五分（7.05元）
4. 二十块三毛五（20.35元）
5. 一百零七块八毛（107.80元）
6. 十二块二（12.20元）
7. 一块（1元）
8. 八十块零八分（80.08元）
9. 两块三毛二（2.32元）
10. 十块零五分（10.05元）

二　请说说如何问价钱 How do we ask about a price?

答案　（例）这个多少钱？/ 这个怎么卖？/……

三　听录音，根据实际情况回答问题
Listen and answer the questions according to the fact.

1. 你的笔多少钱一支？
2. 你的词典一本多少钱？
3. 你买电脑花了多少钱？
4. 你的手机贵吗？
5. 你知道我们的课本怎么卖吗？

精听　Intensive Exercises　🎧 11-4

一　听对话，回答问题 Listen and answer the questions.

1. 女的为什么很累？
2. 女的为什么买牛奶？
3. 女的给自己买了什么？
4. 女的觉得果汁好吗？

答案　1. 买东西了。　　　　2. 牛奶打折了。
　　　3. 她没给自己买东西。　4. 果汁很好，是新产品。

11 我去超市了

二 边听对话边记录 Fill in the table as you listen.

答案

买的东西	数量	钱数
盘子	5个	50元
T恤	两件	119.8元
咖啡	1瓶	64元
牛奶	两盒	16元
果汁	两盒	64元

三 说说你对"羊毛出在羊身上"这句话的理解
Talk about your understanding of "羊毛出在羊身上".

答案

羊毛出在羊身上，俗语（súyǔ）。本义是羊毛是从羊自己身上剪下来的，比喻一个人得到的好处是他自己原来就有的，没有多得什么便宜（piányi）。

发展 Further Exercises   11-5

一 听句子，回答问题 Listen and answer the questions.

1. 超市正在促销呢。
   问：超市的东西是便宜了还是贵了？

2. 这件衣服原价300块，现在打八折。
   问：这件衣服现在多少钱一件？

3. 我给朋友买了一本书。
   问："我"为什么买书？

4. 这件衣服才300块钱。
   问：说话人觉得衣服便宜吗？

答案 1. 便宜了。   2. 240块。   3. 朋友要的。   4. 是的。

· 65 ·

泛听部分 EXTENSIVE LISTENING

课文 Text 🎧 11-7

男：你看这些衣服多漂亮，给女儿买一件吧。

女：我看看。呦，最便宜的也要300元一件，太贵了。

男：这是名牌，当然贵了。

女：我觉得孩子的衣服穿一年就小了，买太贵的没必要。

男：可是，贵有贵的道理。

女：你看那边有很多衣服在打折，100多元一件，又便宜又好看。

男：好吧，去挑几件。

练习 Exercises 🎧 11-8

一 听对话，填空 Listen and fill in the blanks.

答案

1. 这些名牌衣服最便宜的也要300元一件。
2. 那些衣服在打折，100多元一件，又便宜又好看。

二 听对话，回答问题 Listen and answer the questions. 🎧

1. 这两个人是什么关系？
2. 他们在做什么？
3. 男的想买什么样的？
4. 女的为什么不同意？
5. 女的想买什么样的？

答案　1. 夫妻。　　　2. 买衣服。　　　3. 买漂亮的、名牌。
　　　4. 太贵了。　　5. 又便宜又好看的。

Lesson 12
太贵了，便宜一点儿吧

精听部分 INTENSIVE LISTENING

课文 Text 🎧 12-3

女：来点儿什么？您看这苹果，又红又大。

男：多少钱一斤？

女：四块一斤。

男：太贵了，三块怎么样？

女：三块不卖，三块五。

男：来两斤。

女：还要点儿什么？

男：这梨怎么卖？

女：两块五一斤。这梨特别甜，你可以先尝后买。

男：（尝，tasting）不错，也来两斤吧。这把香蕉好像不错。

女：是啊，您想要就便宜点儿，四块钱一斤。

男：算了，我还是来一点儿葡萄吧。

女：shí kuài qián sān jīn，yào duō shao?
　　十 块 钱 三 斤，要 多 少 ?

男：mǎi èr shí kuài qián de ba
　　买 二 十 块 钱 的 吧。

预听　Warm-up Exercises　🎧 12-2

 一　听写 Write down what you hear.

　　1. 苹果　　2. 香蕉　　3. 桃　　4. 梨
　　5. 葡萄　　6. 橘子　　7. 橙子　　8. 草莓

 三　听问句，完成对话 Listen and complete the dialogues.

1. A：你这菜太贵了，便宜点儿行不行？
　　答案　B：（例）对不起，不能便宜。

2. A：葡萄怎么卖？
　　答案　B：（例）三块五一斤。

3. A：你来点儿什么？
　　答案　B：（例）要两斤香蕉。

4. A：你还要点儿什么？
　　答案　B：（例）再来三斤苹果。

精听　Intensive Exercises　🎧 12-4

 一　听对话，回答问题 Listen and answer the questions.

1. 男的买了什么？
2. 男的买的水果中，哪种最便宜？

　　答案　1. 苹果、梨、葡萄。　　2. 梨。

 二　听对话，选择正确答案 Listen and choose the correct answer.

1. 苹果多少钱一斤？

· 68 ·

2. 男的尝了什么水果？

3. 男的买了几斤葡萄？

4. 男的一共花了多少钱？

答案　1. B　　2. A　　3. B　　4. C

发展　Further Exercises　🎧 12-5

一　听对话或句子，判断正误

Listen and decide whether the statements are true or false.

1. 男：今天我们去看电影吧。
   女：算了。

2. 男：你买不买这件衣服？
   女：算了。

3. 他好像很累。

4. 这苹果好像很不错。

5. 我好像见过你。

6. 葡萄很好吃，但我已经买了苹果，今天还是不买吧。

7. 我不认识小王，你还是和我一起去她家吧。

答案　1. √　　2. ×　　3. √　　4. √　　5. ×　　6. √　　7. ×

二　听对话或句子，选择正确答案 Listen and choose the correct answer.

1. 女：这苹果多少钱一斤？
   男：三块钱一斤。
   问：五斤苹果多少钱？

2. 男：这香蕉怎么卖？
   女：两斤十块。
   问：香蕉多少钱一斤？

3. 男：香蕉五块二一斤，橘子三块八一斤。
   女：我买一斤香蕉、一斤橘子。

问：女的应该付多少钱？

4. 面包四块钱一个，牛奶三块一盒。我买了两个面包、五盒牛奶。
   问：说话人花了多少钱？

5. 这菜十块钱三斤，我买了二十块钱的。
   问：他买了几斤菜？

6. 男：一共多少钱？
   女：一杯咖啡和一个5块的面包，一共28元。
   问：咖啡多少钱一杯？

7. 女：你给了我100，你有没有三块零钱？
   男：有，给你。
   女：找你50。
   问：男的应该付多少钱？

答案 1. C   2. B   3. C   4. C   5. B   6. B   7. C

 三 试一试，填空 Fill in the blanks.

答案

1斤 =（500）克   1公斤 =（2）斤
1斤 =（10）两   1两 =（10）克

泛听部分 EXTENSIVE LISTENING

课文 Text 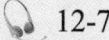 12-7

男：明天是玛丽的生日，我还没给她买礼物呢。

女：你别着急，我已经帮你买了。

男：太好了！什么礼物？

女：中国音乐的CD。

男：wǒ xiǎng tā yí dìng huì xǐ huan de xiè xie nǐ
我 想 她 一 定 会 喜 欢 的。谢 谢 你。

女：zěn me xiè ne
怎 么 谢 呢？

男：qǐng nǐ chī bīng qí lín
请 你 吃 冰 淇 淋。

练习 Exercise 🎧 12-8

听对话，回答问题 Listen and answer the questions.

1. 谁要送玛丽礼物？

2. 送什么礼物？

3. 男的为什么请女的吃冰淇淋？

答案 1. 男的。 2. 送生日礼物，一张CD。 3. 为了谢她。

Lesson 13
你喜欢什么颜色

精听部分 INTENSIVE LISTENING

课文 Text 🎧 13-3

天气凉了，我想买一件毛衣，今天我和同屋一起去了西单。我们先去了西单商场，那里的毛衣很多，但都不是我喜欢的。后来我们又去了中友百货，那儿的毛衣不多，但样子都很漂亮。在中友百货，有一件毛衣样子很好，但是只有红色的，我没买，我同屋买了一件。最后，在一家小商店里，我看见了一件白色的毛衣，非常漂亮，价钱也不贵，我马上买了。

预听 Warm-up Exercises 🎧 13-2

 一 听录音，写出下面这些颜色词 Listen and write down the words of colours.

1. 黑　　2. 红　　3. 白　　4. 绿
5. 蓝　　6. 紫　　7. 黄　　8. 灰

精听 Intensive Exercises 🎧 13-4

一、听短文，回答问题 Listen and answer the questions.

1. "我"今天做什么了？
2. 谁和"我"一起去的？

答案　1. 去买衣服了。　　2. "我"的同屋。

二、听短文，选择正确答案 Listen and choose the correct answer.

1. "我"想买什么？
2. "我"最后在哪儿买了毛衣？
3. "我"买了什么颜色的毛衣？
4. "我"的同屋买了什么？
5. 哪儿的毛衣多？

答案　1. A　　2. C　　3. C　　4. B　　5. A

三、听短文，判断正误 Listen and decide whether the statements are true or false.

答案　1. √　　2. √　　3. ×

发展 Further Exercises 🎧 13-5

一、听句子或对话，选择正确答案 Listen and choose the correct answer.

1. 今天他穿了一件白衬衫、一条灰裤子、一双黑皮鞋。
   问：他的鞋是什么颜色的？

2. 这里的衬衫颜色真多，有紫的、绿的、蓝的。
   问：没有什么颜色的衬衫？

3. 女：这是你的钢笔吗？
   男：不是，我的笔是浅蓝的，这支深蓝的是麦克的。
   问：这支笔是什么颜色的？

4. 女：这辆自行车真漂亮。
   男：是啊，我喜欢蓝色的。我觉的黑的、黄的都不好看。
   问：这辆自行车是什么颜色的？

5. 男：妈，我看这件衣服您穿挺合适的。
   女：是挺好看的，不过这颜色我穿不合适，太亮。
   男：有什么不合适的？现在穿红色的老太太可多啦。

问：这件衣服是什么颜色的？

答案　1. C　　2. C　　3. B　　4. A　　5. A

泛听部分 EXTENSIVE LISTENING

课文 Text　13-7

王姐：小李，你看这件衣服多漂亮啊！

小李：是挺漂亮的，样子也不错。

王姐：那你就买一件。

小李：我？那不行，太红了，平时没法穿。

王姐：有什么不能穿的？我要是年轻十岁，我就买。

小李：您现在也不老啊，王姐。您应该买一件，您现在的衣服颜色都太深了，不是黑的就是灰的。

王姐：你说得也对，那我试试？

小李：试试吧。

练习 Exercise　13-8

听对话，回答问题 Listen and answer the questions.

1. 这两个人是什么关系？
2. 她们在做什么？
3. 她们中谁年轻？
4. 谁的衣服是深色的？
5. 她们要试什么？

答案　1. 朋友。　2. 买衣服。　3. 小李。　4. 王姐。　5. 一件红色的衣服。

Lesson 14
你说我穿什么好

精听部分 INTENSIVE LISTENING

课文 Text 14-3

女：我看你在镜子前站了半天了。今天有什么重要的事？

男：有一家公司让我今天下午去面试。你说我穿什么好？

女：这是重要的事，你不能穿得和平时一样。

男：可是，我的衣服都是T恤、牛仔裤什么的。

女：你呀，就穿衬衫、西裤，干净整齐，一定没问题。

男：好主意。你看，这件白衬衫行吗？

女：白衬衫，这条裤子不合适，你还有什么颜色的衬衫？

男：蓝的可以吗？

女：这件蓝衬衫就很好。你试试。

男：（试穿 trying on）你看怎么样？

女：好极了！祝你成功！

预听 Warm-up Exercises 14-2

一 听写，然后说说你还知道哪些衣服的中文名字
Write down what you hear. Then tell the names of other types of clothing you know in Chinese.

1. 衬衫　　2. 西裤　　3. T恤　　4. 牛仔裤

答案 （例）裙子（qúnzi）、夹克（jiākè）、皮衣（píyī）、短裤（duǎnkù）……

二 听对话，连线 Listen and match.

A：那个穿蓝色T恤的是谁？
B：他是李华。
A：他旁边那个穿着绿衬衫、牛仔裤的女孩是他的女朋友吗？
B：他的女朋友小霞站在桌子边，就是那个穿着红裙子的。李华旁边的这个女孩是他的妹妹小娟。

答案

李华　　　　　　　绿衬衫、牛仔裤
小霞　　　　　　　红裙子
小娟　　　　　　　蓝色T恤

精听 Intensive Exercises 14-4

一 听对话，回答问题 Listen and answer the questions.

1. 他们在说什么？
2. 男的有什么重要的事？

答案　1. 下午男的穿什么衣服。　2. 有一家公司让他去面试。

二 听对话，填空 Listen and fill in the blanks.

答案
1. 男的平时穿<u>T恤、牛仔裤什么的</u>。
2. 今天他穿<u>蓝衬衫、西裤</u>。

3. 今天他穿得和平时<u>不一样</u>。

三 听对话，判断正误 Listen and decide whether the statements are true or false.

答案　1. ×　　2. √　　3. √　　4. ×　　5. √

发展　Further Exercises　　14-5

一 听对话或句子，回答问题 Listen and answer the questions.

1. 男：我要一杯咖啡、一片面包，你呢？
   女：和你一样。
   问：女的要什么？

2. 他的样子和以前不一样。
   问：他的样子变了吗？

3. 他买了很多衣服，有衬衫、裤子什么的。
   问：这句话是什么意思？

4. 中国的城市像上海、广州什么的人都很多。
   问：广州是什么样的地方？

5. 我今天累极了。
   问：今天他累吗？

6. 今年的夏天热极了。
   问：今年夏天热吗？

答案　1. 一杯咖啡、一片面包。　2. 变了。　3. 他买了衬衫，裤子……
　　　4. 人很多。　　5. 很累。　　6. 非常热。

二 听录音，说说在下面的场合应该穿什么

Listen and talk about what to wear for the given occasions.

1. 去公司面试　　　　　　4. 去学校上课
2. 参加朋友的生日晚会　　5. 第一次约会
3. 参加朋友的婚礼　　　　6. 去爬山

答案　略。

泛听部分 EXTENSIVE LISTENING

课文 Text 🎧 14-7

男：你这件衣服真漂亮！在哪儿买的？我想给我女朋友也买一件。

女：这是做的。

男：你自己做的？真能干！

女：不是，我在杂志上看到衣服的样子，画好样子，买了喜欢的丝绸，到做衣服的地方请他们做的。

男：那做一件衣服要多长时间？

女：一个星期左右。

男：你这主意真不错。

女：你可以让你的女朋友也试试。

男：好。

练习 Exercises 🎧 14-8

一、听对话，判断正误 Listen and decide whether the statements are true or false.

答案 1. √   2. ×   3. √

二、听对话，回答问题 Listen and answer the questions.

1. 女的衣服是怎么做成的？
2. 男的认为这个方法怎么样？

答案 1. 自己看好样子、买好丝绸，让做衣服的地方做。   2. 不错

Lesson 15
你穿多大号的

精听部分 INTENSIVE LISTENING

课文 Text 15-3

女：您好！您想买什么？

男：我想看看那种黑色的布鞋。

女：您穿多大号的？

男：40的。

女：对不起，只有蓝色的了。我觉得蓝的比黑的好看。

男：我有蓝色的了，想买一双黑的。

女：这种样子的有黑的，您看行吗？这是今年最新的样子。

男：那我试试。（试穿后 after trying them on）有点儿小，有没有大一点儿的？

女：您试试41的。

男：（试 trying on）不大不小，正合适，就要这双了。

预听 Warm-up Exercises 🎧 15-2

一 听写，然后写出它们的量词

Write down the words you hear. Then match them with proper measure words.

1. 衬衫　　2. 裤子　　3. 鞋　　4. 袜子

答案　1. 一件衬衫　2. 一条裤子　3. 一双鞋/一只鞋　4. 一双袜子/一只袜子

二 听录音，判断说话人认为衣服是否合适，有什么问题

Listen and tell if the speakers are satisfied with the clothes. If not, why?

1. 请你拿一双大一点儿的。

2. 这件衣服长了点儿，有短一点儿的吗？

3. 这件衣服不长不短。

4. 这条裤子太瘦了。

5. 穿这双鞋，我可以穿两双袜子。

答案

	合适/不合适	有什么问题
1	不合适	有点儿小
2	不合适	有点儿长
3	合适	
4	不合适	太瘦
5	不合适	太大

精听 Intensive Exercises 🎧 15-4

一 听对话，填空 Listen and fill in the blanks.

答案

1. 这两个人在<u>商场</u>里说话。

2. 这两个人是买东西的（顾客 gùkè）和卖东西人的（售货员 shòuhuòyuán）。

二 听对话，判断正误 Listen and decide whether the statements are true or false.

答案　1. ×　　2. √　　3. √　　4. ×　　5. √　　6. √

三 听对话，回答问题 Listen and answer the questions.

1. 女的认为那双蓝色的鞋怎么样?
2. 男的为什么不买那双蓝色的鞋?
3. 男的试了41号的鞋后觉得大小怎么样?
4. 男的最后买了一双什么样的鞋?

答案　1. 比黑的好看。　2. 他有蓝色的了。　3. 正合适。　4. 41号的黑色布鞋。

发展　Further Exercises　🎧 15-5

一 听句子，回答问题 Listen and answer the questions.

1. 今天学的汉字比昨天的难。
   问：说话人认为哪天学的汉字难?

2. 公共汽车比自行车快。
   问：说话人是什么意思?

3. 我在中国只有一个朋友。
   问：他在中国有几个朋友?

4. 我在中国还有一个朋友。
   问：他可能有几个朋友?

5. 那个公园很漂亮，不过离我家有点儿远。
   问：公园怎么样?

6. 逛了一天商场，我有点儿累了。
   问：他累吗?

答案　1. 今天的。　　2. 公共汽车快，自行车慢。　3. 一个。
　　　4. 两个或以上。　5. 离他家有点儿远　　　　6. 有点儿累。

二 听录音，完成句子 Listen and complete the sentences.

1. 我今年23岁，她20岁。
2. 坐飞机两个小时到，坐火车要24个小时。
3. 我有一米七八，我弟弟一米八。

答案　1. 我比她大。　2. 火车比飞机快得多。　3. 弟弟比我高一点儿。

三 买衣服时，售货员会问你下面这些问题，请回答

When you are shopping, the salesclerk may ask you these questions. Answer them.

1. A：您穿多大号的鞋？

   答案　B：（例）我穿 40（41/……）的。

2. A：您穿中号的行吗？

   答案　B：（例）不行，我穿大号/小号的。

3. A：您的裤长是多少？

   答案　B：（例）我的裤长是 3 尺 2/3 尺 4/……

4. A：您穿多大号的衬衫？

   答案　B：（例）我穿 40/39/……的。

泛听部分 EXTENSIVE LISTENING

练习　Exercise　15-7

下面是一个商场的楼层分布介绍。听录音，选出他们应该去几层

This is an introduction of the locations of different sections in a department store. Listen and then figure out to which floor they should go.

他们应该去几层？

1. 我的眼镜坏了，得配一副新的了。

2. 女：明天去海边，防晒霜可不能少。

   男：家里的相机坏了，我们是不是买一个新的？

3. 就快到母亲节了，我想送妈妈一条项链。

4. 下周有个面试，我得穿得正式一些。

答案

	一层	二层	三层	四层	五层
1		√			
2	√				√
3	√				
4			√		

Lesson 16
你哪儿不舒服

精听部分 INTENSIVE LISTENING

课文 Text 16-3

女：小王，你的病好点儿了吗？

男：没有，还是嗓子疼，咳嗽。

女：你去医院了吗？

男：去了。医生说是感冒了，给我开了一些药，有中药，也有西药。我吃了两天药，但是没有用。我本来想参加明天的会，现在看来不能去了，请你替我请假吧。

女：别着急，先好好儿休息，身体最重要。明天的会我替你请假。对了，我感冒的时候，我妈妈常常给我喝一些鸡汤，她说鸡汤对治疗感冒很有效，你也试试。

男：是吗？那我也试试。

预听 Warm-up Exercises 🎧 16-2

一 边听边指 Listen and point. 🎧

1. 眼睛　2. 鼻子　3. 头　4. 嘴　5. 耳朵
6. 手指　7. 肚子　8. 胳膊　9. 腿　10. 脚

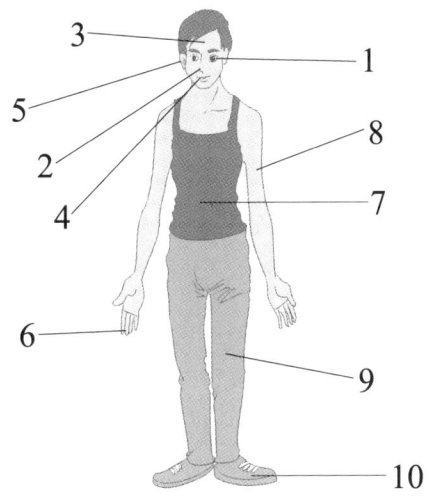

二 听录音，回答问题 🎧

Listen and answer the questions: What's wrong with him? Why?

说话人哪儿不舒服？为什么？

1. 我感冒了，头疼，咳嗽。
2. 我的嗓子疼，一定是昨天说话说太多了。
3. 我吃多了，现在肚子疼。
4. 天天上网，今天眼睛不舒服。
5. 我拉肚子了，可能是昨天吃了不干净的东西。
6. 我发烧了，嗓子也疼，是不是感冒了？

答案

	哪儿不舒服	原因
1	头疼，咳嗽	感冒了
2	嗓子疼	话说太多了
3	肚子疼	吃多了
4	眼睛不舒服	天天上网
5	拉肚子了	可能吃了不干净的东西
6	发烧、嗓子疼	可能感冒了

精听　Intensive Exercises　🎧 16-4

一　听对话，回答问题 Listen and answer the questions.

1. 男的哪儿不舒服？
2. 男的为什么不舒服？
3. 他吃药了吗？
4. 男的明天做什么？
5. 女的为什么让男的喝鸡汤？

答案　1. 嗓子疼，咳嗽。　2. 感冒了。　3. 吃了。　4. 休息。
　　　5. 鸡汤可能对治疗感冒有效。

二　听对话，判断正误 Listen and decide whether the statements are true or false.

答案　1. √　2. √　3. ×　4. √　5. ×

发展　Further Exercises　🎧 16-5

一　听录音，填空 Listen and fill in the blanks.

今天中午我<u>肚子</u>疼，山下陪我去了医院。大夫<u>检查</u>以后说我是吃了不干净的东西，不过没关系，吃点儿药就行了。大夫给我<u>两种</u>药，黄的一天吃<u>三次</u>，每次吃<u>一</u>片；白的一天吃<u>两次</u>，每次吃<u>三</u>片。大夫说我的病很快就会好的。

二　听录音，判断：说话人的病好了吗？
Listen and tell if the speaker is getting better or not.

1. 我的感冒已经好了。
2. 今天的身体好多了。
3. 吃了那么多药，但还是那样。
4. 我的头还有点儿疼。
5. 我的病没事儿了。

答案

	1	2	3	4	5
好了	√				√
没好		√	√	√	

三、听句子，选择正确答案 Listen and choose the correct answer.

1. 老师请同学们读课文。
   问：谁读课文？

2. 王老师替我买饭。
   问：谁买饭？

3. 我请同学替我向老师请假。
   问：谁请假？

4. 我本来想买红的，我朋友说蓝的好看，我听了她的。
   问："我"买了什么颜色的？

5. 我本来想去商店买面包。
   问：他去商店买面包了吗？

6. 火车晚上8点从北京开车，第二天早上6点到上海。
   问：从北京到上海坐火车要多长时间？

7. 我今年12岁，我是从3岁开始学习音乐的。
   问：说话人学了多长时间的音乐？

答案 1. B 2. A 3. A 4. B 5. B 6. C 7. B

泛听部分 EXTENSIVE LISTENING

课文 Text 16-7

昨天我在药店门口遇到了老王，他是来买胃药的。我觉得很奇怪，因为他身体很好，怎么会病了呢？他告诉我是减肥给他带来的问题。老王是一个大胖子，这给他的生活带来了很多麻烦，于是他决定减肥。他每天吃减

féi yào　hē jiǎn féi chá　yí ge yuè xià lai　zhēn de shòu le èr shí jīn　kě shì xiàn
肥药、喝减肥茶，一个月下来，真的瘦了 20 斤。可是现
zài tā cháng cháng jué de hěn nán shòu　bù xiǎng chī dōng xi　yī shēng shuō shì jiǎn féi
在他常常觉得很难受，不想吃东西。医生说是减肥
zào chéng le wèi bìng　nǐ shuō　zhè jiǎn féi dào dǐ hǎo bu hǎo ne
造成了胃病。你说，这减肥到底好不好呢？

练习 Exercise 16-8

听录音，回答问题 Listen and answer the questions.

1. 老王为什么去药店？
2. 他为什么病了？

答案　1.去买胃药。　2.他为了减肥，每天吃减肥药、喝减肥茶，造成了胃病。

Lesson 17
我在找房子

精听部分 INTENSIVE LISTENING

课文 Text 17-3

我今年大学毕业,留在北京工作。现在我在找房子。我的朋友给我介绍了一个地方,离我的公司很近,走路五分钟就到了。那是一间大概15平米的平房,没有卫生间和厨房,也没有暖气,一个月500元。我的同事也帮我找了一个地方,是一套一居室的楼房,房间没有平房大,但是有厨房和卫生间,电话、家具、电视什么的都有,但是离我的公司有点儿远,坐车大概要一个小时,房租也是平房的两倍。我真的不知道应该选择哪里。

预听 Warm-up Exercises 17-2

一 听录音,写出房间的名称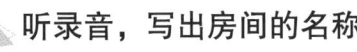

Listen and write down the names of the rooms.

        答案

1. 睡觉的房间　　　　　（卧室）
2. 做饭的房间　　　　　（厨房）
3. 看书学习的房间　　　（书房）

4. 和客人谈话的房间　　　（客厅）

5. 吃饭的房间　　　　　　（餐厅）

三　看图介绍房子 Look at the picture below and talk about the apartment.

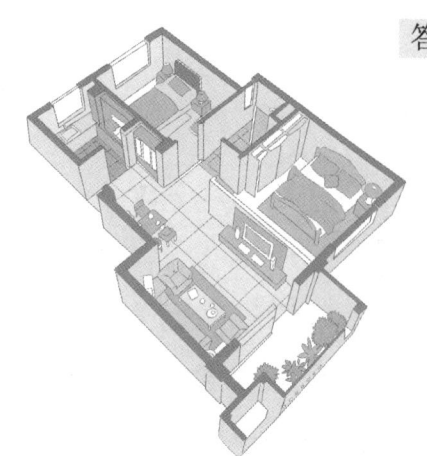

答案　这是一套两居室的房子。客厅里有一个大电视。客厅的旁边是厨房和餐厅。卫生间的左边是一个小卧室,卫生间的右边是一个大卧室。

精听　Intensive Exercises  17-4

一　听短文,回答问题 Listen and answer the questions.

1. "我"为什么找房子?

2. "我"找到了几处房子?

3. 楼房里的那套房子有家具吗?

4. "我"选择了哪一套房子?为什么?

答案　1. 毕业了,留在北京工作。　　2. 两处。　　3. 有。

4. 还不知道,一个很便宜,一个有点儿远。

二　听短文,判断正误 Listen and decide whether the statements are true or false.

答案　1. √　　2. √　　3. ×　　4. √　　5. √　　6. ×　　7. ×

发展　Further Exercises  17-5

一　听句子,回答问题 Listen and answer the questions.

1. 这个东西,学校的价钱是这儿的三倍。

　　问:哪儿的东西贵?

2. 我们学校有2000名学生,是他们学校的两倍。

问：他们学校有多少名学生？

3. 他的房子没有我的大。
   问：谁的房子大？

4. 今天的课文没有昨天的难。
   问：和昨天比，今天的课文难吗？

5. 楼上有两个卧室和一个卫生间，楼下有客厅和厨房。
   问：客厅在哪儿？

6. 我的书房在楼上，楼下就是厨房。
   问：什么在楼上？

答案　1. 学校的。　2. 1000名。　3. 我的。　4. 不难。　5. 楼下。　6. 书房。

二　从下面这个关于房子的介绍中，你听到了哪些方面？请画"√"或"×"

Please put a "√" before each item that has been introduced in the recording and a "×" before each that hasn't.

房子在北四环路附近，有30多条公交线路，地铁直达，交通方便。附近有学校、商场、邮局、银行，配套设施齐全；中央大花园，环境优美，空气清新。房子质量好，有多种户型。正南一居70.64平米，首付11万，月供2372元；两居88平米，首付13万，月供2858元。

答案

√ 交通	√ 周围环境
√ 价钱	× 建成时间
√ 大小	× 房子的名字
× 邻居	

泛听部分 EXTENSIVE LISTENING

课文 Text　17-7

nǚ　xiǎo zhāng　zuì jìn máng shén me ne
女：小张，最近忙什么呢？

男：忙着搬家呢。
女：哦，搬到哪儿了？
男：乐家花园。
女：那个地方挺远的，生活方便吗？
男：挺方便的，附近有商店、饭馆，还有一家医院。而且那儿空气好，环境好。最方便的是，孩子可以在小区里的小学上学。
女：你上班就远多了，交通方便吗？
男：要换三次车，路上要一个多小时，不过我妻子上班近了。唉，为了他们，我就辛苦一些吧。对了，过几天收拾好了，请你们去玩儿，我家在15楼801。
女：好啊，先祝贺你们。

练习 Exercises

一 听对话，填空 Listen and fill in the blanks.

答案　1. 小张的新家地址是<u>乐家花园15楼801</u>。
　　　2. 小张新家周围有<u>商店、饭店、医院、学校</u>。

二 关于小张的新家，哪些说法是正确的？请画"√"或"×"
Decide which statements are true about Xiao Zhang's new apartment and which are not. Mark them with "√" or "×".

答案

√ 空气好	√ 离小张单位很远
√ 环境优美	× 离小张妻子单位很远
× 交通方便	√ 孩子上学很方便

Lesson 18
那是研究生公寓

精听部分 INTENSIVE LISTENING

课文 Text 🎧 18-3

学生：妈妈，这是学校东门，我住的留学生宿舍就在旁边。

妈妈：你们留学生都住在这儿吗？

学生：是的。

妈妈：你们宿舍西边的那个楼是学生公寓吗？

学生：那是研究生公寓，研究生公寓在我们宿舍和中国学生公寓的中间。

妈妈：学生公寓北边的那个楼真漂亮！

学生：那是图书馆。我们常常在那儿看书学习。

妈妈：那你们的教室在哪儿呢？

学生：我们的教室在图书馆的北边。

妈妈：教室离你们宿舍不远。

学生：在这儿生活很方便。您看，研究生公寓的南边

jiù shì shí táng xià kè yǐ hòu qù shí táng chī fàn yě hěn jìn zǒu wǒ dài
就是食堂，下课以后去食堂吃饭也很近。走，我带

nín qù kàn kan shí táng
您去看看食堂。

hǎo
妈妈：好。

预听 Warm-up Exercises

18-2

一 听写 Write down what you hear.

1. 东 2. 西 3. 南 4. 北
5. 西北 6. 东南 7. 西南 8. 东北

二 听录音，画图 Listen and draw maps.

1. 我家的东边是一家超市。
2. 医院在商店的北边。
3. 学校的西边是书店。
4. 宿舍的北边是马路，南边是邮局。
5. 这个高楼的东北有一个公园。
6. 医院在超市和银行的中间。

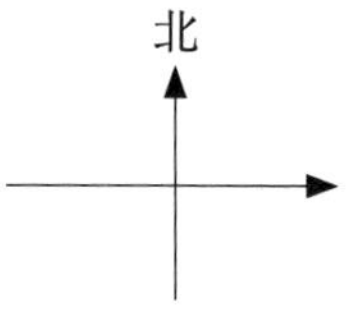

答案

1.
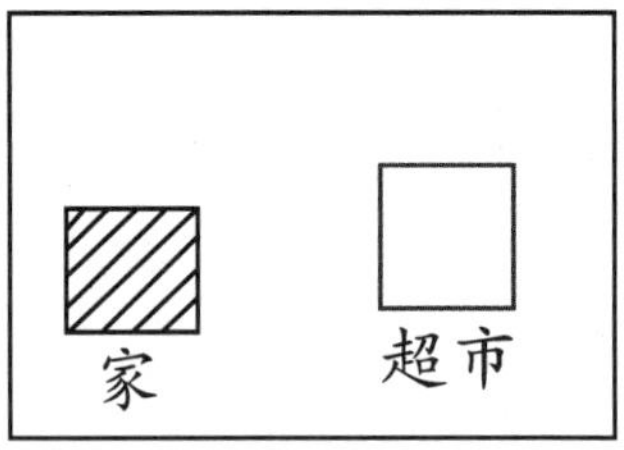

2.
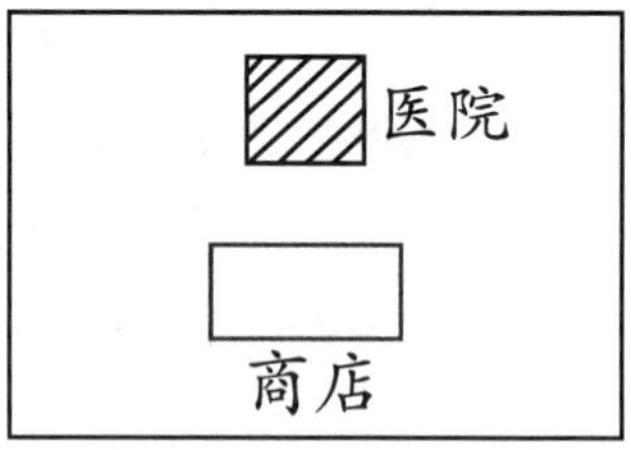

3.
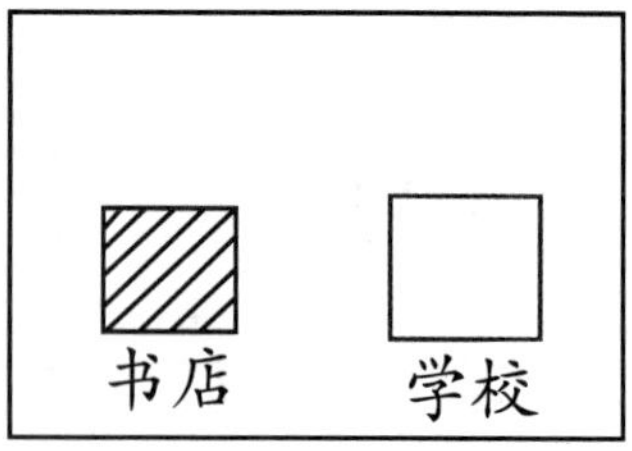

4.
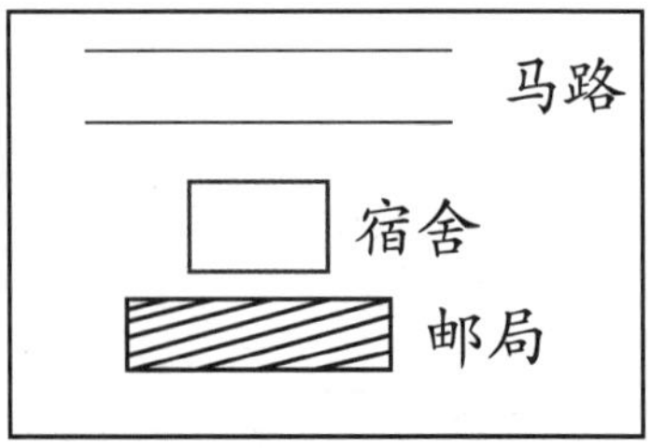

5.
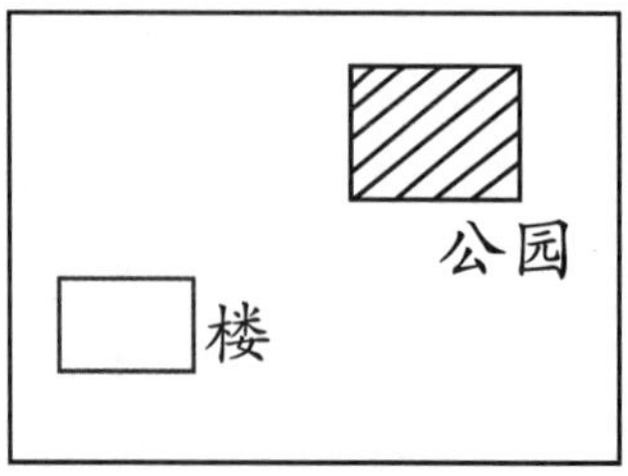

6.
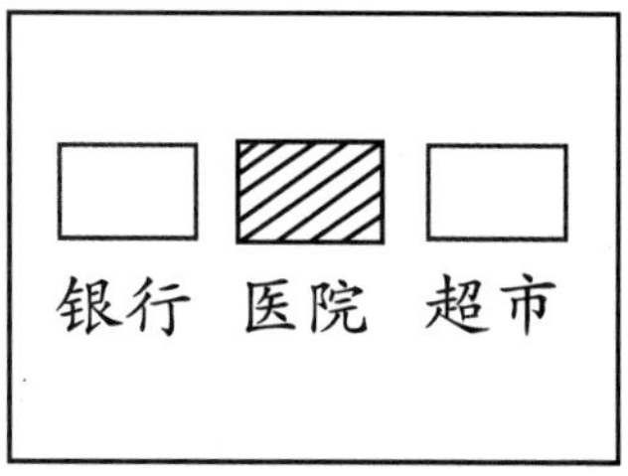

精听 Intensive Exercises 18-4

一、听对话，回答问题 Listen and answer the questions.

1. 这两个人是谁？
2. 他们在做什么？

答案 1. 儿子和妈妈。   2. 儿子向妈妈介绍学校的环境。

二、听对话，选择正确答案 Listen and choose the correct answer.

1. 男的宿舍西边是什么？
2. 男的宿舍在中国学生公寓的哪个方向？
3. 图书馆在哪儿？
4. 教室在哪儿？

答案 1. B   2. A   3. B   4. B

三、听对话，判断正误 Listen and decide whether the statements are true or false.

答案 1. √   2. ×   3. √   4. ×   5. ×

四、画出这个校园的地图 Draw the map of the campus.

答案

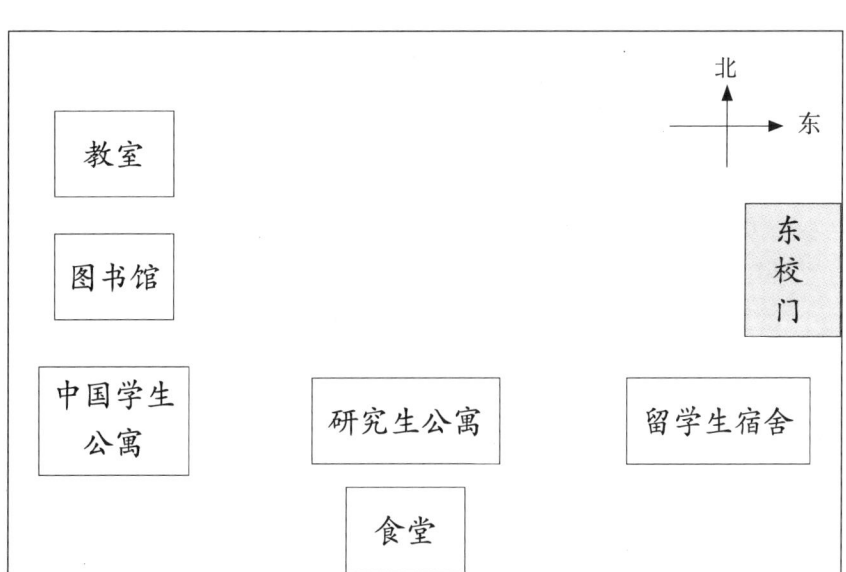

发展　Further Exercises　18-5

二、看地图，听录音，判断正误
Look at the map, listen and decide whether the statements are true or false.

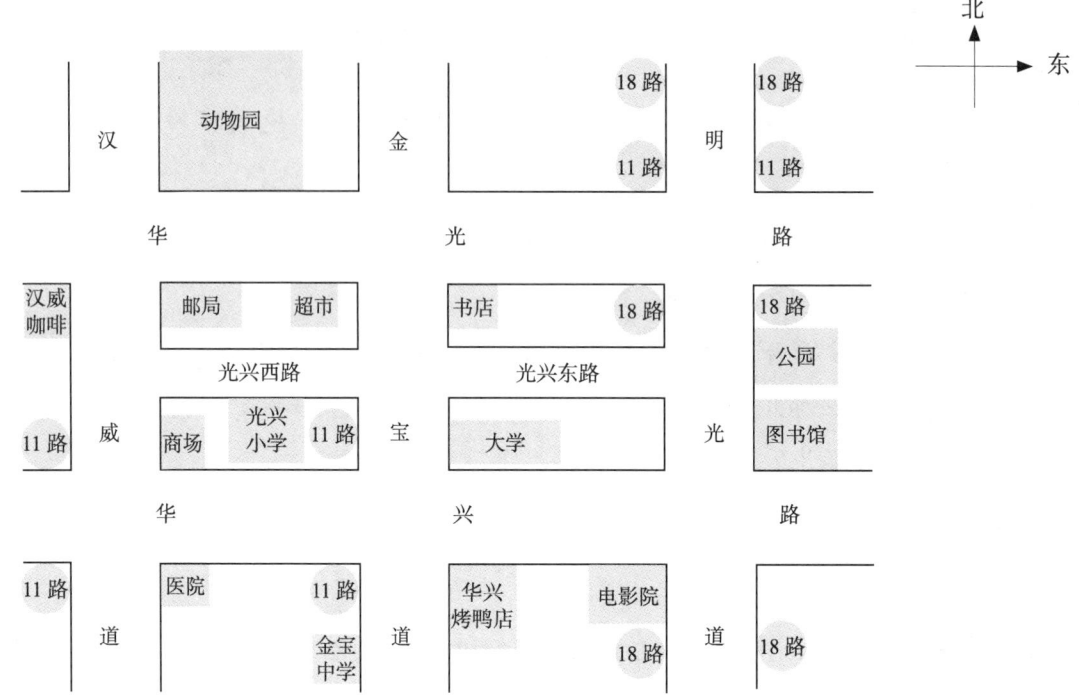

1. 公园在图书馆的北边。
2. 动物园在邮局的西边。
3. 大学在图书馆的东边。
4. 超市的西边是邮局。
5. 电影院的西边是烤鸭店。

答案　1. √　　2. ×　　3. ×　　4. √　　5. √

泛听部分 EXTENSIVE LISTENING

课文　Text　18-7

wǒ de jiā zài běi jīng de běi bian　　nà shì yí ge hěn piào liang de dì fang　　wǒ jiā
我的家在北京的北边，那是一个很漂亮的地方。我家的东边是一个很大的公园，每天早上很多老人在那儿锻炼身体。西边是一个超市，里面的东西又多又便宜，我常常去那儿买东西，很多别的地方的人也来买。超市的北边就是公共汽车站，有很多车经过那里。超市的西南正在盖一个大楼，有人说是展览馆，也有人说是商店。我觉得住在这儿又方便又舒服，我喜欢我的家。

练习 Exercises

一 听短文，判断正误 Listen and decide whether the statements are true or false.

答案　1. √　　2. ×　　3. √　　4. ×　　5. ×　　6. √　　7. √

二 听短文，画图 Listen and draw the map.

答案

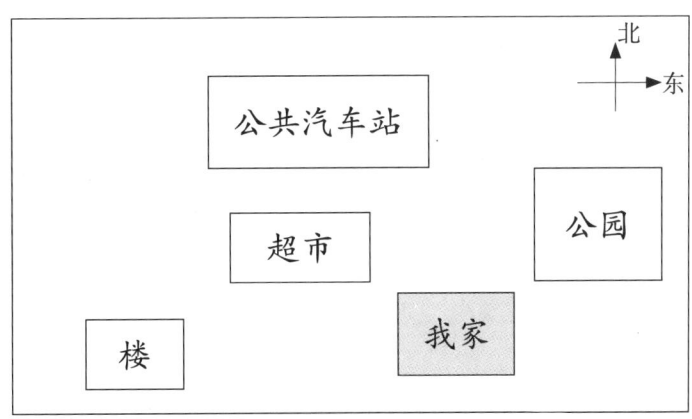

Lesson 19
你家怎么走

精听部分 INTENSIVE LISTENING

课文 Text 🎧 19-3

小李：小张，我想请你去我家玩儿。

小张：好啊，哪天？

小李：星期六怎么样？

小张：星期六我要送朋友去机场。星期天你有时间吗？

小李：当然有。

小张：那我星期天上午去。对了，小李，你家怎么走啊？

小李：你坐22路车到西四下车，下车后往南走，第一个路口向右拐，然后一直往前走，到邮局再往北走，你就能看见两栋灰色的楼，我家在南边那栋楼的802。

小张：好，知道了。

小李：这样，下车以后你给我打电话，我去车站接你。

小张：好的。

你家怎么走 19

预听 Warm-up Exercises 🎧 19-2

 一 听下列对话，回答问题 Listen and answer the questions. 🎧

1. 男：请问，去西单商场坐什么车？
   女：在师大东门坐22路或726路公共汽车，西单商场下车。
   问：可以坐什么车去西单商场？

2. 男：请问，去食堂怎么走？
   女：一直往前走，在第一个路口向右拐，再往前走几米就到了。
   问：去食堂怎么走？

3. 男：请问，到王府井怎么坐车？
   女：坐810公共汽车，到故宫换103路电车。
   问：到王府井坐什么车？

4. 男：王老师，学校里有书店吗？
   女：有，你从这儿向前走，到第二个路口向左拐，学生宿舍的前边就是。
   问：去书店怎么走？

5. 男：请问，图书馆在哪儿？
   女：一直往前走，在邮局的旁边。
   问：去图书馆要拐弯吗？

答案　1. 22路或726路公共汽车。　2. 往前走，第一个路口向右拐。
3. 坐810路公共汽车，到故宫换103路电车。
4. 向前走，到第二个路口向左拐，学生宿舍的前边。　5. 不用。

 二 听录音，写出序号 Listen and write down the sequence numbers. 🎧

去邮局，你向左拐，一直往前走，到十字路口往右拐，再走一会儿，到丁字路口向右拐就到了。

答案
　　2　一直往前走
　　4　到丁字路口向右拐
　　3　到十字路口往右拐
　　1　向左拐

· 99 ·

精听 Intensive Exercises 🎧 19-4

一 听对话，选择正确答案 Listen and choose the correct answer.

1. 小李想请小张哪天去他家？
2. 小张星期六有什么事？
3. 小张什么时候去小李家？

答案　1. A　　2. B　　3. B

二 听对话，判断正误 Listen and decide whether the statements are true or false.

答案　1. ×　　2. ×　　3. √　　4. ×

发展 Further Exercises 🎧 19-5

一 根据你的学校的实际情况回答问题

Answer the questions according to the actual situation on your campus.

1. 去食堂怎么走？
2. 去图书馆怎么走？
3. 去你的宿舍怎么走？
4. 去办公室怎么走？
5. 银行在哪儿？

二 听录音，根据地图判断他们要去什么地方

Listen and look at the map. Then find out where they are going.

1. 往前走，到第一个路口向右拐，到丁字路口向北拐，路边就是。
2. 往前走，过了十字路口就看到了，路右就是，对面有一个银行。
3. 你一直往前走，到第二个十字路口向西拐就是。
4. 你往前走，到十字路口向西拐，体育馆旁边就是。
5. 在第一个路口向东拐，到丁字路口向北走，再过一个路口就是。

答案　1. 超市　　2. 邮局　　3. 地铁站　　4. 商场　　5. 医院

19 你家怎么走

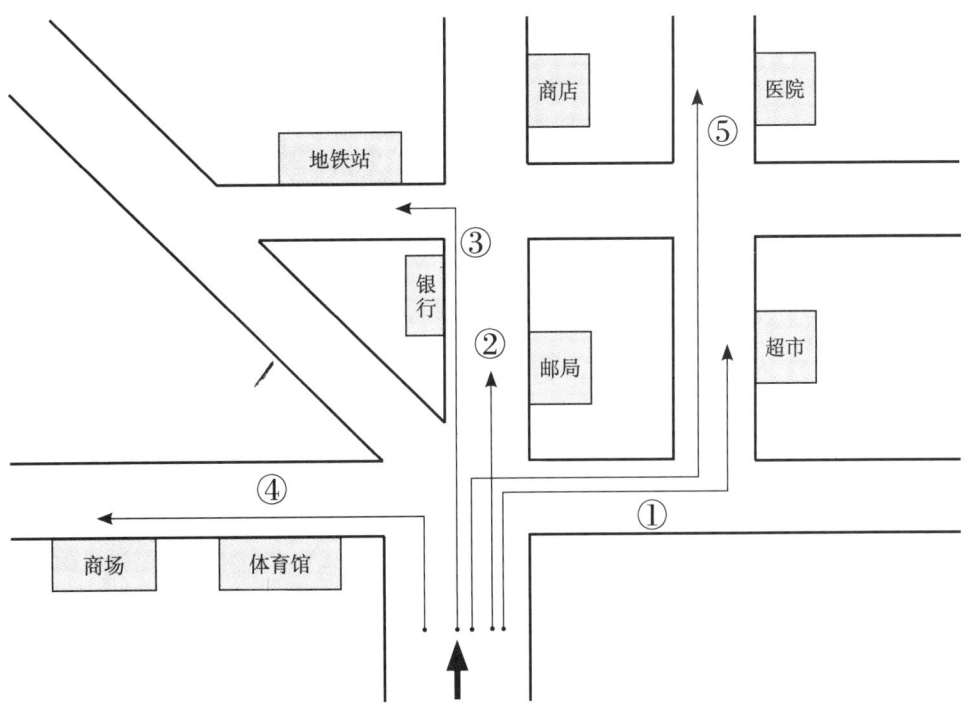

泛听部分 EXTENSIVE LISTENING

课文 Text 19-7

今天我去大使馆办事，为了不迟到，我一点就出发了，坐地铁到建国门站下车，然后走过去。我以前和朋友一起来过大使馆，可是我走着走着觉得路不对了，我赶快往回走，在一个路口来来回回地走了三次，就是找不到。最后我问了一个路人，才知道原来我应该在第二个路口右拐，可是我却左拐了。等我到的时候，大使馆已经关门了。明天我要再去一次。

练习　Exercises　19-8

一　听短文，回答问题 Listen and answer the questions.

1. 昨天"我"去了哪儿？
2. "我"是和谁一起去的？
3. "我"到的时候大使馆为什么关门了？

答案　1. 大使馆。　2. 我一个人。　3. 去晚了。

二　听短文，判断正误 Listen and decide whether the statements are true or false.

答案　1. √　2. ×　3. √　4. ×

Lesson 20
城市交通

精听部分 INTENSIVE LISTENING

课文 Text 🎧 20-3

女：嘿，出租车！

男：您去哪儿？

女：北京饭店。

男：好嘞。

女：从这儿到北京饭店要多长时间？

男：不堵车20分钟左右，现在正是下班高峰，不好说。你看，前面有些堵车，我们得等一会儿了。

女：没关系。这儿常常堵车吗？

男：是的，尤其是每天早上八九点和下午五六点上下班高峰，车特别多，路不好走。您是第一次来北京吧？

女：您是怎么知道的？

男：这时候去北京饭店，坐地铁更方便，不堵车。这几年北京地铁发展很快，坐地铁又便宜又方便。

女： xiè xie nín   xià cì wǒ zuò dì tiě
　　谢谢您，下次我坐地铁。

男： guò le lù kǒu jiù dào le   jīn tiān hái shi bǐ jiào kuài   zhǐ yòng le bàn ge xiǎo shí
　　过了路口就到了。今天还是比较快，只用了半个小时。

女： xiè xie nín
　　谢谢您。

预听 Warm-up Exercises 🎧 20-2

二 听录音，写出他们选择的交通工具

Listen and write down the means of transport that they choose.

1. 我每天骑车上班。

2. 我喜欢开车。

3. 以前我坐公共汽车，现在有了地铁，方便多了。

4. 坐公共汽车要倒车，很麻烦，可是没办法。

答案　1. 自行车　　2. 汽车　　3. 地铁　　4. 公共汽车

精听 Intensive Exercises 🎧 20-4

一 听对话，回答问题 Listen and answer the questions.

1. 这两个人在哪儿说话？

2. 女的要去哪儿？

3. 男的是什么人？

答案　1. 出租车上。　　2. 北京饭店。　　3. 出租车司机。

二 听对话，判断正误 Listen and decide whether the statements are true or false.

答案　1. ✓　　2. ✗　　3. ✓　　4. ✗　　5. ✗　　6. ✗　　7. ✓

城市交通 20

发展 Further Exercises 20-5

二、听对话或句子，选择正确答案 Listen and choose the correct answer.

1. 男：冬天就要到了。
   女：我得去买大衣了。
   问：女的是什么意思？

2. 我得走了，作业还没做呢。
   问：这句话是什么意思？

3. 北京人说话和我的老师不一样，我的老师说话比较清楚。
   问：谁说的话更容易听懂？

4. 这个月比较忙。
   问：这个月忙还是上个月忙？

5. 我今年能不能去旅行，不好说。
   问：她能去旅行吗？

6. 这儿的山水很美，每年都有很多人来这儿旅游，尤其是冬天。
   问：这里怎么样？

答案　1. B　2. B　3. B　4. A　5. C　6. C

泛听部分 EXTENSIVE LISTENING

课文 Text 20-7

男：请问，去火车站怎么走？
女：您去哪个火车站？
男：去上海在哪个火车站坐车？
女：北京站。从这儿到北京站比较远，您得坐车去。
男：坐什么车？

女：公共汽车、地铁或者出租车都可以。

男：从这儿到火车站要多长时间？

女：坐公共汽车要倒车，比较麻烦，要用一个多小时。坐出租车很快，不堵车，二十分钟就到了，但是很贵。

男：我要坐晚上七点的火车，我坐出租车去吧。

女：你还是坐地铁去吧，现在路上正堵车呢。

男：北京常堵车吗？

女：上下班高峰车多，路不好走。

男：地铁站远吗？

女：不远，就在前面。

男：谢谢你。

练习 Exercises 20-8

一 听对话，回答问题 Listen and answer the questions.

1. 这两个人在哪儿说话？
2. 男的要去哪儿？
3. 去那儿有哪些方法？

答案 1. 路上。 2. 火车站。 3. 坐公共汽车、坐地铁，或者坐出租车。

二 听对话，选择正确答案 Listen and choose the correct answer.

1. 从说话的地方到哪儿不远？
2. 坐什么最慢？
3. 现在是什么时间？
4. 男的打算怎么去车站？

答案 1. C 2. A 3. B 4. C

单元测试二（11~20课）

Unit Test II (Lessons 11~20)   Test 02

一 听录音，回答问题 Listen and answer the questions.

1. 你喜欢什么颜色？
2. 去面试穿什么好？
3. 你穿多大号的鞋？
4. 你身体好吗？
5. 你家在学校的哪个方向？
6. 去食堂怎么走？
7. 你常去哪儿买东西？
8. 超市的东西贵吗？
9. 从你家到学校远吗？
10. 你哪儿不舒服？

二 听句子或对话，回答问题 Listen and answer the questions.

1. 这苹果怎么卖？
   问：回答会是什么？

2. 红色的衣服比黑色的贵。
   问：哪件衣服便宜？

3. 请给我拿一件小一点儿的。
   问：这件衣服合适吗？

4. 这双41的有点儿小，请给我42的试试。
   问：说话人在做什么？

5. 男：租这套房子一个月多少钱？
   女：一个月3000元。
   男：这么贵！是我现在的房子的两倍。
   问：他现在住的房子一个月多少钱？

6. 男：你好好儿休息，别忘了吃药。
   女：谢谢你来看我。
   问：女的怎么了？

7. 男：你打算马上回国吗？

女：我一考完试就回国。

问：女的马上回国吗？

8. 男：飞机什么时候到？

女：刚才通知说，因为下雪，飞机推迟起飞。

问：飞机准时吗？

9. 男：听说你们都住在外面，为什么不住在学校里呢？

女：我们也想住在学校里，可是一个房间也没有了。

问：女的为什么不住在学校里？

10. 男：请问学校里有邮局吗？

女：有，你一直往前走，到路口往右拐，走几步就看见邮局了。

问：去邮局怎么走？

答案 1. 三元一斤（一斤三块钱/……）。 2. 红色的那件。 3. 不合适。 4. 试鞋。 5. 1500元。 6. 病了。 7. 不。 8. 不准时。 9. 没有房间了。 10. 往前走，看见路口右拐。

三 听句子或对话，选择正确答案 Listen and choose the correct answer.

1. 这个暑假他去辅导班学英语，他本来是要去旅游的。

问：这个暑假他做什么？

2. 老师让我替他给孩子们讲故事。

问：应该是谁来讲故事？

3. 男：请给我换一个房间，这个房间太小了。

女：对不起，只有这一间了。

问：男的能换房间吗？

4. 女：你看，这件黄色的衣服多漂亮啊！

男：这不是我想要的，颜色太浅了。

问：这件衣服是什么颜色的？

5. 男：你别着急，等一会儿我帮你写。

女：好极了！

问：女的怎么样？

6. 男：这件衣服你喜欢吗?
   女：还可以。
   男：那就买吧。
   女：算了，有点儿贵。
   问：女的买这件衣服了吗?

7. 男：太晚了，已经没有公共汽车了。
   女：那我们一边走一边等出租车吧。
   问：他们要做什么?

8. 男：几年不见，小王变了很多。
   女：我觉得她还和以前一样。
   问：女的认为小王变了吗?

9. 男：银行在哪里?
   女：你看，这是邮局，邮局的北边是医院，银行在医院和邮局的中间。
   问：银行在医院的哪个方向?

10. 男：请问王府井怎么走?
    女：你一直往前走，然后在十字路口往右拐，再往前走到第二个丁字路口，往左拐就到了。
    问：在哪儿往右拐?

答案　1. A　2. A　3. B　4. B　5. B　6. B　7. C　8. C　9. B　10. A

四　听短文，判断正误 Listen and decide whether the statements are true or false.

昨天，我去我的中国朋友家。他们一家热情地欢迎我。我朋友的妈妈做了很多菜，又好看又好吃。我觉得最好吃的是饺子。吃饭的时候，他们不断地把菜夹到我的碗里，我一直吃，吃了很多。今天，我觉得肚子有点儿疼，一定是昨天吃多了。

答案　1. √　2. √　3. ×　4. √　5. √　6. ×　7. √　8. ×

五　听对话，填空 Listen and fill in the blanks.

A：你哪儿不<u>舒服</u>?
B：<u>我头疼、嗓子疼</u>。
A：先<u>量一下体温</u>。

三十七度八，有点儿发烧。张开嘴，我看一下。

B：啊——

A：你感冒了。没关系，打一针、吃点儿药就好了。

六 听短文，回答问题 Listen and answer the questions.

昨天，我和小张一起去了动物园。我们是骑车去的，骑车比较方便，也不远。从学校去那儿有很多走法，小张怕我不敢在人多的路上骑，就带我出校门往南骑，然后上二环，一直到西直门再向西拐。这条路很宽，人很少，我们一边骑，一边聊天儿，很快就到了动物园。因为是星期天，动物园里人很多，很多是年轻的父母带着孩子。我们看了很多动物，像熊猫、猴子什么的，有意思极了。

1. 昨天她去了哪儿？
2. 她是和谁一起去的？
3. 他们是怎么去的？
4. 昨天是星期几？
5. 动物园里很多都是什么人？
6. 在动物园里他们看到了什么？

答案 1.动物园。 2.和小张一起。 3.骑车。 4.星期六。
5.年轻的父母带着孩子。 6.很多动物，像熊猫、猴子什么的。

Lesson 21
坐火车还是飞机

精听部分 INTENSIVE LISTENING

课文 Text 🎧 21-3

男：老师，"十一"我想去上海，怎么去方便？

女：飞机当然最快，大概两个小时左右就到了。如果是我，我就坐火车去，火车站就在市中心，很方便。从市区到机场很远，太麻烦了。

男：坐火车要很长时间，很累吧？

女：现在到上海的火车都是卧铺，晚上六七点上车，第二天早晨八点左右就到了，只要十三四个小时，在车上睡一觉，一点儿也不累。坐高铁，五个小时左右就到了。而且，在火车上还可以和人们聊聊天儿、练习练习你的口语呢。

男：那怎么买票呢？

女：学校的北边有一个售票处，到上海的火车票提前10天卖票，你可以去问问。

男：那我今天就去问。谢谢老师！

预听 Warm-up Exercises 21-2

一 根据实际情况回答问题 Answer the questions according to the fact.

1. 旅行时,可以选择什么样的交通工具?

答案　飞机/火车/汽车/……

二 听录音,判断他们喜欢不喜欢坐火车

Listen and tell whether they like to travel by train or not.

1. 我对坐火车在中国旅行很感兴趣。
2. 火车,慢了一点儿。
3. 坐火车去,是一个好主意。
4. 你也想坐火车去,太好了!
5. 买不到飞机票,我只好坐火车。

答案

	1	2	3	4	5
喜欢	√		√	√	
不喜欢		√			√

精听 Intensive Exercises  21-4

一 听对话,回答问题 Listen and answer the questions.

1. 去上海坐什么最快?
2. 坐火车去上海有什么好处?
3. 男的应该在什么时候订票?
4. 男的可以去哪儿订票?

答案　1. 坐飞机。　　2. 可以睡觉休息,还可以和人们聊天儿。
　　　3. 提前10天。　4. 去学校北边的售票处。

二 听对话,填空 Listen and fill in the blanks.

答案

1. 从北京到上海可以坐<u>飞机</u>,要<u>两个小时</u>;也可以<u>坐火车</u>,要<u>十三四个小时</u>;

还可以坐高铁，要五个小时左右。

2. 坐卧铺，可以睡一觉，一点儿也不累。

3. 坐火车可以和人们聊天儿，练习口语。

 三 听对话，判断正误 Listen and decide whether the statements are true or false.

答案　1. ×　　2. ×　　3. √　　4. ×

发展　Further Exercises　🎧 21-5

 二 听句子，选择正确答案 Listen and choose the correct answer. 🎧

1. 他们说好八点见面。他在学校门口等了一个小时左右，朋友也没来，他就走了。

    问：他可能是什么时候走的？

2. 我们班大概有十个人想坐火车去。

    问：大概有多少人想坐火车？

3. 今天老师告诉我们，28号的考试提前两天进行。

    问：他们哪天考试？

4. 我们的会提前了两天，18号开始。

    问：他们的会本来是哪天开始？

5. 这件事他一点儿也不知道。

    问：他知道这件事吗？

6. 没想到，她会说一点儿汉语。

    问：她会说汉语吗？

7. 我一点儿也不喜欢唱歌。

    问：他喜欢唱歌吗？

8. 如果有地图，我就不会找不到了。

    问：这句话的意思是什么？

答案　1. B　　2. A　　3. A　　4. C　　5. C　　6. B　　7. C　　8. B

三 听录音，根据实际情况回答问题

Listen and answer the questions according to the fact.

1. 你坐火车旅行过吗？
2. 你喜欢坐火车吗？
3. 坐火车和坐飞机去旅行，你选哪一个？

泛听部分 EXTENSIVE LISTENING

课文 Text 21-7

火车一直是中国人出行的主要交通工具。2007年4月18日零点，中国开始第六次铁路大提速。在这次提速中新增了"D"字头的列车，人们称为"动车组"。以"和谐号"命名的动车组的最高时速可以达到300公里，是普通火车的两倍，可以说是中国最快的火车。动车组列车主要是在广州到深圳、上海到杭州、上海到南京、北京到天津、北京到上海等城市之间开行。和一般的火车不一样，和谐号动车组在中途车站停留时间很短，一般是一两分钟。和谐号动车组的票价也比同样线路上的特快列车要高得多，有时比打折飞机票还贵，不过，这并没有阻挡人们乘坐的热情。

练习 Exercise 　🎧 21-8

听短文，回答问题 Listen and answer the questions. 🎧

1. 动车是什么？
2. 动车有什么特点？
3. 哪些城市之间有动车？

答案

1. "D"字头的火车。
2. 时速快，是普通火车的两倍。
3. 广州—深圳，上海—杭州，上海—南京，北京—天津，北京—上海。

Lesson 22
飞机什么时候到

精听部分 INTENSIVE LISTENING

课文 Text 🎧 22-3

男：请问从上海来的CA 123到了吗？

女：还没有。

男：刚才你们说飞机推迟起飞，一个小时以后到，怎么还没到呢？

女：对不起。因为上海下大雨，所以飞机又推迟起飞了。

男：那么飞机什么时候能到呢？

女：现在上海的雨刚停，飞机10分钟以前刚起飞，大概一个小时以后到。

男：还要一个小时？本来飞机应该12点到，我连午饭都没吃，11点就到了。现在我已经等了两个多小时了。

女：真对不起。我们大厅东边有一个休息室，您可以在那儿休息一会儿，也可以去楼下的餐厅吃点儿东西。

男：好吧，我希望一个小时后飞机能到。

预听 Warm-up Exercises 🎧 22-2

一 根据录音内容，写出刚学过的生词
Write down the new words you have just learned according to the recording.

1. 飞机出发
2. 八点上课，八点到
3. 坐车或者坐飞机的人
4. 火车应该八点到，现在九点到
5. 说话前一点儿的时间

答案 1. 起飞　 2. 准时　 3. 乘客　 4. 晚点　 5. 刚才

二 听写，并写出意思相反的词 Write down the words you hear and their antonyms.

1. 接（— 送）　　　　3. 停（— 开）
2. 推迟（— 准时）　　4. 以后（— 以前）

精听 Intensive Exercises 🎧 22-4

一 听对话，选择正确答案 Listen and choose the correct answer.

1. 飞机什么时候能到？
2. 男的在机场一共要等多长时间？
3. 休息室在哪儿？
4. 飞机准时到达了吗？

答案 1. A　 2. C　 3. A　 4. C

二 听对话，回答问题 Listen and answer the questions.

1. 飞机为什么又推迟起飞了？
2. 飞机可能什么时候到？
3. 男的吃饭了吗？为什么？

答案 1. 上海下雨了。　 2. 一个小时以后。　 3. 还没有，等飞机。

三 听对话，判断正误 Listen and decide whether the statements are true or false.

答案 1. √　 2. ×　 3. √　 4. √　 5. √　 6. √　 7. ×

发展 Further Exercises 22-5

一、下面是机场、车站的一些通知，请说说这些通知的内容

Listen to the following announcements at airports and railway stations. Then talk about the information given in these announcements.

1. 从广州开往北京的12次列车3点55分准时到达，请大家准备接车。
2. 从西安开往北京的24次列车晚点一个小时，16点20分到达。
3. 从北京开往上海的K21次列车20点50分开车，请大家上车。
4. 从上海飞往西安的CA221班机，因为天气原因，晚点40分钟。
5. 乘坐CA335航班飞往广州的乘客现在开始登机了。
6. 下面广播通知：因为下雪，所有班机推迟起飞，请大家原谅。

二、听句子，选择正确答案 Listen and choose the correct answer.

1. 他连饭也没吃就睡了。
   问：这句话是什么意思？

2. 他连古汉语书都能看懂。
   问：从这句话中我们可以知道什么？

3. 这个问题连小孩子都知道。
   问：这个问题容易吗？

4. 现在是八点，刚才他给我打了一个电话。
   问：他可能几点打的电话？

5. 他上个月刚到北京，现在在找工作。
   问：他是什么时候来北京的？

6. 一年前，她刚到北京的时候，一个朋友也没有。
   问：她到北京多长时间了？

7. 刚才我去买了一张机票。
   问：他什么时候去买的机票？

8. 坐飞机到上海大概要两个小时。
   问：到上海正好是两个小时吗？

9. 雨停了。

问：现在还下雨吗？

答案　1. B　　2. A　　3. A　　4. C　　5. A　　6. B　　7. C　　8. B　　9. B

泛听部分 EXTENSIVE LISTENING

课文 Text 22-7

老李：老李！

老张：老李！着急了吧？

老李：是啊，说是上海下大雨，飞机推迟起飞了？

老张：对。对不起，让你久等了。

老李：没关系。欢迎你们来北京旅行！路上辛苦了。

老张：还好，这次来北京又要麻烦你了。

老李：别客气。你们的房间我已经订好了，在北京饭店，订了两个房间。

老张：辛苦你了。

老李：还有，这四天的日程也已经安排好了，你们一会儿看看有什么意见。

老张：好的。

老李：车在外边，我们走吧。

老张：请。

练习 Exercise 22-8

听对话，回答问题 Listen and answer the questions.

1. 这个对话发生在哪儿？
2. 老李来这儿干什么？
3. 老张他们来北京做什么？
4. 老张他们住在哪儿？
5. 老张他们要在北京住多长时间？

答案 1. 机场。 2. 接老张他们。 3. 旅行。 4. 北京饭店。 5. 四天。

Lesson 23
我想订两张票

精听部分 INTENSIVE LISTENING

课文 Text 🎧 23-3

男：你好，请问是快乐旅行订票处吗？

女：是的。我能为您做些什么？

男：我想订两张从北京到广州的机票。

女：单程还是往返？

男：单程。

女：您要哪天的机票？

男：这个月16号。

女：下午1点25分，国航；下午4点半，南航，您要哪个航班？

男：没有上午的航班吗？

女：对不起，上午10点的已经订完了。

男：那我要下午1点25分的，有没有折扣？

女：有，都是8折，现在价格是1510元。请告诉我

```
           chéng jī rén xìng míng
           乘 机 人 姓 名。
           lǐ huá  zhāng péng
    男：李华、张朋。
           qǐng gào su wǒ nín de xìn yòng kǎ hào
    女：请告诉我您的信用卡号。
           hǎo de
    男：好的。……
```

预听 Warm-up Exercises 🎧 23-2

一 听录音，根据实际情况回答问题

Listen and answer the questions according to the fact.

1. 你订过票吗？
2. 你订过什么票？
3. 你是怎么订票的？

二 听对话，选择正确答案 Listen and choose the correct answer.

1. 男：我要预订两张到上海的飞机票。
   女：1050 元一张。
   问：男的应该付多少钱？

2. 男：我想订两个房间，一个双人间，一个单人间。
   女：好的，请告诉我时间。
   问：男的在做什么？

   答案 1. A   2. A

精听 Intensive Exercises 🎧 23-4

一 听对话，选择正确答案 Listen and choose the correct answer.

1. 男的在做什么？
2. 有几个上午去广州的航班？

   答案 1. B   2. C

二 听对话，回答问题 Listen and answer the questions.

1. 男的想订的是什么时间的票？
2. 男的订了什么时间的票？

答案　1. 16号上午的。　　　2. 16号下午1点25分的。

三 听对话，判断正误 Listen and decide whether the statements are true or false.

答案　1. ×　　2. ×　　3. ×　　4. ×　　5. √　　6. √

发展 Further Exercises　　23-5

一 听对话，填表 Listen and fill in the table.

男：我下个星期去上海，得订一张机票。

女：你可以上网去订。

男：对呀，我现在就订。我要订往返的。出发城市是北京，到达城市是上海；出发日期，10月18号；返回日期，10月22号；人数，1个人。好，搜索一下。哇，有这么多航班呢。

女：你先选去的，然后选回的。

男：去就选下午3点55的，回程选晚上7点10分的。预订。个人信息：乘机人姓名：张小天；证件：身份证；证件号码：11010819660606××××；联系方式：电话，13901212233；银行卡号：……好了。

女：你看，方便吧？

男：是，真的很方便。

答案

姓名	张小天	人数	1
证件	身份证	证件号码	11010819660606××××
出发城市	北京	到达城市	上海
出发日期、时间	10月18日 3：55	返回日期、时间	10月22日 7：10
电话	13901212233		

二 听答句，说出问句 Ask questions according to the answers you hear.

1. B：对不起，没有折扣。
   答案 A：请问有折扣吗？

2. B：对不起，您要的航班已经订完了。
   答案 A：还有这个航班的机票吗？

3. B：我的地址是幸福大街180号。
   答案 A：请问您的地址是——

4. B：去上海的机票价格是960元。
   答案 A：去上海的机票是多少钱？

5. B：我想要一个双人间。
   答案 A：您想要单人间还是双人间？

泛听部分 EXTENSIVE LISTENING

课文 Text 23-7

（电话铃声 The telephone rings.）

女：喂，您好！大连饭店客房预订处。我能为您做点儿什么？

男：我想订一个房间。

女：什么时间的？

男：10月15、16号两晚。

女：请稍等，我帮您查一下。您要什么样的房间？

男：我要一个双人标准间。一晚上多少钱？

女：330块。

男：
yǒu méi yǒu pián yi yì diǎnr de
有没有便宜一点儿的？

女：
bú shì hǎi jǐng fáng　　liǎng/èr bǎi bā shí kuài　　kě yǐ ma
不是海景房，280块，可以吗？

男：
kě yǐ
可以。

女：
qǐng gào su wǒ nín de xìng míng hé diàn huà
请告诉我您的姓名和电话。

男：
wǒ xìng jīn　jiào jīn xīng　wǒ de shǒu jī hào mǎ shì　yāo sān èr líng qī bā liù wǔ wǔ liù èr
我姓金，叫金星。我的手机号码是13207865562。

女：
hǎo de　nín dìng le yí ge shuāng rén biāo zhǔn jiān　shí yuè shí wǔ　shí liù hào
好的。您订了一个双人标准间，10月15、16号
liǎng tiān　měi tiān liǎng/èr bǎi bā shí kuài　duì ma
两天，每天280块，对吗？

男：
duì　xiè xie
对，谢谢。

女：
xiè xie nín yù dìng wǒ bīn guǎn de fáng jiān　yù zhù nín lǚ tú yú kuài
谢谢您预订我宾馆的房间。预祝您旅途愉快！

练习 Exercise

听对话，判断正误 Listen and decide whether the statements are true or false.

答案　1. √　2. √　3. ×　4. ×　5. ×　6. ×

Lesson 24
这个周末做什么

精听部分 INTENSIVE LISTENING

课文 Text 24-3

男：这个周末做什么？

女：天气这么好，我们去郊游吧。

男：这主意不错。去哪儿呢？

女：听说龙庆峡的风景不错，有山有水，我想去看看。

男：那儿远吗？

女：有80多公里。从学校开车到那儿要一个多小时，坐公共汽车就要三四个小时了。

男：那我们开车去。带上吃的东西，中午就在那儿野餐了。

女：好极了！我们早上8点出发，到龙庆峡大概9点左右，划船、爬山，然后野餐，下午4点左右回来。

男：8点出发，太早了。

女：那我们晚一点儿出发，九点，行吗？

男：好。我们到那儿先吃饭，然后爬山、划船。

女：jiù zhè me jué dìng le　wǒ men xiàn zài jiù chū fā ba
　　就这么决定了。我们现在就出发吧。

男：xiàn zài　qù nǎr
　　现在？去哪儿？

女：mǎi chī de dōng xi ya
　　买吃的东西呀。

预听　Warm-up Exercises　🎧 24-2

一 听录音，判断说话人同意还是不同意

Listen and tell whether the speaker agrees or disagrees.

1. 好啊，我们一起去。
2. 不行，我没有时间。
3. 别去了，在家好好儿休息休息吧。
4. 我没意见，听你们的。
5. 这主意不错。
6. 算了，以后再说。

答案

	1	2	3	4	5	6
同意	√			√	√	
不同意		√	√			√

二 听一听，说一说他们对周末的安排是"建议"还是"决定"

Listen and tell whether each speaker's plan for the weekend is a recommendation or a decision.

1. 这个周末我们去西单逛逛，怎么样？
2. 这个周末我和朋友一起去香山。
3. 周末有空儿吗？我们一起去划船吧。
4. 别说了，我们去爬山了。
5. 周末我们去看电影，行吗？

答案

	1	2	3	4	5
建议	√		√		√
决定		√		√	

精听 Intensive Exercises 24-4

一 听对话，回答问题 Listen and answer the questions.

他们在说什么事？

答案　郊游的事。

二 听对话，选择正确答案 Listen and choose the correct answer.

1. 他们打算怎么去郊游？
2. 他们打算在哪儿吃午饭？
3. 他们想在龙庆峡玩儿多长时间？
4. 他们决定什么时候出发？
5. 他们大概几点回到学校？
6. 女的现在要去哪儿？

答案　1. B　2. C　3. C　4. B　5. A　6. C

三 听对话，判断正误 Listen and decide whether the statements are true or false.

答案　1. √　2. ×　3. √　4. ×　5. ×　6. √

泛听部分 EXTENSIVE LISTENING

课文 Text 24-6

nán　　xiǎo zhāng　zhōu mò guò de zěn me yàng
男：小　张，周　末　过　得　怎　么　样？

女：还不错。和朋友去怀柔玩儿了。你怎么样？

男：我呀，哪儿也没去，就在家里睡觉了。

女：都在家里待了一个冬天了，周末为什么不出去玩儿玩儿，晒晒太阳、看看花儿呢？

男：去远的地方吧，没有车；去近的公园吧，都是人。

女：是啊，我们去的地方也到处是人。回来的时候，在路上堵了三个小时，八点才到家。

男：所以，像我这样最好。累了一个星期，周末就别再给自己添累了。

练习 Exercise

听对话，判断正误 Listen and decide whether the statements are true or false.

答案　1. √　　2. √　　3. ×　　4. ×　　5. ×　　6. √

Lesson 25
明天又要下雨

精听部分 INTENSIVE LISTENING

课文 Text 🎧 25-3

男：哎，你在做什么？

女：我在准备旅行的东西，明天我们去长城。

男：天气预报说明天会下雨。

女：是吗？这个星期下了五天的雨，才晴了两天，又要下雨？

男：有什么办法呢？我也不喜欢下雨。

女：都说北京的秋天秋高气爽，晴空万里，怎么总是下雨呢？

男：我觉得现在像南方的秋天，几乎每天出门都要带伞，太麻烦了。

女：我觉得下雨让我心情不好，总是让我想一些不高兴的事。

男：你也别不高兴，过几天天气就好了，到时候我们一起去长城。

女：好的。

明天又要下雨 25

 预听　Warm-up Exercises　🎧 25-2

一　听写，然后写出能与它们搭配的动词
　　Write down the words you hear and then match each of them with a verb.

　1. 雨　　2. 雪　　3. 冰　　4. 风

　搭配举例　1. 下雨　　2. 下雪　　3. 结冰　　4. 刮风

二　听天气预报，填表 Listen and fill in the table.

下面播送城市天气预报：北京，小雨转多云，9到19度；西安，阴转多云，11到18度；拉萨，小雪，零下3度到13度；济南，晴，10到20度；上海，多云转晴，16到23度；……

答案

城市	天气	气温
北京	小雨转多云	9℃~19℃
西安	阴转多云	11℃~18℃
拉萨	小雪	-3℃~13℃
济南	晴	10℃~20℃
上海	多云转晴	16℃~23℃

 精听　Intensive Exercises　🎧 25-4

一　听对话，回答问题 Listen and answer the questions.

　1. 女的在做什么？
　2. 男的告诉她什么？
　3. 女的听了以后心情怎么样？

　答案　1. 准备去长城旅行的东西。　　2. 天气预报说明天会下雨。
　　　　3. 心情不好。

二　听对话，选择正确答案 Listen and choose the correct answer.

　1. 天气预报说明天的天气怎么样？
　2. 为什么几乎每天出门都要带伞？

· 131 ·

3. 女的觉得下雨怎么样？

4. 他们什么时候去长城？

答案　1. C　　2. A　　3. C　　4. C

三 听对话，判断正误 Listen and decide whether the statements are true or false.

答案　1. ×　　2. √　　3. √　　4. ×　　5. ×　　6. ×

发展　Further Exercises　🎧 25-5

一 听录音，回答问题 Listen and answer the questions.

南方的秋天和北京的秋天天气有什么不一样？

答案　北京的秋天秋高气爽，晴空万里。南方的秋天经常下雨。

二 听录音，判断他们喜欢什么样的天气，并说明原因

Listen and tell what weather each speaker likes. Why?

1. 我喜欢在雨中散步。
2. 下雪了，树上、房上都是白的，真漂亮！
3. 天晴了，可以出去玩儿了。
4. 在太阳下做什么都很热，有云多好呀。
5. 不喜欢刮风，太脏了，希望风和日丽。
6. 今天阴天，一定很舒服。

答案

	喜欢的天气	原因
1	下雨	可以在雨中散步
2	下雪	树上、房上都是白的，很漂亮
3	晴天	可以出去玩儿
4	多云	不那么热
5	风和日丽	刮风太脏了
6	阴天	很舒服

三 听录音，判断他们喜欢什么季节，并说明原因
Listen and tell what season each speaker likes. Why?

1. 我喜欢吃冰淇淋，夏天可以吃很多冰淇淋。
2. 人们都喜欢春天，我还是喜欢秋天，天多蓝啊！
3. 我喜欢冬天，可以去滑雪。
4. 我喜欢照相，春天拍出来的照片最漂亮了。
5. 冬天虽然很冷，但我喜欢下雪。

答案

	喜欢的季节	原因
1	夏天	可以吃很多冰淇淋
2	秋天	天很蓝
3	冬天	可以滑雪
4	春天	可以拍出最漂亮的照片
5	冬天	下雪

四 听对话或句子，回答问题 Listen and answer the questions.

1. 男：我要去他家。
   女：太晚了，别去了。
   问：女的是什么意思？

2. 男：昨天你玩儿得高兴吗？
   女：别提了。
   问：女的玩儿得高兴吗？

3. 晚上他总是去图书馆看书。
   问：他常常去图书馆吗？

4. 今天的天气像冬天一样。
   问：今天天气怎么样？

5. 我们班的同学几乎都喜欢吃饺子。
   问：他们班的同学都喜欢吃饺子吗？

6. 我几乎忘了今天还有课。
   问：她忘了上课了吗？

答案　1. 不要去。　2. 不高兴。　3. 常去。
　　　4. 很冷。　　5. 几乎都喜欢。　6. 没忘。

泛听部分 EXTENSIVE LISTENING

课文 Text 25-7

男：哎，你在做什么？
女：上网查苏州的天气。
男：苏州？
女：对呀，我周末要去苏州。看看那儿的天气，准备旅行的东西。
男：你多带点儿衣服，那儿冷。
女：冷？我看天气预报，苏州比这儿暖和呀。你看，今天北京零下3度，苏州是零上5度呢。
男：那儿很潮湿，房间里也没有暖气，又湿又冷，很不舒服。我是去年1月去苏州的，差点儿感冒了。
女：噢，那我多带点儿衣服吧。
男：别忘了带雨伞，那儿常常下雨，晴天不多。

练习 Exercise 25-8

听对话，回答问题 Listen and answer the questions.

1. 女的在做什么？
2. 为什么男的要女的多带衣服？
3. 现在是什么季节？
4. 男的去过苏州吗？
5. 你认为女的应该带些什么？

答案 1. 上网查苏州的天气。 2. 现在苏州比较冷。
3. 冬天。 4. 去过。 5. 衣服、雨伞。

Lesson 26
祝你新年快乐

精听部分 INTENSIVE LISTENING

课文 Text 26-2

新年快到了，我们班的同学在教室开了一个新年晚会。我到教室的时候，除了山下，大家都已经到了。我们的老师也来了，李老师正和一个同学聊天儿，王老师正在做吃的，张老师在洗水果。今天同学们个个都穿得漂漂亮亮的，特别是玛丽，穿了一件红色旗袍，真像中国人。我正准备给山下打电话的时候，山下抱着三束花儿进来了。晚会开始了，山下代表我们送给老师们每人一束花儿，感谢他们对我们的帮助，并祝他们新年快乐，在新的一年里身体健康，生活幸福。然后我们每人都说了自己在将来一年的计划，我的打算就是学好汉语，通过HSK六级。接着，我们表演节目、做游戏，连老师也表演了节目。我唱了中文歌《祝你平安》，希望大家一切都好。

· 135 ·

听力课本

预听 Warm-up Exercises

一、说说你知道的中国节日 Talk about the Chinese festivals you know.

小资料 Tip

中国的主要节日
Major Festivals in China

日期	节日
1月1日	元旦（Yuándàn）
农历正月初一	春节（Chūn Jié）
农历正月十五	元宵节（Yuánxiāo Jié）
4月5日	清明节（Qīngmíng Jié）
5月1日	劳动节（Láodòng Jié）
农历五月初五	端午节（Duānwǔ Jié）
农历八月十五	中秋节（Zhōngqiū Jié）
10月1日	国庆节（Guóqìng Jié）

精听 Intensive Exercises  26-3

一、听短文，判断正误 Listen and decide whether the statements are true or false.

答案　1. √　　2. ×　　3. ×　　4. ×　　5. √　　6. √　　7. √

二、听短文，回答问题 Listen and answer the questions.

1. "我们"在教室开什么晚会？
2. 谁参加了晚会？
3. "我"到的时候老师们在做什么？
4. 为什么说玛丽像中国人？
5. "我"为什么想给山下打电话？
6. 山下为什么来晚了？
7. 新年晚会有什么内容？
8. "我"表演了什么节目？为什么表演这个节目？

答案　1. 新年晚会。　　　　　　　2. 全班同学和老师。

3. 李老师正和一个同学聊天儿，王老师正在做吃的，张老师在洗水果。
4. 她穿了件旗袍。　　5. 山下还没到。　　6. 可能去买花儿了。
7. 送花儿、说自己的计划、表演节目、做游戏、唱歌。
8. 唱中文歌《祝你平安》，希望大家一切都好。

三　听短文，选择正确答案 Listen and choose the correct answer.

1. 谁是最后到的？
2. 谁在洗水果？
3. 山下是什么时候来的？

答案　1. C　　2. C　　3. B

发展　Further Exercises　26-4

一　听句子，回答问题 Listen and answer the questions.

1. 我在给朋友写信的时候，马里进来了。
   问：马里来的时候，他在做什么？

2. 我到教室的时候，大家正在做作业呢。
   问：他到教室的时候，大家在做什么？

3. 你看，那座山真像一只猴子。
   问：那座山上有猴子吗？

4. 他真像中国人。
   问：他是中国人吗？

5. 除了弟弟，我的家人都来过中国。
   问：谁来过中国？

6. 除了上海，别的城市我都没去过。
   问：他去过哪个城市？

7. 商店的衣服件件都很漂亮。
   问：这家商店的衣服怎么样？

8. 这儿的孩子，个个会游泳。
   问：这儿的孩子有不会游泳的吗？

答案　1. 在给朋友写信。　　2. 做作业。　　3. 不知道。　　4. 不是。
　　　5. 除了他弟弟，他家里人都来过。　　6. 上海。
　　　7. 都很漂亮。　　　　　　　　　　　8. 没有，都会。

二　听录音，写出这是什么时候说的话

Listen and write down the occasions on which the following sentences are said.

1. 祝你新年进步！
2. 春节快乐！
3. 好好儿休息，祝你早日康复！
4. 祝你们一路平安！
5. 愿你们旅行愉快！
6. 祝你生日快乐！
7. 祝你周末快乐！
8. 祝你们新婚快乐，白头到老！

答案　1. 元旦　　2. 春节　　3. 看望病人　　4. 送行
　　　5. 旅行　　6. 生日　　7. 周末　　　　8. 结婚

泛听部分 EXTENSIVE LISTENING

课文　Text　26-6

（敲门声　Someone is knocking at the door.）

山下：请进。

玛丽：山下，你在做什么呢？

山下：我在给我的朋友写圣诞贺卡呢。

玛丽：写了这么多！你的朋友真多啊！

山下：除了几个中国朋友，别的我都写完了。我不知道该给中国朋友写什么。

玛丽：中国人喜欢写一些祝愿的话，像"祝你新年快乐、祝你新年进步、心想事成、万事如意"什么的。

山下：谢谢你。对了，你找我有什么事？

玛丽：想请你参加我的生日晚会。

山下：是哪一天？

玛丽：12月31号。

山下：我一定参加，我还要给你写一张贺卡：祝玛丽生日快乐，新年进步！

玛丽：谢谢！

练习 Exercises 26-7

 听对话，选择正确答案 Listen and choose the correct answer.

1. 玛丽进来的时候，山下在做什么？
2. 哪句祝福的话玛丽没说？
3. 玛丽找山下有什么事？

答案　1. B　　2. C　　3. C

 听对话，判断正误 Listen and decide whether the statements are true or false.

答案　1. √　　2. ×　　3. √　　4. √

Lesson 27
我最喜欢看中国的电视剧

精听部分 INTENSIVE LISTENING

课文 Text 🎧 27-2

我过去很少看电视，到北京以后开始看电视。我看电视是为了练习听力。开始的时候，我只能看懂一些简单的节目，但是我每天坚持看一个小时的电视。我常常看新闻联播，他们说得很快，一开始，我完全听不懂，后来每天坚持听，现在就能听懂一些了，我觉得很高兴。我最喜欢看中国的电视剧，中国电视剧的内容很有意思，我既可以练习听力，又可以了解中国人的生活。除了电视剧，我还喜欢看介绍中国文化的节目。随着汉语水平的提高，我发现我能听懂的话越来越多了。我很高兴找到了这样一个好办法来练习听力。如果你想提高听力水平，也试试吧。

预听 Warm-up Exercises

 二 说说你知道的中国电视台和电视节目，并说说你喜欢看的节目

Talk about the Chinese TV channels and programmes you know as well as the programmes you like.

小资料 Tip

中国中央电视台主要频道

Major CCTV Channels

CCTV-1	综合频道 (Zōnghé Píndào)	CCTV-11	戏曲频道 (Xìqǔ Píndào)
CCTV-2	财经频道 (Cáijīng Píndào)	CCTV-12	社会与法频道 (Shèhuì yǔ Fǎ Píndào)
CCTV-3	综艺频道 (Zōngyì Píndào)	CCTV-13	新闻频道 (Xīnwén Píndào)
CCTV-4	中文国际频道 (Zhōngwén Guójì Píndào)	CCTV-14	少儿频道 (Shào'ér Píndào)
CCTV-5	体育频道 (Tǐyù Píndào)	CCTV-15	音乐频道 (Yīnyuè Píndào)
CCTV-6	电影频道 (Diànyǐng Píndào)	CCTV-News	新闻英语频道 (Xīnwén Yīngyǔ Píndào)
CCTV-7	军事农业频道 (Jūnshì Nóngyè Píndào)	CCTV-Français	法语频道 (Fǎyǔ Píndào)
CCTV-8	电视剧频道 (Diànshìjù Píndào)	CCTV-Español	西班牙语频道 (Xībānyáyǔ Píndào)
CCTV-9	纪录频道 (Jìlù Píndào)	CCTV-العرب	阿拉伯语频道 (Ālābóyǔ Píndào)
CCTV-9	纪录英语频道 (Jìlù Yīngyǔ Píndào)	CCTV-Русский	俄语频道 (Éyǔ Píndào)
CCTV-10	科教频道 (Kējiào Píndào)		

精听 Intensive Exercises 27-3

一、听短文,判断正误 Listen and decide whether the statements are true or false.

答案 1. ×   2. ×   3. √   4. √

二、听短文,回答问题 Listen and answer the questions.

1. "我"为什么看电视?
2. "我"每天看多长时间的电视?
3. "我"看得懂新闻联播吗?
4. "我"为什么喜欢看电视剧?

答案 1. 为了练习听力。   2. 一个小时。
3. 开始完全听不懂,每天坚持听,现在能听懂一些了。
4. 既可以练习听力,又可以了解中国人的生活。

发展 Further Exercises 27-4

一、听录音,判断他们是否喜欢看电视,并说明原因

Listen and tell whether they like watching TV or not. Why or why not?

1. 我喜欢看电视上的新闻节目,每天晚上都看新闻联播。
2. 我一看电视里的电视剧,就不愿意做事了。
3. 我呀,只要有体育比赛,我就看。
4. 电视上有很多电影,不用去电影院了。
5. 电视的意思就是没意思。

答案

	喜欢	不喜欢	原因
1	√		喜欢看新闻节目
2	√		喜欢看电视剧
3	√		喜欢看体育比赛节目
4	√		可以在电视里看很多电影
5		√	没意思

二 听对话或句子，选择正确答案 Listen and choose the correct answer.

1. 男：今天晚上哪个台有体育节目？
   女：中央电视台5台有足球比赛，北京电视台3台有篮球赛。
   男：我想看足球赛。
   问：男的会看哪个台的节目？

2. 女：你别总看足球了，我想看一会儿电影。
   男：我才看了五分钟。
   问：他们在说什么事？

3. 男：昨天晚上演到哪儿了？
   女：李芳出国了，男的和别人结婚了。
   问：他们在说什么？

4. 男：我的眼睛不舒服。
   女：你呀，一天到晚抱着电视，眼睛能好吗？
   问：女的是什么意思？

5. 为了这次考试，他一个月没有看电视。
   问：这一个月他为什么没看电视？

6. 现在的天气越来越热了。
   问：明天的天气可能会怎么样？

7. 随着汉语水平的提高，他的中国朋友越来越多。
   问：他的中国朋友为什么越来越多？

8. 随着收入的增加，买车的人越来越多了。
   问：买车和什么有关系？

9. 除了汉语，我还会说英语和法语。
   问：他不会哪种语言？

10. 除了我，我们班还有两位同学去了上海。
    问：谁去了上海？

答案　1. A　2. B　3. A　4. B　5. B　6. B　7. A　8. A　9. B　10. A

泛听部分 EXTENSIVE LISTENING

课文 Text 🎧 27-6

男：饭做好了吗？

女：哪那么快？我也是刚回来。你想早点儿吃饭，那就来帮我。

男：好，好，我帮你。早吃完好看电视，今天是世界杯的决赛，肯定精彩。

女：就知道看球！我就不明白，足球有什么好看的？十几个人追一个球，半天也踢不进去一个。今晚中央台的电视剧是最后一集，我得看。

男：我这世界杯四年才一次，你的电视剧什么时候不能看？今天得看球赛！

女：不行，我要看电视剧！

练习 Exercise 🎧 27-7

听对话，回答问题 Listen and answer the questions.

1. 这两个人是什么关系？
2. 他们在争论什么？
3. 女的不喜欢看什么？为什么？

答案 1. 夫妻。　　　　　　　　2. 看哪个电视节目。
3. 她不喜欢看足球比赛节目，她觉得十几个人追一个球，半天也踢不进去一个，没意思。

Lesson 28
我们赢了吗

精听部分 INTENSIVE LISTENING

课文 Text 28-3

山下：阿里，昨天下午的比赛你怎么没来？

阿里：我的同屋病了，我送他去医院了。山下，我们赢了吗？

山下：当然，昨天的比赛非常精彩。两个队都踢得很好，我们赢得很不容易。比赛刚开始，马里就进了一个球，到上半场结束，我们还是1:0，但是下半场进行到20分钟，对方10号进了一个球，1:1，我紧张极了。一直到全场结束前3分钟，山中才又进了一个，最后我们2:1赢了。

阿里：真遗憾，没有看到这么精彩的比赛。

山下：没关系，后天还有比赛，我们对中文系。

阿里：到时候我一定来给我们队加油。

预听 Warm-up Exercises 28-2

一、听录音，写出他们喜欢的运动 Listen and write down the sports they like.

1. 我喜欢打篮球，每天都和朋友们打一场。
2. 我从小练习跑步，现在跑步成了我生活的一部分。
3. 打太极拳对身体很好，我每天打两次，感冒也少了。
4. 看足球、踢足球是我的爱好。
5. 游泳是一件舒服的事。

答案 1. 打篮球   2. 跑步   3. 打太极拳   4. 足球   5. 游泳

精听 Intensive Exercises 28-4

一、听对话，回答问题 Listen and answer the questions.

1. 他们在说什么事？
2. 这是什么比赛？
3. 比赛谁赢了？

答案 1. 昨天下午比赛的事。   2. 足球比赛。   3. 山下他们队。

二、听对话，选择正确答案 Listen and choose the correct answer.

1. 阿里为什么没看比赛？
2. 昨天的比赛结果是什么？
3. 没有看到比赛，阿里觉得怎么样？
4. 什么时候还有比赛？
5. 谁没有进球？

答案 1. C   2. C   3. B   4. C   5. B

三、听对话，判断正误 Listen and decide whether the statements are true or false.

答案 1. √   2. ×   3. ×   4. ×   5. ×   6. √   7. ×

发展 Further Exercises 28-5

一、 听录音，写出这是什么运动 Listen and figure out which sports they are doing.

1. 他游得快极了。
2. 他踢了一脚，球飞进了球门。
3. 他跳起来，把球扔进了篮中。
4. 他跑得很轻松，最后得了第一。

答案　1. 游泳　　2. 足球　　3. 篮球　　4. 跑步

二、 听对话或句子，选择正确答案 Listen and choose the correct answer.

1. 女：你总是看球赛。
   男：我才看了五分钟。
   问：男的是什么意思？

2. 女：比赛怎么样了？
   男：刚开始5分钟，我们队就进了两个球。
   问：男的是什么意思？

3. 他三天就学会了太极拳。
   问：这句话是什么意思？

4. 我今天高兴极了。
   问：这句话是什么意思？

5. 这个作业他写了三天才写完。
   问：这句话是什么意思？

6. 今天我等了10分钟，车就来了。
   问：说话人觉得他等的时间长吗？

答案　1. B　　2. B　　3. A　　4. A　　5. B　　6. A

三、 听录音，用1~5表示他们从不喜欢到喜欢的程度（在数字上画圈）
Listen and circle the numbers that indicate how much the speakers like the sports.

答案

A. 我每天都打篮球。
B. 我很少运动。
C. 我不常踢球。
D. 我有时会跑跑步。
E. 我经常去游泳。
F. 我从不运动。

	不喜欢	不太喜欢	有些喜欢	比较喜欢	特别喜欢
A.	1	2	3	4	⑤
B.	1	②	3	4	5
C.	1	②	3	4	5
D.	1	2	③	4	5
E.	1	2	3	④	5
F.	①	2	3	4	5

泛听部分 EXTENSIVE LISTENING

课文 Text 28-7

男：昨天你去哪儿了？

女：打球去了。

男：打什么球？我以为你不喜欢运动呢。

女：我只喜欢网球。在大学，我们学校有一个网球俱乐部，我每星期都去练习一两次。来中国以后，学校没有网球场，不能常常打球。现在，我的一个朋友找到了一家网球中心，昨天去试了试，挺好的。

男：是吗？我也想打网球了，哪天我们一起去。

女：好啊，明天是周末，我们一起去。

男：行，不过我刚开始学，你可要手下留情啊。

女：其实我打得也不好，互相学习吧。

练习 Exercise 28-8

听对话，回答问题 Listen and answer the questions.

1. 昨天女的去哪儿了？
2. 这个周末他们打算去哪儿？做什么？

3. 他们俩可能谁的水平高？为什么？

答案 1. 去网球中心打球去了。　　2. 想去网球中心打网球。

3. 女的水平可能更高。男的刚开始学，而女的上大学的时候，每星期都练习一两次。

Lesson 29
暑假就要到了

精听部分 INTENSIVE LISTENING

课文 Text 29-3

暑假就要到了,很多大学生开始忙起来。很多学生一放暑假就参加各种辅导班,有的准备研究生考试,有的打算参加外语考试,像托福、GRE什么的,为出国留学作准备。

还有很多学生计划在暑假时找个工作,一方面可以增加收入,减轻家里的负担,另一方面,他们希望增加自己的工作经验,为毕业后找工作作准备。其实,有很多同学就是通过假期出色的工作,受到用人单位的欣赏,找到了理想的工作。

当然,也有一部分学生觉得大学时期应该多走走看看,工作的事以后再说。他们就利用假期出去旅游,增长见识。

暑假对大学生来说,不只是休息,更重要的是增加自己的能力,增长自己的见识。

暑假就要到了 29

预听 Warm-up Exercises 🎧 29-2

一、听写,并写出这些动词的宾语
Write down the verbs you hear and match each of them with objects.

答案

1. 利用　　利用时间 / 人 /……
2. 参加　　参加比赛 / 会议 /……
3. 减轻　　减轻负担 / 压力 /……
4. 增长　　增长见识 / 经验 /……

精听 Intensive Exercises 🎧 29-4

一、听短文,回答问题 Listen and answer the questions.

1. 这篇课文的主要内容是什么?
2. 大学生们在暑假里会做什么?为什么?

答案　1. 暑假大学生的安排。
　　　2. 有的人参加各种辅导班,为了考研究生或参加出国外语考试。
　　　　 有的人找工作,为了增加收入和积累工作经验。
　　　　 有的人去旅游,为了增长见识。

二、听短文,判断正误 Listen and decide whether the statements are true or false.

答案　1. √　　2. ×　　3. √　　4. ×　　5. ×

三、听短文,选择正确答案 Listen and choose the correct answer.

1. 大学生为什么参加外语考试?
2. 暑假工作有什么好处?
3. 谁更容易找到理想的工作?

答案　1. B　　2. C　　3. B

发展 Further Exercises 🎧 29-5

一、听录音,写出他们的暑假计划是什么,并说明原因

Listen and write down their plans for the summer vacation and their reasons for such plans.

1. 这个假期,我计划去旅游。明年就要毕业了,以后就没时间了。
2. 我和朋友打算去参加一个英语辅导班,准备出国考试。
3. 我已经和一家公司说好了,暑假去他们那儿工作。
4. 我呀,就在家复习,准备考研。
5. 暑假一定要计划好,我先去旅行一个星期,然后再去工作一个月。

答案

	暑假计划	原因
1	旅游	明年毕业后就没时间了
2	参加英语辅导班	参加出国考试
3	去一家公司工作	跟这家公司说好了
4	在家复习	准备考研
5	先去旅行一个星期,再去工作一个月	这是我的计划

二、听句子,回答问题 Listen and answer the questions.

1. 快上上午第一节课了,走吧。
   问:现在可能是几点?

2. 他就要回国了。
   问:他回国了吗?

3. 我以为今天会很冷,其实很暖和。
   问:今天天气怎么样?

4. 我开始的时候以为办手续很简单,其实很麻烦。
   问:办手续麻烦吗?

5. 教室里,同学们有的在看书,有的在做作业。
   问:同学们在做什么?

6. 周末的时候，我们有的去公园玩儿，有的去商店买东西。
   问：他们都去了公园和商店吗？

7. 他一有时间就去旅行。
   问：他什么时候去旅行？

8. 我一下课就去食堂吃饭。
   问：他下课以后做什么？

答案　1. 快八点或八点半。　2. 还没有。　3. 很暖和。　4. 很麻烦。
　　　5. 有的在看书，有的在写作业。　6. 是。
　　　7. 有时间的时候。　　　　　　8. 去食堂吃饭。

泛听部分 EXTENSIVE LISTENING

课文 Text　29-7

女：小王，这个暑假你去旅行吗？
男：当然。
女：你打算去哪儿？
男：我们计划从北京先坐火车到成都，一到成都就坐汽车去九寨沟。
女：我去年春天去过九寨沟，风景很美，我拍了很多照片。听说夏天那里风景最好。
男：是的。从九寨沟出来，我们就在成都附近玩儿玩儿，然后坐火车到重庆，接着从重庆坐船沿长江到武汉，去看有名的三峡。
女：还去武汉玩儿吗？

男：去，去看看黄鹤楼，然后就坐飞机回来。
女：你们这一次计划去那么多地方，要用很长时间吧？
男：我们打算用20天。你有什么安排？
女：我暑假有课。
男：真遗憾。

练习 Exercise 29-8

听对话，选择正确答案 Listen and choose the correct answer.

1. 男的是什么时候去玩儿？
2. 男的打算从什么地方坐汽车去九寨沟？
3. 女的怎么知道九寨沟风景很美？
4. 男的打算怎么去重庆？
5. 男的想到武汉看什么？
6. 三峡在哪儿？
7. 男的计划怎么回来？
8. 女的为什么不去旅行？

答案　1. A　2. B　3. C　4. C　5. B　6. C　7. C　8. A

Lesson 30
中国人的姓

精听部分 INTENSIVE LISTENING

课文 Text 🎧 30-2

中国人的姓有三千多年的历史。中国人的姓名是姓在前，名在后。现在常用的姓有二百多个，其中最常用的是李、王、张、刘、陈等。按照中国的习惯，孩子一般姓父亲的姓。名一般是一个字或者两个字，都有一定的意思，而且男女名字用的字往往不一样。如给男孩子起名，会用一些表示有力的、坚强的意思的字，如"刚、强、力"，还有的用一些表示有知识、能干的字，如"才、智"等；给女孩子起名，大多希望女孩子美丽、聪明，常用一些花草或者有美好意思的字，如"芳、兰、玉"等。看中国人的姓名，往往就可以知道父母对他们的希望，也可以了解中国文化中对男女不同的要求。

随着时代的进步，人们的看法发生了变化，认为男孩、女孩都一样，这在起名上也可以看出来，如给女孩

zǐ qǐ xiàng nán hái zi de míng zi　xiàn zài　yí duì fū qī dà duō zhǐ yǒu yí ge hái
子 起 像 男 孩 子 的 名 字。现 在，一 对 夫 妻 大 多 只 有 一 个 孩

zi　 yì xiē hái zi de míng zi wǎng wǎng shì fù mǔ xìng de jié hé　rú bà ba xìng
子，一 些 孩 子 的 名 字 往 往 是 父 母 姓 的 结 合，如 爸 爸 姓

lǐ　 mā ma xìng wáng　gěi hái zi qǐ míng jiù jiào lǐ wáng jié
李，妈 妈 姓 王，给 孩 子 起 名 就 叫 李 王 杰。

预听 Warm-up Exercises

 写出你知道的中国人的十个姓 Write down ten Chinese family names that you know.

答案 （例）李、王、张、刘（Liú）、陈（Chén）、杨（Yáng）、赵（Zhào）、黄（Huáng）、吴（Wú）、上官（Shàngguān）。

精听 Intensive Exercises  30-3

 听短文，判断正误 Listen and decide whether the statements are true or false.

答案　1. ×　2. ×　3. ✓　4. ×　5. ×　6. ✓

二 听短文，填空 Listen and fill in the blanks.

答案

1. 中国人常用的姓有<u>二百</u>多个，其中最常用的是<u>李</u>、王、<u>张</u>、刘、陈等。

2. 给男孩子起名，会用一些表示有力的、<u>坚强</u>的意思的字，如"刚、<u>强</u>、力"，还有的用一些表示<u>知识</u>、能干的字，如"才、<u>智</u>"等。

3. 给女孩子起名，大多希望女孩子<u>美丽</u>、聪明，常用一些<u>花草</u>或者表示美好意思的字，如"芳、兰、玉"等。

三 听短文，回答问题 Listen and answer the questions.

1. 中国人的名字有什么特点？
2. 现在中国人的名字有什么变化？
3. 从中国人的姓名上可以知道什么？
4. 根据短文，李王杰这个名字有什么意思？

答案　1. 姓在前，名在后。大多姓父亲的姓。名都有一定的意思，并且男女名

字用字往往不一样。

2. 认为男孩、女孩都一样，女孩也可以起男孩一样的名字。

3. 可以知道父母对孩子的希望。

4. 李是孩子父亲的姓，王是孩子母亲的姓，"杰"是名字。

发展 Further Exercises 30-4

 猜猜下面这些名字最有可能是男人的名字还是女人的名字
Guess if each of the names is for a male or female.

答案

	张兰	李力	刘芳	徐强	陈自立	赵刚	许如玉
男		√		√	√	√	
女	√		√				√

 听句子或对话，回答问题 Listen and answer the questions.

1. 按照学校规定，她考试不及格，不能毕业。
   问：她为什么不能毕业？

2. 按照王老师的看法，我们应该相信他能做好这个工作。
   问：王老师的看法是什么？

3. 按照计划，他们现在应该出发了。
   问：他们为什么应该在这个时间出发？

4. 她叫王冬，但她在春天出生。
   问：她的名字和出生的时间有关系吗？

5. 她来中国就是为了更好地学习汉语。
   问：她为什么来中国？

6. 他去上海，和他女朋友在那儿工作有关系。
   问：他为什么去上海？

7. 我一般不睡午觉。
   问：他常常睡午觉吗？

8. 女：你怎么没带伞？
   男：我一般不喜欢带东西出门。
   问：男的带伞了吗？

答案　1. 考试不及格。
　　　2. 他能做好这个工作。
　　　3. 原来的计划是这个时间出发。
　　　4. 没有关系。
　　　5. 为了更好地学习汉语。
　　　6. 他女朋友在上海工作。
　　　7. 不常睡。
　　　8. 没带。

泛听部分 EXTENSIVE LISTENING

课文 Text　30-6

中国人的姓很多，来源也不同。中国古代宋朝有人编了一本《百家姓》，收了472个姓。随着历史的发展，中国人姓也越来越多，现在出版的大词典中，收入的姓已经有两万多个了。中国到底有多少姓，恐怕谁也说不清。中国的大姓有哪些呢？近年来的调查显示：李、王、张姓是汉族人口中的前三个大姓，都在7%以上。占汉族人口1%以上的其他大姓还有刘、陈、杨、赵、黄、周、吴、徐、孙、胡、朱、高、林、何、郭、马16个，这19个大姓占汉族人口总数的55.6%。在中国，李、王、张、刘等大姓在北方人中常见，而陈、黄、林等姓在南方人中较多。

练习 Exercises

一　听短文，判断正误 Listen and decide whether the statements are true or false.

　　答案　1. √　　2. ×　　3. ×　　4. √　　5. ×　　6. √

单元测试三（21~30课）
Unit Test III (Lessons 21~30) Test 03

一 听录音，写出这些词的反义词

Listen and write down the antonym of each word you hear.

1. 慢
2. 推迟
3. 冷
4. 对
5. 长 (cháng)
6. 近
7. 难
8. 老
9. 浅
10. 坏

答案　1. 快　　2. 提前　　3. 热　　4. 错　　5. 短
　　　6. 远　　7. 易　　8. 少 (shǎo)　　9. 深　　10. 好

二 听录音，完成对话 Listen and complete the dialogues.

1. A：你知道明天天气怎么样吗？
   答案　（例）B：明天天气不错。/ 明天有雨。

2. A：明天我们一起去郊游怎么样？
   答案　（例）B：明天我有事，不能去。/ 可以，去哪儿？

3. A：你妈妈做饭的时候，你爸爸在做什么呢？
   答案　（例）B：他在看电视 / 上网。

4. A：你在做什么？
   答案　（例）B：我在写作业 / 画画儿。

5. A：昨天的比赛我们队赢了吗？
   答案　（例）B：他们队赢了。/ 我们队赢了。

6. A：你喜欢看什么电视节目？
   答案　（例）B：我喜欢看新闻联播 / 电视剧。

7. A：暑假你有什么计划？

   答案 （例）B：我想去旅游/工作。

8. A：这儿常常堵车吗？

   答案 （例）B：这儿常常堵车。/这儿不常堵车。

三 听句子或对话，选择正确答案 Listen and choose the correct answer.

1. 晚上我一般都在家待着。在办公室一天了，只想好好儿休息休息。
   问：晚上在哪儿能找到他？

2. 人们常常以为多吃多睡就能身体健康，其实多运动才会健康。
   问：怎样才能健康？

3. 他连一句汉语也不会说。
   问：他会说汉语吗？

4. 如果你去以前打电话问一下，就不会走错路了。
   问：这句话的意思是什么？

5. 明天白天多云转阴，傍晚前后有小雨雪。
   问：明天上午天气怎么样？

6. 从北京开往上海的火车9点到天津。
   问：火车是去哪儿的？

7. 平时我让孩子八点半睡觉，因为今天是他的生日，吃完饭回家就九点了，所以孩子晚睡了两个小时。
   问：今天孩子是几点睡的？

8. 大家都知道他喜欢唱歌，没想到他唱得那么好。
   问：这句话的意思是什么？

9. 小张，祝你新年快乐！
   问：现在可能是什么日子？

10. 男：今天可真热。

    女：这才三月，就像夏天一样。

    问：女的这话是什么意思？

答案 1. A 2. A 3. B 4. B 5. C 6. B 7. C 8. B 9. B 10. C

四　听对话，回答问题 Listen and answer the questions.

1. 男：明天有时间一起去机场接老王吗？
   女：老王明天回来吗？没问题。
   问：女的去接老王吗？

2. 男：我想买一张去杭州的火车票。
   女：对不起，您应该提前预订。
   问：女的是什么意思？

3. 男：你怎么知道我住在这里？
   女：按照王明画的地图，我自己找到的。
   问：女的是怎么找到男的家的？

4. 男：现在买车的人越来越多了。
   女：是啊，随着汽车价钱越来越低，买车越来越容易了。
   问：为什么买车的人越来越多了？

5. 男：今天玩儿得高兴吗？
   女：别提多高兴了。
   问：女的玩儿得高兴吗？

6. 男：在中国，会说英语的人多吗？
   女：年轻人几乎都会说。
   问：女的是什么意思？

7. 男：你毕业以后当老师吧。
   女：这个主意不错。
   问：女的同意男的的意见吗？

8. 男：你快点儿，已经开始登机了。
   女：别着急，还有时间呢。
   问：这两个人可能在哪儿？

9. 男：咱们去打网球吧。
   女：我一点儿也不喜欢运动。
   问：女的想打网球吗？

10. 男：你在做什么？
    女：准备明天的会议呀。
    男：会议提前了？我怎么不知道？我以为还有三天呢。
    问：会议提前了几天？

答案 1. 去。 2. 没有票了。 3. 按地图找到的。 4. 汽车便宜了。 5. 高兴。
6. 会说英语的年轻人很多。 7. 同意。 8. 机场。 9. 不想。 10. 两天。

五 听对话，判断正误 Listen and decide whether the statements are true or false.

男：你好，你叫什么名字？
女：我叫李冰。
男：这个名字很好听，你是不是冬天出生的？
女：和冬天没有关系，是夏天。
男：那为什么叫"冰"呢？
女：因为我出生的那天很热，妈妈希望凉快一点儿，就给我起了这个名字。
男：那你弟弟叫什么名字呢？
女：他叫李强，妈妈希望他是一个又健康又能干的人。
男：中国人的名字真有意思。

答案 1. ✗ 2. ✗ 3. ✓ 4. ✓ 5. ✓ 6. ✓ 7. ✗

六 听对话，回答问题 Listen and answer the questions.

（一）

男：好久不见！你现在忙吗？
女：很忙，今年就要毕业了，在找工作。
男：找到了吗？
女：刚找到一个，去中学当老师。
男：你以前就想当老师，祝贺你！
女：谢谢。你忙吗？
男：我在复习，准备明年考研究生。
女：祝你取得好成绩！
男：谢谢！

1. 这两个人常常见面吗？
2. 女的最近在做什么？

3. 男的认为女的喜欢什么？

4. 男的最近在做什么？

5. 女的希望男的怎么样？

答案 1. 不常见面。 2. 找工作。 3. 当老师。
4. 复习考研究生。 5. 取得好成绩。

（二）

丁兰：王方。

王方：哎，丁兰。对不起，路上堵车，来晚了。你等了很长时间了吧？

丁兰：没有，我只比你早来了五分钟，我也碰上堵车了。

王方：来，给你的生日礼物。祝你生日快乐，永远年轻！

丁兰：老朋友了，客气什么呀？你能来看我，我就十分高兴了。

王方：哪儿的话，我一直想着来看你呢。

丁兰：咱们多长时间没见面了？

王方：有半年了吧，上次是在学校旁边的咖啡店。

丁兰：对了。听说学校附近新开了一家茶馆，还不错，一起去坐坐吧。

王方：好啊，我们走吧，边走边聊。

1. 这两个人是什么关系？
2. 他们上次是什么时候见面的？
3. 今天谁碰到堵车了？
4. 今天是什么日子？
5. 他们现在去哪儿？

答案 1. 朋友。 2. 半年前。 3. 两个人都碰到堵车了。
4. 今天是丁兰的生日。 5. 去学校附近新开的茶馆。

总测试

Final Test  Test 04

 一 听句子，选择正确答案 Listen and choose the correct answer.

1. 我以为她早就毕业了，可是……
   问：说话人接下去最可能说什么？

2. 经过一段时间的休息，她的身体渐渐地好起来了。
   问：她的身体怎么样了？

3. 各位乘客，列车马上就要开车，请大家马上上车。
   问：最有可能在哪儿听到这句话？

4. 大家一直以为小王出国了呢。
   问：小王出国了吗？

5. 晚饭以后天开始刮大风，雪也越下越大。
   问：下面哪种说法是正确的？

6. 这件大衣比那件贵，但是从样子上看，这件没有那件好。
   问：从这句话，我们可以知道什么？

7. 我们班有五个日本学生、三个韩国学生，还有五个美国学生和两个意大利学生。
   问：哪两个国家的学生一样多？

8. 哥，爸妈和弟弟都好吗？
   问：说话人家里一共有几口人？

9. 除了周末，我星期三也没有课。
   问：说话人什么时候没有课？

10. 听说今年夏天上海没有北京热。
    问：从这句话可以知道今年夏天怎么样？

11. 刚才小王来找你，你不在，她让你去她的房间一下。

问：小王是什么时候来的？

12. 今天的考试她用了一个小时就做完了。

    问：今天的考试怎么样？

13. 小张让她的弟弟张明告诉王刚，明天早上八点去机场接王华。

    问：明天谁去机场？

14. 我觉得今天一点儿也不冷。

    问：今天怎么样？

15. 小张七点半就来了，提前了15分钟，可小王晚了半个小时。

    问：小王是几点来的？

答案　1. B　2. D　3. B　4. B　5. B　6. B　7. B　8. C
　　　9. B　10. A　11. A　12. B　13. C　14. B　15. C

二　听问句，选择合适的回答 Listen and choose the best answer to each question you hear.

1. 你会骑自行车吗？
2. 你是什么时候来中国的？
3. 这辆车是你的还是你哥哥的？
4. 你觉得那件衣服怎么样？
5. 从你的房间到教室走路要多长时间？

答案　1. C　2. D　3. D　4. A　5. B

三　听对话，选择正确答案 Listen and choose the correct answer.

1. 女：你今年多大了？

   男：我姐姐24岁，我弟弟比我姐姐小4岁，我比弟弟大两岁。

   问：男的今年多大？

2. 男：祝你圣诞快乐！

   女：谢谢，也祝你圣诞快乐！

   问：今天可能是几月几号？

3. 男：你坐几点的火车走？

   女：晚上九点十五分的。

   男：还有半个小时就开车了，还不快走！

问：现在是几点？

4. 男：我们八点上课，你怎么才来？
   女：对不起，老师，明天我早点儿来。
   问：现在可能是几点？

5. 女：周末我想去天坛公园，你知道怎么坐车吗？
   男：先坐22路或者726路，到前门换车，或者到新街口换105路。
   问：到天坛要换几次车？

6. 男：你看，前面那个红楼就是学生宿舍，你往前走，食堂就在宿舍旁边。
   女：谢谢你。
   问：女的找什么地方？

7. 男：听小张说你要结婚了。
   女：她的话，连三岁的小孩都不信。
   问：女的是什么意思？

8. 女：你们三个人的房间是这样的：赵明，302；李华，305；张刚，402。
   男：我想和李华换一个房间。
   问：男的想住哪个房间？

9. 男：这双有点儿大，有没有小一点儿的？
   女：小的都是白色的。
   问：男的在买什么？

10. 男：这些都是你的书吗？
    女：不都是。
    问：女的是什么意思？

答案　1. C　2. C　3. C　4. B　5. A　6. B　7. D　8. C　9. B　10. B

四 听对话，回答问题 Listen and answer the questions.

A：山下，祝你生日快乐！这是我送给你的礼物，喜欢吗？

B：喜欢。谢谢！张力，李小明呢？怎么没来？

A：李小明今天有考试，不能来参加你的生日晚会，他让我替他祝你生日快乐！这是他的礼物。

B：太谢谢你们了。来了这么多朋友，我感到很幸福。这是我在国外过的第一个生日，我永远都不会忘记的。

A：我们都不会忘记的。来，山下，闭上眼睛，许三个愿，希望你美梦成真。

1. 李小明为什么不能来？
2. 山下去年是在哪儿过的生日？
3. 谁给山下送了礼物？
4. 山下为什么说感到幸福？

答案 1. 今天有考试。 3. 张力和李小明。
2. 她自己的国家——日本。 4. 生日晚会上来了很多朋友。

五 听短文，判断正误 Listen and decide whether the statements are true or false.

　　昨天晚上，我和朋友在路边的一家饭馆吃了很多东西，喝了很多酒。今天早上开始肚子疼，没法去上课，就让同屋替我向老师请假，然后我自己去了医院。大夫检查以后说我是吃了不干净的东西。不过没关系，吃点儿药、休息两天就好了。大夫给了我两种药：白的一天吃三次，每次吃两片；黄的一天吃两次，每次吃四片。出来的时候，我在医院门口遇到了丽莲，她好像很没精神。我很奇怪，因为她的身体一直很好。她说是减肥给她带来的问题。她觉得自己太胖了，于是每天都吃减肥药。一个月下来，只瘦了两斤，而且还得了胃病，常常觉得很难受，不想吃东西，所以只好来医院看病。

答案 1. √　 2. ×　 3. ×　 4. √　 5. ×　 6. √　 7. ×　 8. √

六 听对话，选择正确答案 Listen and choose the correct answer.

男：山下，你在忙什么呢？
女：我准备参加HSK考试，我正做练习呢。
男：你想参加几月的考试？考几级？
女：我想参加五月的考试。我想通过四级。
男：你准备得怎么样？
女：我做了一些练习，但觉得听力很难，不知道该怎么准备。
男：你可以参加学校的HSK辅导班，去年我就参加了。老师会介绍一些方法，告诉我们复习的重点，但是主要还是自己多做练习。

女：是吗？有辅导班？那太好了，我马上就去报名。

1. 女的打算参加几月的考试？
2. 女的准备考几级？
3. 女的考试准备得怎么样？
4. 女的认为哪个部分最难？
5. 男的参加过HSK考试吗？
6. 男的参加过辅导班吗？
7. 辅导课上老师主要做什么？
8. 女的打算马上去哪儿报名？

答案　1. B　2. A　3. C　4. A　5. A　6. A　7. C　8. B